現代語訳

東都歳事記

斎藤月岑
長谷川雪旦・長谷川雪堤＝画
小林祥次郎＝解説

齋藤幸成校家庭遺書之
餘更著輯江戸手中行事四
巻較諸向時坊刻數種之詳
細可想已幸成之所為亦洵肖
其前人矣今化國日長垂髫
戴白日歡月樂是玩花賞

月之地賽神數佛之場雖至
都人士紛奔繁會日不暇給
剗千里踸踔遊旅數月取觀
其佳麗竊比之廣大者乎乃
挟是冊東採西討窮足脚力
所至亦無可以恨哉余嘗撰

三餐一覽爲煙霞作導引故於是輯欣然落筆不覺其言之無謂也天保壬辰至月冠山老人題

東華三秀書

【現代語訳】

斎藤幸成《さいとうゆきしげ》が家庭の遺書（祖父・幸雄と父・幸孝の『江戸名所図会』）を校正する序《つい》でに、更に『江戸年中行事』四巻を集め著した。これを現在の民間の刊行物数種と較べると、その詳細さは想像されよう。すでに幸成の成した所はまたまことにその父祖に肖《に》ている。今よく治まるこの国に日は長い。子供も老人も毎日を歓《よろこ》び毎月を楽しむ。これ故に花を玩《もてあそ》び月を賞する地、神を祀《まつ》り仏を讃《たた》える場所は、江戸の人士であっても煩わしく忙《せわ》しく、日に暇《いとま》が無い。まして千里の遠くから来る者は言うまでもない。宿屋に数月もいて、江戸の佳麗を観て、その広大を窺《うかが》おうとする者であろうか。そこでこの冊を挟み持って東を探り西を尋ね、その脚力で至る所を窮め、またそれで後悔する所を無くしようとするのである。余はかつて『三餐一覧（三飡《さんそん》一覧）』を撰《せん》して、景色の道案内とした。それでこの書でよろこんで書き始めて、その望みの切りが無いのを覚えないのである。

天保壬辰（一八三二）閏《うるう》月　冠山老人《かんざんろうじん》＊1 題
米菴三亥《べいあんさんがい》＊2 書〈原漢文〉

＊1　池田《いけだ》定常《さだつね》。因幡若桜《わかさ》藩の元藩主。冠山は雅号。主著『武蔵名所考』『浅草寺志』など。
＊2　市河米庵《いちかわべいあん》。書家。隷書・楷書を得意とした。

目次

凡例と編集方針

本書の底本は、天保九年（一八三八）発行の『東都歳事記』（斎藤月岑 著、長谷川雪旦・雪堤 画）である。図版はすべて東京都公文書館所蔵のものを使用した。

現代語訳は、小林祥次郎と編集部によって、次の方針で行った。

原文は文語文でかなり簡潔であるため、適宜語を補って理解しやすいことを心掛けた。例えば、「王子権現　大般若」とあるのを「王子権現にて大般若会がある。」とした。

また、原本では大きな字で記す箇所と、小さな字で二行に分けて割注としている箇所がある（左図参照）。基本的に見出しを大きな字、説明を小さな字で表しているが、その使い分けは徹底されていない。そこで、説明も含めて一行で表しつつ、特に補足的な内容に限り（　）の中に入れた。

用字は現行の字に改めたが、原文で特殊な漢字に振り仮名を付している箇所など、あえて原典の用字を残した箇所も少なくない。原文の雰囲気を残そうとしてのことである。

本文中で引用する和歌・俳句は歴史的仮名遣い、常用漢字で表記した。漢詩文は書き下しとし、歴史的仮名遣い、常用漢字で表記した。挿絵に添えてある和歌・俳句・漢詩文は、本文中と同様に扱った。

西暦や、現在の地名、補足すべき事項などの注は、適宜〔　〕に入れて施した。

底本では、本文と対応する絵が離れていることがある。また、必ずしも月日の順番通りには並んでいない。本書では出来るだけ対応する本文の近くに入るよう、順番を入れ替えて移した。

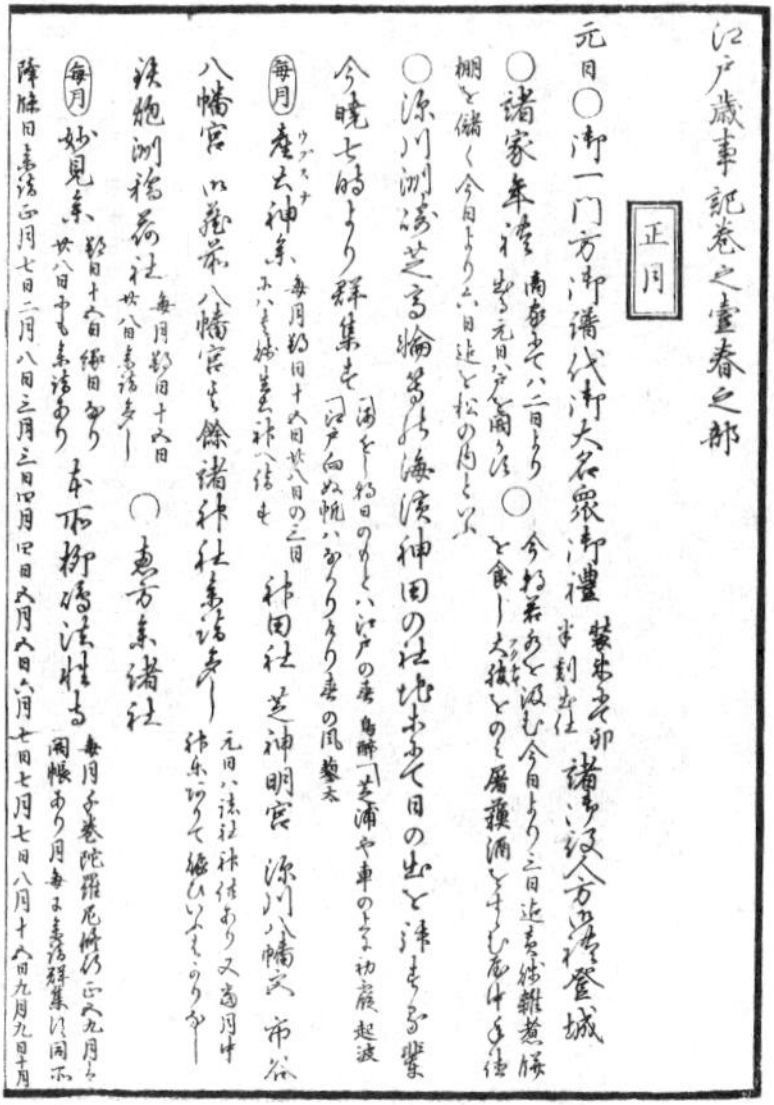
江戸歳事記巻之壹春之部

正月

東都歳事記序

千里の目を窮めよう〔遠くを見よう〕とする者は、必ず高山に登って望むだろう。ここで眼界が開ける。雲が散り烟《けむり》がたなびき、一つは淡く一つは濃く、遠いようで近いようである。鬱乎《うっこ》たる〔よく茂った〕者もあり、矗乎《ちくこ》たる〔聳《そび》える〕者もある。練《ねり》絹《ぎぬ》のように映ずる者もあり、虹のように臥《ふ》している者もある。棊峙《きじ》する〔そそり立つ〕者もあり、蟻散《ぎさん》する〔散らばる〕者もある。ただ憾《うら》む、依稀茫洋《いきぼうよう》〔ぼんやり〕して言葉で表せないのを。歩みを絶頂に進めるに及んで、望遠鏡を借りてこれを望む。鬱乎としている者は樹である。矗乎としている者は山である。練絹のように映ずる者は川である。虹のように臥している者は橋である。棊峙・蟻散する者は城市であり宮観である。人馬が往来するのである。嚮《さき》に依稀茫洋としている者は、今は皆昭々歴々〔はっきり〕とし。毫末《ごうまつ》も区別することができ、錙銖《ししゅ》〔わずか〕も拾い取るようである。これは何か。望遠鏡の助けを借りるのである。たしかに世の勝景を探り奇観を縦《ほしいまま》にしようと欲する者が、足はまだその地を踏まず、目はまだその事を観ないで、しかもいたずらに人の話を聞き、それで興を遣《や》り心を慰める具とする。譬《たと》えば千里を望んで望遠鏡を借りないようなものである。またどうして茫洋の憾《うら》みがないことが出来よう。

翟街《きがい》〔神田雉子町《きじちょう》〕の長〔名主〕の斎藤月岑《さいとうげっしん》は風流閑雅、好んで都下の勝景を探り、神祭仏会および民間の風俗、花鳥雪月の候を記し画《えが》く。編集して四冊とし、名付けて『東都歳事記《とうとさいじき》』という。ああこの書が一たび出て、あのいたずらに話を聞いて興を遣り心を慰める者に、昭々歴々、毫末も区別でき、錙銖も拾い取るようなことを得させたなら、すなわち千里の望遠鏡に当たるであろう。昔その先人が『江戸名所図会』二十冊を作り、その山川・村落の沿革、神祠《しんし》・仏刹の縁起のようなものが十分に備わらないことは無い。そして祭会の式、民間の俗などに至っては略してある。これが月岑のこの書を著す気持ちに起こるのである。

そして余は謂《い》う、その功はほとんど倍である。何でこれを言うか。百世の後に在って百世の前を慕う。興廃・継絶しようとする者は必ずここに証拠を取るだろう。それならすぐに人の耳目を悦《よろこ》ばせるのではないのである。その功の偉大さを知るだろう。余は常にこれでこれを称讃する。今まさに出版しようとして、持参して序を乞う。余は更にこれを検討した。字の誤りを消し、誤りを改め、精確さは明らかである。他日に加えるものもあろう。余は手を撫《な》でて歎《たん》じて言った、「甚だしい」と。その仕事は先人に肖《に》ている。このようにしてまた後に遺憾は無いであろう。その常に称《たた》える言を録して、これを序とする。

天保丙申〔一八三六〕孟春《もうしゅん》〔正月〕　荊山《けいざん》日尾《ひお》瑜《ゆ》＊撰幷びに書〈原漢文〉

＊　日尾荊山。儒学者。私塾を開き、詩歌や書をもよくした。

提　要

○およそこの編は、毎年江戸でのあらゆる神社の祭祀《さいし》、仏院の法会、並びに人々の歳時の俗事に至るまで、季節の順序に従ってこれを集録し、遠邦他境の人に東都の歳事の繁多なあらましを知らせようとするものである。これに加えて、雪月・花鳥で有名な景勝地を掲げ、また郊外であっても江戸の人々が足を運ぶ景勝地はともに記して、遊覧の一助とする。

○柳営〔幕府〕の御定めはたいへん恐れ多く、市人のうかがい知れることではないので、以前の出版物に従って、僅かに一端を載せて欠略を補うのみである。

○宮祠・寺院の由来や祭会の決まり・先例などのようなものは、先に父祖〔祖父幸雄と父幸孝〕の著した『江戸名所図会』に載せたので、そのあらましを記すことで紙数を減らし、もっぱら日時に従って検索に便利にする。

○末社の祭礼、支院の法事、その他の境内の神仏の会日などは繁多で数え切れない。それでその大きなものを抜粋して、些細《ささい》な行事は省略する。

○神仏の開帳並びに縁日詣で、その他の月例の行事は、正月の部に収めて、四角囲みで「毎月」の二字を記してこれを断った。

○甲子《かっし》〔干支《えと》〕で行う行事は、毎月朔日の次へ記し、景物などのような時日の定まらないものは、日次《ひなみ》の後に出す。景物のうち、名花・勝地などすべて挙げることができないので、概略を著して、後人の補遺を俟《ま》つばかりである。
○花街《よしわら》・雑劇《しばい》の年例は繁多ですべてを記せない。そこで、その大略を挙げる。農事に至っては全く載せていない。江都〔江戸〕と題しかつ遊覧を主とするからである。
○神社・寺院の富札の興行は、文政〔一八一八―三〇〕以来毎年に増加して数十ヶ所となり、すこぶる江戸の盛事であるが、各々年限があるので、それに応じて改めることが出来ない。よって本書には収録しない。
○詩歌は耳目に触れるまま必要でないものを加えると言っても、あえて穿鑿《せんさく》せず、また見たことのあるものと言っても、煩雑を厭《いと》って十のうち七、八を省いている。
○本書の各項目は、自分が祭祀・法会に参加し、または社司・寺僧に尋ねて記したが、見聞が博《ひろ》くないため、精粗・長短が均一でない。しかしながら、劇職ですべてを校正する暇が無い。もとより地方の人の便利のためのものなので、識見のある人の見るほどの物ではないから、そのままとした。漏れたものは、他日見聞に従って加筆しよう。読者が、簡易で杜撰《ずさん》な醜さゆえに、本書を捨てることがなければ、甚だ幸いである。

天保壬辰初冬穀旦〔一八三二年十月吉日〕　　東都神田　　斎藤月岑識

附　言

江戸年中行事を集め記した物は、元禄二年（一六八九）開板の『江戸惣鹿子《そうがのこ》』（三の巻）以前に見えない。その後『江戸砂子《すなご》拾遺《しゅうい》』（享保二十年（一七三五）板）、『江戸めぐり』（延享二年（一七四五）板）、『江戸名勝志』（この書には江戸城の行事だけを記し加えている。延享年中（一七四四―四八）板）、『増補江戸惣鹿子名所大全』（寛延二年（一七四九）板）、『武蔵志料』（明和（一七六四―七二）撰、写本）、『増補江戸年中行事』（中本一冊、文化（一八〇四―一八）板）などに載せると言っても、まだすべてを備えるものは無いと聞こえる。今数件を加筆してこの書を編集する。そう言っても遺漏は少なくない。そこで上木《じょうぼく》（出版）を促して好士による削除・加筆を待つばかりである。

写本に『東都年中参詣記』がある。また一枚摺《ず》りの年中行事、神仏参詣記、縁日略記、花暦の類は、諸家の蔵梓《ぞうし》（出版）に多い。「近世流行する花暦は、安永（一七七二―八一）中に俳人松露庵鳥酔《しょうろあんちょうすい》（白井《しらい》鳥酔）が著した『東都四時遊観記』という一枚摺りに始まった」と、ある人が言う。あるいは「『花信風』という一枚摺りがある」とも言う。なお尋ねるべきである。

巻之一　春之部

春　東叡山頭に花は雰に似たり　東叡山下に雪は紛々たり　笙歌の千隊声を斉しくして唱ふ　那んぞ暫時白雲を停むるを得んや　　徂徠

正月

元日

○徳川氏御一門方〔徳川家一族の御三家〔尾張・紀伊・水戸の徳川家〕・御三卿《きょう》〔田安・一橋・清水の三家〕〕・御譜代御大名衆が登城して御礼〔年始の拝謁〕がある。装束で卯《う》の上刻〔午前六時〕に出仕する。諸役人方も御礼に登城する。

○諸家の年始の礼があり、諸家では二日から出る。元日は戸を開かない。

○今朝、若水〔年始に初めて汲《く》む水〕を汲む。今日から三日まで、人々は雑煮・餅を食し、大服〔福茶〕を飲み、屠蘇《とそ》酒を勧める。家の中に年徳棚《としとくたな》〔その年の神を祀《まつ》る棚〕を設ける。今日から六日までを松の内という。

○深川洲崎《すさき》〔江東区〕、芝高輪《たかなわ》〔港区〕などの海浜、神田〔千代田区〕の社地などで日の出を拝する者が、今暁の七ツ時〔午前四時〕から群集する。

元旦諸侯
御登城図
乗車候伯
玉河鳴騎
馬大夫雕
戦迎今日
春風盈海
内上林鶯
予一番聲
周南

元旦　諸侯御登城図

海近し朝日のもとは江戸の春　鳥酔
芝浦や車の上に初霞《はつがすみ》　超波《ちょうは》
江戸向かぬ帆はなかりけり春の風　蓼太《りょうた》

毎月 産土神《うぶすな》〔土地の神〕参りがある。毎月朔日《ついたち》・十五日・二十八日の三日には、どの人も産土神へ詣でる。〔千代田区〕神田社、芝〔港区〕神明宮、深川〔江東区〕八幡宮《はちまんぐう》、市谷《いちがや》〔新宿区〕八幡宮、御蔵前〔台東区〕八幡宮、その他諸神社への参詣者が多い。

元日は諸社で神供がある。また当月中は神楽《かぐら》があって、その賑《にぎ》わいは言い表せない。

鉄炮洲〔中央区〕稲荷社は、毎月朔日・十五日・二十八日に参詣者が多い。

○恵方参り〔その年の幸運な方角の寺社に参詣する〕が諸社である。

毎月 妙見〔神格化した北斗七星〕参りは、朔日・十五日が縁日。二十八日にも参詣がある。

本所柳島〔墨田区〕法性寺では、毎月千巻陀羅尼《だらに》が行われる。正・五・九月には開帳があり、毎月参詣群集する。同所の降臨日の参詣は、正月七日・二月八日・三月三日・四月四日・五月五日・六月七日・七月七日・八月十五日・九月九日・十月二十一日・十一月七日・十二月二十七日である。

深川〔江東区〕浄心寺開帳、新鳥越〔台東区〕安盛寺《あんじょうじ》、新右衛門町〔中央区〕、その

（若水）

他多くの法華の寺院で妙見を安置する。
○浅草寺〔台東区〕の修正会《しゅしょうえ》〔寺院の正月祭事〕では、除夜《おおみそか》から正月六日まで七日間毎夕に追儺《おにやらい》がある。衆徒六人、弟子二人が出仕してこれを勤める。夕七ツ時〔午後四時〕頃に宝前〔仏の前〕で読経・唄《ばい》・散華《さんげ》がある。後に衆徒一人が袈裟《けさ》衣のまま鬼の面を持ち、面へかざして出る。また一人が竹杖《ちくじょう》を持ってこれを追い、龕《ずし》を三度廻《まわ》る。この間、鉦《かね》・太鼓を調子を乱して打ち鳴らす。
○今日の巳《み》の刻〔午前十時〕、宝前で大般若《だいはんにゃ》を転読〔略して読むこと〕する。導師は別当。寺中の十二人が出仕してこれを勤める。
○東叡山〔寛永寺〕中堂の追儺は、元日から七日まで。毎夕八ツ半時〔午後三時〕に行われる。寺中で薬師の十二願を読み、後に銅鑼《どら》・太鼓・法螺貝《ほらがい》などの鳴り物で鬼の面を掛けた僧を追うという。中門を閉ざしてから行われる。ゆえに庶人は見ることができない。
○〔江東区〕亀戸《かめいど》天満宮は、今日から七日の間、品々の神供を奉る。大祀《だいし》という。七日の斎《ものいみ》がある。産子《うぶこ》〔地元の人〕の安全の祈禱《きとう》である。
毎月 赤坂〔港区〕溜池の台の松平和州侯〔川越藩〕の御藩邸の箭弓《やきゅう》稲荷〔現東松山市より藩邸内に勧請《かんじょう》して、毎月一日に参詣を許した〕への参詣がある。
○受地《うけじ》村〔墨田区〕秋葉社の大護摩供がある。法華経を読誦《どくじゅ》し、正・五・九月の朔日・十五日・二十八日に行う。毎月一日・十五日・二十八日（並びに十八日）には護摩供と法華経読誦がある。

毎月本所（墨田区）羅漢寺の羅漢供養があり、梁皇懺法《りょうこうせんぽう》を行う。

○本所押上春慶寺の普賢菩薩《ふげんぼさつ》開帳、千巻普賢品《ぼん》があり、講中で祈禱がある。

毎月牛込横寺町（新宿区）円福寺の祖師開帳がある。

毎月谷中（台東区）本光寺の人頭《にんず》明神の縁日がある（朔日・十一日・二十一日）。

毎月（北区）王子権現にて大般若会がある。

毎月三味線堀《しゃみせんぼり》（台東区）松平下総《しもうさ》侯（武蔵忍《おし》藩）屋敷の一目蓮社《いちもくれんじゃ》に参詣がある。

○三座歌舞伎《かぶき》芝居の初興行がある。式三番翁《しきさんばおきな》渡しが演じられる（堺町（中央区）中村勘三郎座、葺屋町《ふきや》（中央区）市村羽左衛門座、木挽町《こびき》（中央区）森田勘弥《かんや》座）。この日の昼時ころ三番叟《さんばそう》が終わって、脇狂言として座中の俳優《やくしゃ》が麻裃《あさがみしも》を着し、また優少年《やくしゃのこども》が大勢舞台に居並んでから、正末《たちやく》の座頭《ざがしら》が新春の寿《ことぶき》を述べる。次に各々が古風な踊りをする。後にまた座頭が立って、初春狂言の標目編号《なだいやくわり》を読み、座元が立ち上がり扇を開いて千秋楽を歌う。これを歌舞妓の年例とする。

○三河万歳が今日から当月中、家々を廻る。道中双六《すごろく》、白酒売りが出る。今日・明日は宝船の絵を売り歩く。鳥追《とりおい》が来る。大黒舞は『続江戸砂子』などに見えるが、今は無い。ただし吉原にだけ残っている。葩煎《はぜ》売りは、近年は山の手だけ売り歩く。

初春路上圖

芳言集壽民説
くるゝひるせに住民の
いく小町遊人衆の
ねつぶる門
実接る

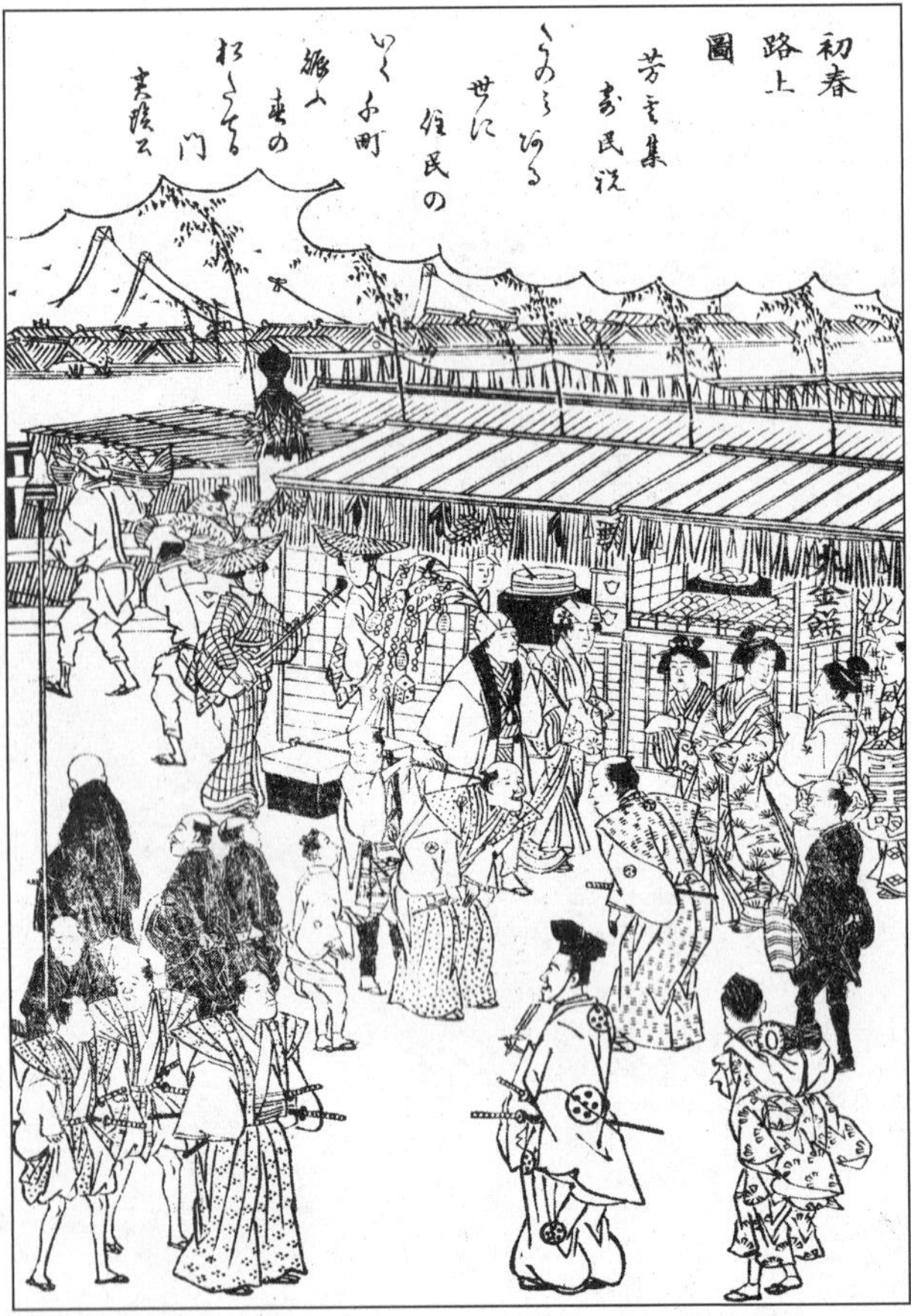

蒼龍闕下大橋
隈、回望雲閒佳
氣来、萬戸陽春
沾雨澤、千門車
馬浥塵埃、御溝
水碧揺江闕上、
苑花紅壓邸臺、
多少外優題柱
客、只今應有賦
都才、
服元喬
日本
橋
南詰

初春路上図

○太神楽《だいかぐら》が六日まで毎日来る。『事跡合考《じせきがっこう》』によれば、「江戸太神楽というものは、元来は伊勢外宮《げくう》の地で御獅子《しし》といって一所に祝い置く男獅子・女獅子・子獅子の獅子頭がある。これを正月十日にその土地の人が祭礼をする。その時に三頭の獅子を舞わすのである。この種類として獅子を舞わせて歩くのを太神楽という。同族が江戸に下向して徘徊《はいかい》する。これが伊勢派の太神楽である。また尾張国〔愛知県〕熱田《あつた》の地にも右の獅子頭の一種があって、これも獅子を廻し歩くのを太神楽という。一族が江戸に下向して徘徊する。これを熱田派という。それで江戸の太神楽は右の二派である。その他の伝聞は無い」とある。また元禄二年〔一六八九〕編の『むかしむかし物語』という草紙によれば「七、八十年以前〔寛文〔一六六一—七三〕から承応〔一六五二—五五〕の頃〕は、太神宮御祓《おはらえ》太神楽と言って、毎日江戸中を徘徊して歩く有様は、まず儀式正しくして、真っ先に鼻高い面をかぶり、直垂《ひたたれ》を着、白い袴《はかま》を着、御幣を持って立つ。その次に十四、五歳ばかりの男子を美しく作り、瓔珞《ようらく》〔金銀を糸で編んだ飾り〕をかぶせ、長絹《ちょうけん》〔固く張った絹布で仕立てた衣服〕を着、白い袴を着、中啓《ちゅうけい》の扇を持ち、右の手には鈴を持つ。三番目には麻裃《あさがみしも》を着した男が箱を持ち、また四番目には布衣《ほい》〔無紋の狩衣《かりぎぬ》〕の装束を着た男。その次に四ツ足の付いた長持の蓋をあおのけにして置き、その上へ御幣を立て、獅子の頭を直し、中に大太鼓・小太鼓、一万度の御祓を真中に立て、この長持は四人か六人で持ち、皆烏帽子《えぼし》を着、白丁〔白布の狩衣〕を着す。囃《はや》し方も左右に付き、笛・小太鼓・鼓・銅拍子《どびょうし》〔シンバルに似た打楽器〕を打ち合わせた時に、右の瓔珞をかぶった舞子が神楽を舞い、だんだんに拍子も詰まり、まことにしんしんとして感銘深いものである。そのうち興として、人が笑うために、道化が大太鼓を打ち、烏帽子を筋交いにかぶり、撥《ばち》を投げ、これを大きな道化とする。見物人は興に入り笑うのである」などという。今は次第に変わって昔の様子は失っている。

○初富士。これは江戸景物の一番であろう。江戸の中央の日本橋〔中央区〕あたりを佳境とするのであろうか。また、駿河台・御茶の水〔ともに千代田区〕、その他の高い所から眺望する。深川〔江東区〕万年橋の辺りを、昔は富士見が関と呼んだという。富士を見るのに良い。

元日の見るものにせむ富士の山　宗鑑

甲子《きのえね》の日

毎月 大国神〔大国主命《みこと》〕参りがある。神田〔千代田区〕社地〔神田明神〕、小石川〔文京区〕伝通院《でんづういん》の寺中の福聚院《ふくじゅ》〔開帳あり、参詣群集する〕、〔台東区〕東叡山護国院、本所〔墨田区〕亀沢町大黒院〔開帳あり〕、麻布〔港区〕一本松大法寺〔開帳あり〕、〔台東区〕

浅草寺中長寿院（出世大黒がある）、下谷《したや》（台東区）（土富店《どぶだな》）蓮光寺（開帳あり）、牛込（新宿区）原町経王寺（開帳あり）、駒込（文京区）追分東横町大恩寺、日暮里（荒川区）経王寺、青山（港区）仙寿院、青山立法寺《りゅうほうじ》が知られる。

今日各家にもこの神を祀り、二股大根・小豆《あずき》飯・黒豆などを供える。街では灯心を商う。

寅《とら》の日

毎月 毘沙門《びしゃもん》参りがあり、特別に正月初寅は諸人が群集する。

芝（港区）金杉二丁目正伝寺は、正・五・九月の寅の日に開帳がある。参詣の諸人が初寅の日に洛《らく》（京都）の鞍馬詣でに倣って、帰路に芝神明宮の門前で火打ち石を求めたが、今はこの事は少ない。今日詣でる人へ百足小判《むかでこばん》を与える。

牛込（新宿区）神楽坂上善国寺とこの二ヶ所はとりわけ詣でる人が多く、諸商人が出る。正・五・九月の初寅に開帳がある。三つあると中の寅にある。

谷中（台東区）天王寺は、大般若転読がある。

その他、山谷（台東区）正法寺、浜町（中央区）秋元家御藩邸（東の門から参詣を許される）、品川（品川区）南番場蓮長寺（開帳あり）、下谷（台東区）盛泰寺《じょうたいじ》（開帳あり）、同所新寺町玉泉寺（正・五・九月、千巻陀羅尼開帳）、矢崎（台東区）本覚寺、三田（港区〕龍行寺〔開帳〕、四谷〔新宿区〕南寺町本性寺〔正・五・九月初寅開帳〕、同御門外〔麹町《こうじまち》十一丁目〕、麻布〔港区〕広尾天現寺〔正・五・九月の初寅には、開帳・放生会《ほうじょうえ》・百万遍大般若の修行がある〕、二本榎〔港区〕知将院、木挽町〔中央区〕七丁目河岸通りがある。

卯《う》の日

[毎月]亀戸〔江東区〕妙義参りが、天満宮の境内である。毎月卯の日を縁日とする。正月は初卯詣でと号して参詣が多く、南は両国〔墨田区〕から割下水辺り〔墨田区〕、北は浅草〔台東区〕大川橋から柳島〔墨田区〕の土手辺りに人が満ちる。また二の卯・三の卯も同様である。参詣者は神符を受けて髻《もとどり》に挟んで帰る。餅あるいは土で団子を作って、五彩に色どり、大きな柳に付けて繭玉《まいだま》と呼んで売る。また天保二卯年〔一八三一〕から卯杖《うづえ》・卯槌《うづち》を売るようになった。

[毎月]聖天宮参りがあり、待乳《まっち》山《やま》〔台東区〕の縁日は二十日・卯・酉《とり》である。日参り・百度参りなどがあって、参詣者が絶えない。参詣の者は大根を供える。毎月並びに正・五・九月などの浴油講〔聖天像に香油を注ぐ〕がある。その他、牛込〔新宿区〕御《お》箪笥《たんす》町《まち》南蔵院、本所平井〔江戸川区〕〔卯・酉・二十日〕、薬研堀《やげんぼり》〔中央区〕埋立地〔卯・酉・十六日〕、不忍池《しのばずのいけ》〔台東区〕〔卯・酉・十六日・二十日〕、〔台東区〕浅草寺中荒

初卯の日
龜戸妙義
参

初卯の日　亀戸妙義参り

沢堂相殿、三田〔港区〕寺町仏乗院（卯・酉・十六日）、谷中〔台東区〕明王院（卯・酉・二十日）、同西光寺（卯・酉）、その他にもなお多くある。

己巳《つちのとみ》待ち

年中弁天参りは、下谷〔台東区〕忍《しのぶ》が岡〔不忍池弁天堂〕（別当生池院。この日の夜本堂籠もりがある。参詣者が群をなす）、〔港区〕増上寺山内（芙蓉洲《ふようしゅう》）〔宝珠院〕、本所〔墨田区〕一ツ目（惣録持《そうろくもち》）〔関東惣録検校《けんぎょう》の杉山和一が江の島より勧請した江島《えじま》杉山弁天〕、深川〔江東区〕永代寺、同冬木庭中〔冬木弁天堂、材木豪商冬木邸の庭にあった〕、洲崎〔江東区〕吉祥寺《きつしょうじ》、本所〔墨田区〕石原《いしわら》弁天小路（徳水弁天、開帳あり）、〔台東区〕浅草寺内（お多福弁天・宝蔵院・老女弁天）、浅草池の妙音寺（開帳あり）、橋場〔台東区〕福寿院（大般若会あり）、下谷〔台東区〕龍泉寺町月洲寺（開帳あり）、牛込〔新宿区〕御箪笥町南蔵院、三田〔港区〕寺町仏乗院（旭弁天、開帳あり）、小石川〔文京区〕伝通院寺中昌林院がある。

午《うま》の日

毎月稲荷参りは、〔北区〕王子社〔王子稲荷社〕、〔荒川区〕真崎《まつさき》社（神宝霊玉を拝ませる）、〔墨田区〕三囲《みめぐり》社、〔文京区〕妻恋社、市谷〔新宿区〕茶木稲荷（護摩）、浅草〔台東区〕反圃《たんぼ》太郎稲荷（午の日並びに三日）、赤坂〔港区〕大岡侯下御屋敷豊川稲荷（午の日並びに二十二日）がある。

○毎月月頭の午の日は、溜池《ためいけ》上〔港区〕松平大和侯の御屋敷へ川越藩から移した箭弓《やきゅう》稲荷参りがある。その他、江戸は稲荷社が多数あり、記しきれない。

初申《はつざる》の日

○〔千代田区〕永田馬場山王宮の法華三昧《さんまい》。

○〔台東区〕浅草寺の境内山王宮では、開戸《ひらきと》の辰《たつ》の上刻〔午前八時〕の唄《ばい》・散華・三問一答がある。衆徒六人・弟子三人、社頭でこれを勤める。社壇で衆徒らが凶徒追伐の弓矢を負って、悪魔降伏《ごうぶく》の矢を放つことがある。

庚申《かのえさる》の日

年中庚申《こうしん》参りは、高輪〔港区〕常照寺、愛宕下《あたごした》〔港区〕真福寺、入谷〔台東区〕喜宝院、八丁堀〔中央区〕松屋橋東詰が知られる。今日各家でも青面金剛を祀り、また庚申待ちの酒宴を催す。あるいは炒豆《いりまめ》を食べ、女子は裁縫をせず、鉄漿《かね》〔お歯黒〕を付けない。

年中東葛西《ひがしかさい》柴又村〔葛飾区〕帝釈天《たいしゃくてん》への参詣が題経寺にあり、今日千巻陀羅尼を行い、板本尊〔日蓮が刻んだと伝えられる〕の開扉がある。その他毎月初申の日に百巻陀羅尼と開扉がある。庚申を縁日とするのは、本尊の出現の日であることによる。

酉の日

毎月 聖天宮参りがある。卯の日に同じ。

亥《い》の日

毎月 摩利支天参りは、上野町〔台東区〕徳大寺〔毎月開帳があり、正月初亥には千巻陀羅尼修行がある。その他開帳の講中がある〕、深川〔江東区〕猿江日先社《ひのさきしゃ》〔亥の年には開帳がある〕、雑司ヶ谷〔豊島区〕玄浄院〔摩利支天の開帳、正・五・九月には千巻陀羅尼修行がある〕が知られる。

二日

○国主城主〔国持ち大名〕は装束で、諸役人方への御礼〔年始の挨拶〕に登城する。五ツ時〔午前八時〕に江戸の御用達《ごようたし》の町人の御礼がある。
○船の乗り初め。
○商家では今日貸栈《みせ》を開き、商いを始め、年礼〔年始参り〕に出るので、市中は賑《にぎ》わって酔った人が街に多い。
○〔江東区〕亀戸天満宮裏白《うらじろ》連歌会があり、八句の連歌を懐紙に書いて奉る。懐紙の表だけなので裏白という。北野天満宮に倣っている。
○吉原〔台東区〕遊女が今日から茶屋茶屋へ年礼にとして仲《なか》の町《ちょう》へ出る。家々で吉例により仕着せの小袖を調え、禿《かむろ》〔遊女見習いの少女〕に至るまで一様の新しい着物を着て往来する。これを俗に道中という。三日からは跡着《あとぎ》と名付けて、銘々の好きな衣装で出る。その装いは筆舌に尽くしがたい。
当月中に大黒舞の狂言が来る。この遊里の門松は、各家の方を向けて立てるのを習わしとしている。また正月は妓家《ぎか》で庭火を焚《た》くことが旧例である。この遊里は年中繁華であるといっても、正月は特に賑わしく、群集が昼も夜も少しも間断が無い。井原西鶴の『なぞ歌仙』〔正徳五年〔一七一五〕刊〕に、吉原遊女の吉田が揚屋の門飾りを詠んで、

禿《かむろ》まつこれぞ子《ね》の日の遊びもの

○人形芝居初興行が、堺町〔中央区〕薩摩座、葺屋町〔中央区〕結城《ゆうき》座である。

三日

○諸大名衆の御嫡子方が御礼に登城する。熨斗目長袴《のしめながばかま》を着し、辰の刻〔午前八時〕に出仕する。並びに無位無官、江戸町人、京・大坂・奈良・堺・伏見の町人が御礼を勤める。先例によって献上物がある。

○今夜御謡初《うたいぞめ》がある。熨斗目長袴で酉の刻〔午後六時〕に出仕する。御譜代の御大名衆から御島台の献上がある。大手御門・桜田御門で、御篝《おかがり》がある。諸御大名方は登城する。四座の猿楽〔能楽〕が大広間の板縁に並んで居て、「老松」「東北《とうぼく》」「高砂」の三番を歌う。この夜、諸侯から観世太夫へ肩衣《かたぎぬ》を下賜されることが恒例であるという。

○〔港区〕愛宕権現の地主神である毘沙門天の祭事がある。今日の午の半刻〔正午〕に鐘楼で三度鐘を撞《つ》くのを合図とする。毘沙門の使いと称する者が素襖《すおう》を着て、袴の稜《そば》〔側面のあきを縫い留めた所〕を高く取り、昆布で造った兜《かぶと》に歯朶《うらじろ》〔シダの葉《は》〕を前立物として、その他に注連《しめ》飾りの具で装ったものを着て、七尺余の太刀を佩いて、擂木《すりき》を副佩《さしそえ》とし、右の手に大きな杓子《しゃくし》を杖《つえ》に突き、供を率いて本社から石坂を下り、別当円福寺に入る。円福寺には院主と寺中の者が残らず席を連ねてこれを待つ。さて毘沙門の使いがこの席に至ると、二間余りの大俎板《おおまないた》を据えて置き、これに向かって杓子で突き鳴らし、寺中へ強飯《ごうはん》の儀がある。事が終わってまた石坂を登り、本社へ入ることが習わしである。

○上野〔台東区〕護国院大黒参りは、大黒天の尊前へ供える餅を湯に浸して、参詣の諸人に与える。これを大黒の湯また御福《ごふく》の湯という。これを飲めば福智を得るといっている。

[毎月]元三大師《がんざんだいし》参りがある。〔台東区〕東叡山〔寛永寺〕は、毎月といっても正・五・九月は特に参詣者が多い。黒門前の大路橋から南に植木その他商人が市をなす。毎月三日は慈恵《じえ》大師〔元三大師、良源〕の御影をお掛けする。民部卿法眼《みんぶきょうほうげん》の筆である。常に掛けるのは向き合いの御影といって狩野探幽の筆である。すなわち慈恵大師・慈眼大師〔天海〕の両像が向き合うため、向き合いの御影という。他に、浅草〔台東区〕砂利場〔誠心院〕、白金《しろかね》猿町〔港区〕宝塔寺（雉子《きじ》ノ宮の境内。東叡山と同筆の画像であるという。毎月開帳がある）、北品川〔品川区〕常行寺《じょうぎょうじ》が知られる。

[毎月]愛宕下〔港区〕加藤家の朏《みかづき》不動参りがある。

[毎月]下谷茅町《かやちょう》〔台東区〕宗賢寺の毘沙門の開帳と題目講がある。

○『江戸名所記』（寛文二年〔一六六二〕板）に「木下川《きげかわ》浄光寺は昔から毎月八日と元三の朝には本尊の御前に龍灯を上げる事があり、時々これを拝む人が少なくない」とある。今はこの事は無いという。

谷中天王寺 富の圖

湯島天満宮目黒
不動等ならびに
あるひは其他より
て名高く今この繪に
冨突あるの寺院
數ヶ所ありしかども
手留を懸て作華
行ふ處にしるさんも
委しをしるすべく
加で闕るゝ成
本文に除きたる圖を
補ふ

谷中天王寺富の図

四日

毎月日本橋西河岸〔中央区〕の地蔵参りがある。

○『再板惣鹿子』に、「市中で店卸《たなおろ》しとして、商品を改め、旧年の勘定をするのに多くこの日を用いる」とある。あえてこの日に定めるのではなく、家々の習わしによっている。

五日

○〔台東区〕浅草寺三社権現にて法楽がある。巳の刻〔午前十時〕三問一答、衆徒六人・弟子三人がこれを勤める。流鏑馬《やぶさめ》もある。午刻〔正午〕に社人が本社に至って祝詞《のりと》・神楽を奏し、後に麻裃を着た者が、片面に鬼という字を書いた的を竹の先に付けたのを持って、鬼の前駈《ぜんく》〔騎乗して先導する〕をする。鬼に出《い》で立った者がこれに添って出る。社人が騎馬で鬼を追い、本堂を廻ってその年の恵方〔縁起の良い方角〕から始め、天地四方へ矢六筋を放つ。諸人はこの矢を拾って守りとする。ただし弓矢は真《まこと》の物でなく、仮初《かりそ》めに作った物である。同社牛王《ごおう》加持は、衆徒が巳の刻〔午前十時〕に行う。十一日まで牛王宝印の本堂で〔牛王加持の札を〕諸人に与える。柳の枝に挟《はさ》むので柳の牛王という。

毎月赤羽〔港区〕有馬家鎮守の水天宮への参詣は、世に尼御前と称される。祭神はは

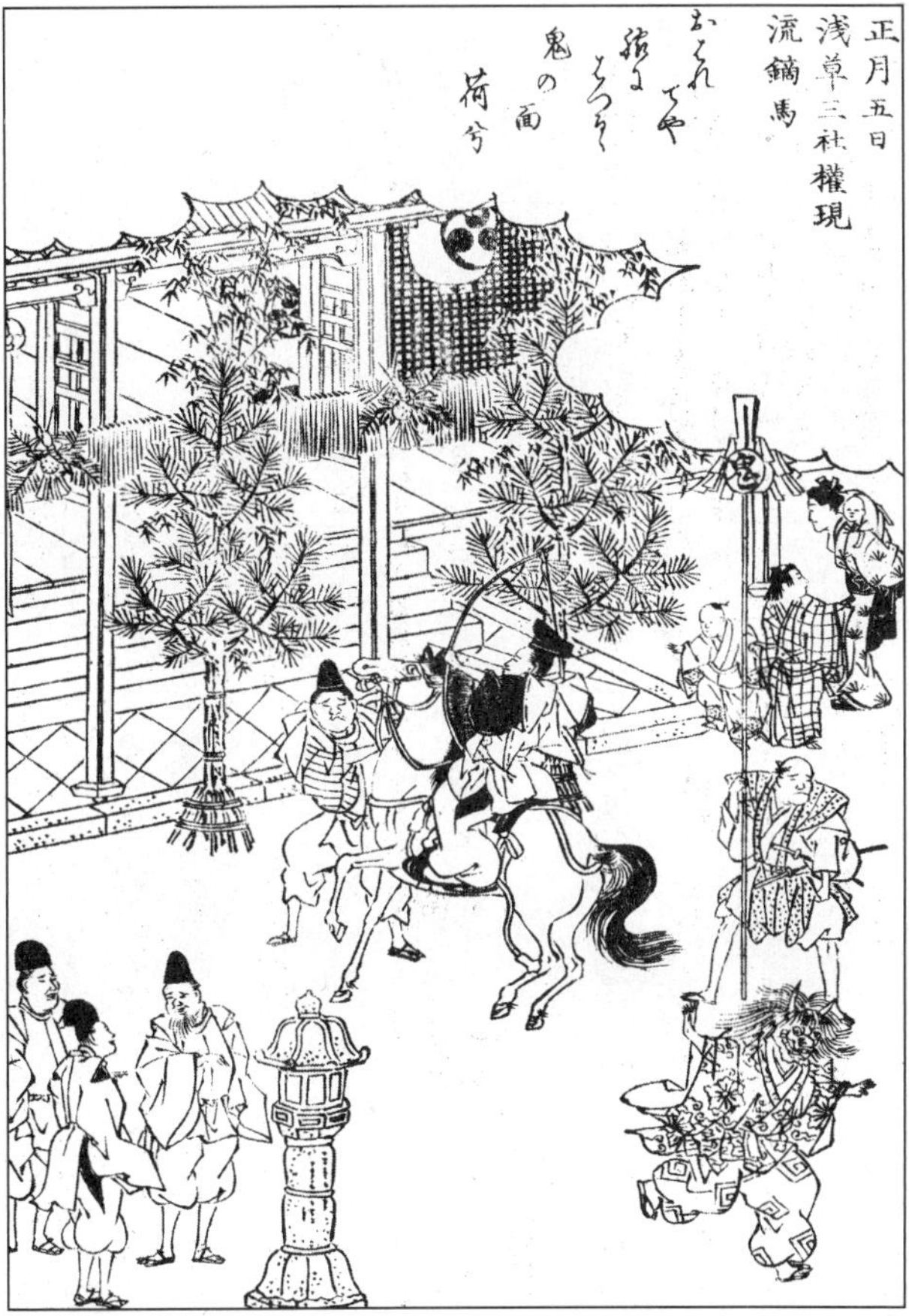

正月五日　浅草三社権現流鏑馬

っきりしない。近ごろから流行《はや》り、朝から夕まで参詣者が続いて絶えない。諸人は神符を請うてお守りとする。この御神は専ら水難から守るので、江戸では霊験を得る者が多い。諸人は小さい碇《いかり》または碇と椿の花を描いた額を納める。

毎月牛込〔新宿区〕常泉寺にて祖師の開帳がある。

六日

○江戸並びに遠国の寺社の僧徒・社人・山伏が御礼に登城する（五ッ時〔午前八時〕）。先規によって献上物がある。

○庶民が年越を祝う。六日年越という。この日の夕方に門松を取り納める。承応〔一六五二―五五〕のころまでは十五日に納めたという。古来は十五日に爆竹があったが、国禁で今は無い。

○産土神《うぶすな》に参る。この夜七種菜《ななくさ》をはやす〔七草を包丁などでたたく〕。厄払いが来る。

毎月神田三島町〔千代田区〕の毘沙門《びしやもん》参りがある。十六日・二十六日もある。いずれも夕方から賑わっている。

毎月四谷新宿後ろ〔新宿区〕正受院の奪衣婆《そうずかのうば》〔三途《さんず》の川で衣服をはぎ取る老婆〕参りでは、百万遍を行う。十六日と二十六日も参詣がある。

七日

○若菜（人日《じんじつ》〔七草の節句〕）の御祝儀で諸侯が登城する。今朝人々とも七種菜粥《ななくさながゆ》を食する。

○〔江東区〕亀戸天満宮の若菜餅の神供では、御食《みけ》に若菜を添えて奉る。十五日には粥を献ずる。

○〔北区〕王子権現の牛王加持がある。牛王宝印で坊中の頭に押すことがある。禰宜《ねぎ》らがこれを勤める。

毎月本所〔墨田区〕羅漢寺にて羅漢供養がある。

毎月霊巌島〔中央区〕越前家〔福井藩〕御中屋敷の湯尾峠孫嫡子社《ゆのおとうげまごちゃくし》へ参詣がある。

八日

毎月薬師参りがあり、茅場町〔中央区〕別当智泉院は特に参詣が多い。縁日ごとに夕方から商人が多く、また盆栽《はちうえ》の草木・庭木などの商いが大変多い。そのため坂本町の辺りを植木店《うえきだな》という。すべて近頃盆栽の商いは広く行われるが、縁日ごとに商うなかでも当所を第一とする。他に、本郷四丁目〔文京区〕真光寺、浅草新堀《しんぼり》〔台東区〕東漸寺（正・五・九月に開帳がある）、本所二ツ目〔墨田区〕弥勒寺《みろくじ》（川上薬師）、本所番場東江寺（多田の薬師）、木下川〔葛飾区〕浄光寺、愛宕下〔港区〕真福寺、麴町〔千

代田区〕八丁目常仙寺〔寅薬師、毎月十二日に大般若会がある〕、四谷北寺町〔新宿区〕真福寺〔朝日薬師〕、伊皿子《いさらご》〔港区〕福昌寺、目黒〔目黒区〕成就院〔鱆《たこ》薬師〕、木挽町〔中央区〕六丁目河岸、新井村〔中野区〕梅照院が知られる。

毎月小日向《こびなた》大日坂〔文京区〕妙足院の大日参りがある。

毎月鬼子母神参りは、雑司ヶ谷〔豊島区〕大行院〔常に百度参りがある〕、入谷〔台東区〕喜宝院、本所出村《でむら》〔墨田区〕本仏寺〔千巻陀羅尼修行、十八日・二十八日もある〕、目黒〔目黒区〕正覚寺〔常に参詣がある。正・五・九月の八日・十八日・二十八日には千巻陀羅尼修行がある〕、三田三丁目〔港区〕蓮乗寺がある。

毎月この日は疱瘡《ほうそう》・麻疹《はしか》前の小児に、浅草寺山門の金剛《におう》神の股をくぐらせる。こうすれば疱瘡・麻疹が軽いという。朝の内に限って柵の中へ入ることが許される。

毎月本所御船蔵前〔江東区〕中央寺の大日如来縁日がある。正・五・九月の八日には開扉がある。

毎月芝〔港区〕金地院の羅漢供養がある。

九日

毎月浅草〔台東区〕鳥越明神への参詣がある。

毎月箱崎〔中央区〕湊橋《みなとばし》、神田〔千代田区〕龍閑町代地、同久右衛門町の金毘羅《こんぴら》参りがある。

十日

毎月金毘羅参りがあり、〔港区〕虎御門外京極家〔丸亀藩〕御藩邸では、参詣する人々は曇りも晴れも嫌わず未明から来て混み合い、霊験を仰ぐ。近郷から詣でる人が多く、植木その他諸商人が市をなしている。両国〔墨田区〕薬研堀《やげんぼり》（参詣者が多い。諸商人が夕方から出る）、下谷〔台東区〕生駒《いこま》家〔羽後矢島《やしま》藩〕藩中、深川黒江町〔江東区〕、〔文京区〕小石川御門内高松家〔讃岐高松藩〕御藩邸（九日・十日）、白金〔港区〕高松家〔讃岐高松藩〕御屋敷、目黒〔目黒区〕高幢寺《こうとうじ》（毎月十日大般若、正・三・五・九月・十月の十日、十二座神楽興行がある）、麻布〔港区〕六本木京極家〔讃岐多度津藩〕御下屋敷も知られる。その他、〔台東区〕浅草寺内観智院、本所〔墨田区〕一ツ目弁天の内稲荷相殿、水道橋〔千代田区〕三崎《みさき》稲荷などなお多い。江戸には金毘羅百社参りがあるが、これは略す。

毎月六郷〔大田区〕矢口村新田《にった》大明神への参詣がある。境内で小さい矢を商う。参詣者はこれを求めて、魔除《まよ》けとする。

○小石川〔文京区〕氷川社の二十五座神楽がある。

毎月〔千代田区〕永田馬場安部家の天満宮参りがあり、二十五日にも参詣を許される。

○高田砂利場村〔豊島区〕氷川祭では、奉射の式がある。村中順番に行う。古雅な神事である。

十一日

○具足の餅の御鏡開《かがみびらき》は諸家で同じである。昔は二十日に行われた。二十日と刃柄《はつか》と訓が同じで、刃柄を祝うという俗説である。国忌《おしょうじんび》〔四月二十日に死去した徳川家光の命日〕なので、慶安五年（一六五二）正月から改められたことが『羅山文集』に見える。

　　きて祝へもののふの良き具足餅　　道春

○御連歌会があり、御当家〔徳川家〕の古い式礼であることが『温知柳営秘鑑』に見える。その由来は憚《はばか》りがあるから、ここでは漏らす。

○〔台東区〕浅草寺釿《ちような》始があり、今暁七ツ半時〔午前五時〕、外陣で棟梁《とうりよう》・作事の職人が旧例の式をする。

○〔台東区〕下谷稲荷で二十五座神楽、湯花興行がある。五月・九月にもある。

○商家で貨買帳《だいふくちよう》を綴《と》じ、蔵開きを祝う。鏡餅を開き、雑煮にして祝う。

毎月 神田蠟燭町《ろうそくちよう》〔千代田区〕の金毘羅参りが夕方からある。

十二日

○〔台東区〕浅草寺温座陀羅尼《うんざだらに》の開白《かいびやく》〔第一日目〕で、天下泰平・国家安全の御祈禱である。今日から十八日まで七昼夜の間、本堂の中左の方、不動尊の前に壇を構え、幔《まだらまく》を廻らして一百六十八温座の秘法の修行がある〔温座とは、座が冷えることのないよう昼夜休まず続ける修法のこと〕。

毎月 薬師参りがあり、八日に同じ。

○新井村〔中野区〕梅照院薬師の開帳。四月八日、五月・九月十二日も開帳がある。

○〔台東区〕上野中堂の大般若読誦。今日辰の刻〔午前八時〕に一山総出仕で行う。御供所で大般若の札を与える。

十三日

毎月 祖師参り〔法華宗〕〔日蓮像に詣でる。日蓮は弘安五年〔一二八二〕十月十三日に没した〕があり、堀の内〔杉並区〕妙法寺〔今日並びに五月・九月の十三日には開帳がある。また月例の開帳の講中がある。当寺は繁昌しており、遠近の僧俗が晴雨を厭《いと》わずに毎日参詣して、常に説法の席を設けるようである。また毎日百度参りが絶えない。手遊びの風車をこの土産とする〕が有名である。他に、池上〔大田区〕本門寺、雑司ヶ谷〔豊島区〕法明寺、下谷〔台東区〕土富店《どぶだな》長遠寺〔正・五・九月に開帳あり〕、深川〔江東区〕寺町浄心寺〔開帳あり〕、大塚〔文京区〕本伝寺〔毎月朔日・十三日に開帳あり〕、牛込〔新宿区〕横寺町円福寺〔十二日・十三日に開帳あり〕、高田〔新宿区〕本松寺〔願満祖師と呼ばれる〕、浅草〔台東区〕矢崎本覚寺〔朔日・六日・十三日・十六日・二十一日・二十六日に開帳あり〕、北本所表町〔墨田区〕本久寺〔開帳あり〕、谷中〔台東区〕〔善光寺坂下〕本寿寺《ほんじゅじ》〔開帳あり〕、赤坂〔港区〕今井谷円通寺、青山〔港区〕立法寺〔十二日・十三日に開帳あり〕。その他は数えきれない。わずかに百分の一を挙げるだけである。

○雑司ヶ谷〔豊島区〕宝城寺の祖師の内拝が正・五・九月にある。

○深川〔江東区〕森下町神明宮祭礼の歩射《ぶしゃ》〔かちゆみ〕の式は近年は行わない。今日大般若を誦し、放生会《ほうじょうえ》を行う。十二日から参詣が多い。猿江泉養寺の管理である。

○王子〔北区〕金輪寺十八講、強飯《ごうはん》〔山盛りの飯を食べさせる〕がある。

毎月北品川〔品川区〕養願寺の虚空蔵参りがある。

毎月神田松下町〔千代田区〕不動尊への参詣がある。

毎月箱崎〔中央区〕紀州家御蔵屋敷の淡島参り。

○深川〔江東区〕三十三間堂弓初め、最近は日が定まっていない。

毎月下北沢村〔世田谷区〕淡島社で、夢想の灸点《きゅうてん》を諸人に与える。毎月三・八の日を定日とする。ただし正月三日・八日、三月十三日、七月十三日、十二月二十八日は休日である。昔、当社の別当である森厳寺の開山の清誉上人が腰痛の患いがあるので紀州〔和歌山県〕の淡島明神に祈願し、夢の中で霊示があってこの法を授かり、本快を得て当社を建立したという。

十四日

○人々が年越を祝う。十四日年越という。家々で注連《しめ》を取り払い、軒端・門口などに削り掛けを下げる。これは二十日の風に当たるのを忌むため、それより前にしまう。また産土《うぶすな》神社へ参詣する。太神楽《だいかぐら》が来る。

○亀戸村〔江東区〕で道祖神祭がある。この辺りの小児が大勢群がり、紙糊《はりぬき》の宝船を作って荷《にな》う。船の大きさは四尺ほどで、檜垣《ひがき》造りあるいは茶船の形に造り、五色の幣《ぬさ》を立て、船首の方に松飾りをし、中に宝船の二字を染めた幟《のぼり》を立て、皆で「千艘《そう》万艘御船が参った。銭でも米でもどんといっぱいおっ詰めろ。さいの神を祝う」と言って、各家に持ち歩き、初穂〔金銭〕を受ける。また当番の家では道祖神に神《み》酒《き》・供物・灯火を捧《ささ》げて、その夜小児の日待ち〔徹夜して日の出を拝むこと〕を営む。この事は久しくて、その始まりを知らないという。

毎月〔台東区〕浅草三島明神の神楽がある。正・五・九月は湯花〔湯を使った神事〕がある。

○亀戸〔江東区〕香取社で疫神除け祭がある。
毎月深川〔江東区〕浄心寺の上行菩薩参詣が、この日と十五日にある。
毎月日本橋〔中央区〕西河岸地蔵参りがあり、近年は二十四日と同じく参詣がある。

十五日

○上元《じようげん》〔正月十五日〕御祝儀があり、人々は今朝小豆粥を食べる。太神楽が来る。
毎月産土参りがある。朔日に同じ。

毎月妙見参りがある。朔日に同じ。柳島〔墨田区〕法性寺〔毎月千巻陀羅尼、正・五・九月十五日は開帳がある〕、新鳥越〔台東区〕安盛寺〔千巻陀羅尼の内拝がある〕、深川〔江東区〕浄心寺〔開帳あり〕で行う。
○白金〔港区〕妙円寺妙見堂の星祭がある。
○山谷《さんや》〔台東区〕正法寺にて毘沙門祭〔千巻陀羅尼、開帳がある〕。
毎月浅草福井町〔台東区〕銀杏《いちよう》八幡宮の放生会がある。
○〔台東区〕今戸八幡宮にて二十五座神楽がある。
毎月霊巌島〔中央区〕越前家御中屋敷の孫嫡子社参りがある〔七日と同様である〕。
○牛込原町〔新宿区〕長明寺太神宮にて千巻陀羅尼がある〔五月・九月十五日、三月二十八日にもある〕。

毎月本所〔墨田区〕羅漢寺で大般若会を行う。
毎月目黒〔目黒区〕祐天寺にて別時念仏がある。
毎月青山〔港区〕善光寺の放生会がある。
毎月西ノ久保〔港区〕館林侯藩邸の龍神参りがある。
毎月北本所表町〔墨田区〕本久寺で祖師の開帳がある。
○音羽町〔文京区〕田中八幡で神楽がある。
○〔新宿区〕筑土《つくど》明神で神楽がある。
○三芝居狂言の初日で、今日から三月の節句の前頃に至る。この間、二月初めから二番目と名付けて跡狂言〔差し替え・追加などの狂言〕を出す。春狂言は毎年曾我物語の仕組みである。今日から三日の間、太夫元・若太夫が式三番叟を勤めるのは顔見世と同じである。新狂言の替わりはおおよそ三月三日頃、四月八日頃、五月五日頃、六月の土用には休み、七月十五日頃に盆狂言、八月朔日頃、十一月の顔見世などである。しかし大入り〔来場者多数〕のときは同じ狂言を引き続いて興行する。

十六日

○〔江東区〕亀戸天満宮で大御食《おおみけ》〔神の食物〕の調進がある。午の刻〔正午〕、社司が祝詞《のっと》を奏する。次に越天楽《えてんらく》〔雅楽の名〕を奏し、魚鳥・菜蔬《あおもの》・菓子・果物など七十五膳の供物を捧げる。別当が祭文を読む。終わって神楽殿で神楽がある。卯の日の前後にあたる時は他の日に行う。

○浅草〔台東区〕報恩寺で、開山の木像へ鯉《こい》を供える。この鯉を調理して参詣者に与える。また斎非時《ときひじ》〔午前と午後の食事〕を出す。当寺開山の性信坊が下総国飯沼〔茨城県常総市〕にいた頃にその地の天満宮が示現したことがある。その例によって毎年飯沼から池の鯉を二尾ずつ送る。この返礼として鏡餅を送られる。この鏡餅を天満宮へ献じ、二十五日の初連歌の時にこれを開くのを習わしとする。

○湯島〔文京区〕麟祥院《りんしょういん》で従二位春日局《かすがのつぼね》〔仁淵了義大姉〕の影堂の開扉がある。御木像を拝させる。

○小日向〔文京区〕服部坂《はっとり》龍興寺に、法華経の文字で描いた五百羅漢と釈迦・文殊・普賢・観音など五十余幅の画軸を掲げる。幅ごとに十人の陪侍があり、数え切れない。堂閣・岩壑《がんがく》〔岩や谷〕・泉池・草木・鳥獣に至るまで、一句一画が繊細で糸筋のように微細で塵《ちり》のようなものを皆経文に連ねて図にし、着色を施したのもまた経文である。およそ妙経〔妙法蓮華経〕一部余巻で書いた所で、府中の小役人の加藤氏藤原信清という者の筆である。この加藤某は享保十九寅〔一七三四〕仲冬〔十一月〕に江戸で生まれ、成長すると鎗《やり》・刀・拳法を得意とし、全国を巡ってその技を試みた。また丹青〔絵画〕を好んで狩野玉燕《ぎょくえん》に学び、その技は世間に知られていた。

（正月十六日　浅草報恩寺　開山の木像へ鯉を供える）

元より名利を好まず、貴族・権門が招いても行かず、髪を剃《そ》って自ら栖霞亭《せいかてい》と号した。天明〔一七八一―八九〕の頃、この五百応真〔羅漢〕の像を描くことを発起し、寛政八年〔一七九六〕に至って成就し、当寺に納めた。文化七年〔一八一〇〕七十七歳で老病に罹《かか》り、治らず終《つい》に帰寂〔逝去〕した。これより先に、前南禅大典禅師〔大典顕常〕が当寺の住職の天啓和尚に代わってその顛末《てんまつ》を記された。いま当寺に伝えて宝物としている。禅師の記文は大変絶妙である。記すと長くなるので、ここでは略す。

○閻魔《えんま》参りがある。世に閻魔の斎日という。浅草御蔵前〔台東区〕長延寺〔閻魔丈六・倶生神《くしょうじん》〔人の両肩の上で善悪を記録する二神〕・奪衣婆立像〕、同大円寺十王堂、浅草寺奥山〔奪衣婆もあり、虫歯の病者が祈願する〕、同寺中正智院寝釈迦堂内、浅草誓願寺中西慶院、上野〔台東区〕清水観音堂内、下谷〔台東区〕広小路常楽院、下谷坂本善養寺〔丈六〕、下谷金杉世尊寺〔奪衣婆もある〕、湯島〔文京区〕円満寺〔奪衣婆もある〕、本郷〔文京区〕六丁目法真寺内、本銀町〔中央区〕四丁目観音内〔奪衣婆もある〕、茅場町〔中央区〕薬師境内、深川〔江東区〕寺町法乗院〔十王・倶生神・奪衣婆もある〕、同霊巌寺中開善院〔奪衣婆もある〕、同八幡宮境内観音堂の内、本所〔墨田区〕回向院《えこういん》〔奪衣婆もあり、馬頭観音の堂へ十王像と地獄の画幅を掛ける〕、同霊山寺、同法恩寺中大教院、同北割下水花厳寺、同五ツ目〔江東区〕羅漢寺三匝《さんそう》堂〔栄螺《さざえ》堂〕の内、芝〔港区〕増上寺山内（蓮池の向うで、倶生神がある）、同花岳院地蔵堂内、芝金地院（石像で霊験の像である。煎茶・煎り豆を挽《ひ》く）、西ノ窪〔港区〕天徳寺中随養院（木像）、栄立院（石像）、麻布〔港区〕一本松長伝寺（石像）、六本木〔港区〕崇巌寺（十王と奪衣婆がある）、目黒〔目黒区〕不動尊境内地蔵堂内（奪衣婆もある）、目黒安養院〔十王と奪衣婆がある〕、渋谷〔港区〕長谷寺《ちょうこくじ》観音堂内、三田〔港区〕寺町実相寺境内、同四丁目春林寺観音堂、高輪〔港区〕如来寺本堂内、南品川〔品川区〕長徳寺、牛込〔新宿区〕通寺町養善院（奪衣婆もある）、同原町松雲寺境内、小日向〔文京区〕桜木町還国寺（木像・石像と奪衣婆がある）、同上水端日輪寺内、小石川富坂善雄寺《ぜんのうじ》、市谷柳町〔新宿区〕光徳院、市谷八幡宮境内（石坂右）、同谷町地福院、薬王寺、雑司ヶ谷〔豊島区〕玄浄院法明寺中、駒込〔文京区〕小《お》苗《な》木《き》縄手正行寺（奪衣婆もある）、同寺町光源寺大観音内（奪衣婆もある）、巣鴨〔豊島区〕真性寺（奪衣婆・十王・倶生神・青赤の鬼・浄玻璃《じょうはり》の鏡の前で罪人の業《ごう》の秤《はかり》に掛けた像がある）、谷中〔台東区〕天王寺内瑞雲院、麴町〔千代田区〕八丁目栖岸院《せいがんいん》内、同九丁目心法寺（十王像）、〔千代田区〕平河天満宮社地、四谷内藤新宿〔新宿区〕太宗寺（丈六余の像）、同所裏通正受院（奪衣婆もある）、同南寺町真成院汐干観音内、中野〔中野区〕成願寺観音内（十王と奪衣婆がある）、赤坂一ッ木〔港区〕浄土寺（石像）、同威徳寺内、同新町専修寺内、青山〔港区〕泰平観音境内、同教覚院（奪衣婆もある)、同善光寺境内地蔵堂内、千住《せんじゅ》〔足立区〕金蔵寺、同勝専寺、豊島《としま》〔北区〕川端専称院が知られる。

毎月 小石川下富坂町〔文京区〕源覚寺の閻魔参りがある。俗に蒟蒻《こんにゃく》閻魔という。この日、諸寺院で地獄変相の画幅を掛ける。本所押上〔墨田区〕真盛寺に蔵する所の閻魔庁前の図は、京都の画匠の円山応挙《まるやまおうきょ》の筆で、その飛動は衆目を驚かせる。今日本堂に掲げて拝させる。深川〔江東区〕法禅寺では、十王の像、地獄の画幅、十六羅漢の画像などを掛ける。どれも松原笑月六十二歳の画である。その他に仏画がある。谷中〔台東区〕長安寺では地獄の画幅を掛ける。

○今日東叡山〔台東区上野寛永寺〕文殊楼(山門で、文殊菩薩を安置する。輪蔵も開いて諸人に廻させる)、〔港区〕増上寺山門(十六羅漢を配列する)、〔台東区〕浅草寺山門(文殊菩薩を安置する)を開いて、諸人が楼上に登ることを許す。

○品川〔品川区〕東海寺山門(十六羅漢)、高輪〔港区〕泉岳寺山門を開く。泉岳寺には経文で画いた大曼荼羅《まんだら》、四十七士の像などを掛ける。同東禅寺山門は、朝の内開く。

『春台文集《しゅんだい》』早春増上寺楼に登る、

芝浦の春風百尺の楼　登臨すれば宛《あたか》も是れ鳳麟の洲　東南目を極むれば滄溟闊《ひろ》

し　唯見る房陵の水上に浮かぶを

○〔台東区〕吉原京町二丁目にて如来〔朝日如来〕の開帳がある〔旭丸屋甚左衛門〕〔妓楼丸屋に安置されていた〕。

○雑司ヶ谷〔豊島区〕鬼子母神の祭礼がある。以前は奉射《ぶしゃ》祭といって厳重な式があったが、近年は絶えて無い。今は法華経を読誦するばかりである。今日本尊の更衣《ころもがえ》がある。

[毎月]聖天宮の縁日がある。大塚〔文京区〕護国寺〔十六日・二十日〕、〔文京区〕湯島天神下〔同〕、四谷〔新宿区〕汐干観音内〔正・五・九月、神楽〕、赤坂〔港区〕相良《さがら》家御屋敷内である。その他卯・酉の日の項にある。

[毎月]八丁堀〔中央区〕磯辺太神宮参り〔祭日毎月六日・十六日・二十一日〕、その他所々で太神宮参りがある。

[毎月]南本所〔墨田区〕番場町河岸の秋葉参り。

[毎月]葛西〔墨田区〕吾妻森《あづまのもり》吾嬬《あづま》権現の縁日〔今日並びに二十日〕。

[毎月]牛込〔新宿区〕原町幸国寺の布引祖師の開帳。

○川口〔埼玉県川口市〕善光寺の阿弥陀の開帳がある。

○今日商家の使用人は藪入《やぶい》りと言って、主人の休暇を得て家に帰り、〔父母兄弟に会い、または神仏に参詣し、自在《ほしいまま》に歩き回る。貝原好古《かいばらよしふる》は「やぶいりは宿居《やどおり》の誤りであろう」という。

やぶいりや浅草かけて芝の海　琴風
やぶいりがやぶいりに道教へけり　百之

十七日

毎月芝〔港区〕増上寺の安国殿《あんこくでん》への拝礼がある。浅草〔台東区〕三社権現御相殿の御法楽がある。同所新堀端松平西福寺の御宮参拝がある。朔日・十五日・二十八日にも参拝を許し、正・五・九月に御祭礼執行がある。

毎月観音参りが二十三日まである〔七観音という〕。浅草寺は十七日は夜中まで参詣があって賑わしい。当寺は年中参詣が絶えない。門前に毎日植木の市が立っている。大塚〔文京区〕護国寺、本銀町〔中央区〕四丁目〔千手観音堂〕は七日の間開帳があり、毎夜商人が多く出る。麴町〔千代田区〕八丁目栖岸院《せいがんいん》、神楽坂〔新宿区〕行元寺〔大般若会がある〕、青山〔港区〕泰平観音〔正月十七日に開帳あり〕もある。

○湯島〔文京区〕天満宮の放生会がある〔五月・九月もある〕。

○王子村〔北区〕十八講があり、農家で行う。別当金輪寺の住持を招いて酒飯を饗《きょう》する。農夫がうち寄って大椀に飯を高盛りにし、各々杓子《ひしゃく》・杵《きね》などで掛け声をし、腹をついてこれを勧める。

毎月小川町〔千代田区〕三崎稲荷社の神道七夜待ちの行事が二十三日まである。正徳元年（一七一一）から始まる。

毎月葵坂《あおい》〔港区〕上鍋島家御屋敷で八天宮参りがあり、正・五・九月は祭である。

毎月二本榎〔港区〕広岳院の八天狗参りが庭中である。

○小日向〔文京区〕上水端氷川明神の祭礼で神楽がある。別当は日輪寺。

○麻布〔港区〕一本松氷川明神社の神楽。

毎月芝金杉〔港区〕正伝寺の題目講説法。

毎月牛込〔新宿区〕原町恵光寺の妙見宮にて開帳・説法がある。

○谷中〔台東区〕妙福寺の日親像の開帳が正・五・九月にある。

毎月同所安立寺《あんりゅうじ》の日親像の開帳がある。

十八日

○〔台東区〕浅草寺の法華三昧法会が卯の刻〔午前六時〕にあり、本堂で行われる。大衆がすべて出仕する。今日は温坐《うんざ》陀羅尼結願《けちがん》である。夜に松明《たいまつ》を灯《とも》し、供物などを奥山で焚き捨てることがある。

毎月三日十八日
東叡山
両大師詣

毎月三日十八日　東叡山両大師詣で

毎月〔台東区〕上野大師参りがある。三日に同じ。この日慈恵大師の御影をお掛けする。解脱院宮の御筆であるという。『再訂惣鹿子』に「世俗十八日は慈眼大師〔天海〕、三日は元三大師と覚える人が多い。慈眼大師は寛永二十年〔一六四三〕十月二日入寂《にゅうじゃく》なさった。元三大師は観音の応現〔仏・菩薩が人の姿で現れたもの〕なので、十八日にも詣でるのであろう」とある。今日黒門〔鳥取藩池田家の上屋敷正門。現在は東京国立博物館の敷地内〕前に植木その他諸商人の市が立つ。
○大師粥として、人々は小豆粥を食べる。また十八粥ともいう。元三大師への供養の心であろう。
毎月鬼子母神参り〔八日に同じ〕がある。雑司ヶ谷〔豊島区〕は正・五・九月に万巻陀羅尼を行う。
○本所〔墨田区〕出村本仏寺〔正・五・九月〕、下谷〔台東区〕善立寺の随身鬼子母神〔毎月〕の内拝がある。
○四谷〔新宿区〕南寺町戒行寺の鬼子母神の開帳がある。正・五・九月の十八日・二十八日である。
毎月観音参り〔十七日の項も参照〕がある。芝〔港区〕金地院の観音懺法《せんぼう》は開扉があり、観音の三十三相の画幅を拝させる。他に、三田〔港区〕魚籃《ぎょらん》観音〔十七日・十八日〕、上野〔台東区〕清水堂〔大般若読誦〕、本郷〔文京区〕六丁目喜福寺、本所〔江東区〕羅漢寺観音供養、芝浦〔港区〕清水御下屋形内観音参り（文政年間〔一八一八―三〇〕に海中から出現した黄金仏である）もある。

毎月〔新宿区〕筑土《つくど》明神社の大般若会がある。

毎月秋葉権現参りを、受地村〔墨田区〕満願寺（正・五・九月十八日には大般若転読がある。毎月十八日には護摩供修行があり、法華経を読誦する）、駒込片町〔文京区〕大円寺（正・五・九月に大般若転読があり、参詣が多い）で行う。

毎月〔台東区〕浅草新堀端寿松院の別時念仏と説法がある。

十九日

毎月下谷〔台東区〕坂本小野《おの》の照崎《てるさき》明神参りがある。

○白金三鈷坂《さんこざか》〔港区〕氷川明神の神楽・湯花がある。

毎月七面参りがある。本所押上〔墨田区〕最教寺（正・五・九月は祭りで、千巻陀羅尼修行がある）、浅草〔台東区〕新寺町正覚寺（二十三日まで説法、正・五・九月十九日には千巻陀羅尼修行がある）、高田〔新宿区〕亮朝院《りようちょういん》（毎月十九日に題目講、正・五・九月は千巻陀羅尼、開帳説法がある）、駒込〔文京区〕追分光明寺（十八日・十九日に題目講説法がある）、谷中〔台東区〕瑞林寺、市谷〔新宿区〕饅頭谷《まんじゅう》修行寺（開帳あり）が知られる。

○浅草〔台東区〕田圃《たんぼ》幸龍寺鎮守柏原明神の開帳があり、千巻陀羅尼（五月・九月もある）を行う。
○橋場〔台東区〕長松寺の七面宮祭りがある。
○浅草〔台東区〕新寺町の源空寺御忌がある。二十五日まで修行、この間説法がある。
二十五日の項も参照。
[毎月]河崎〔神奈川県川崎市〕明長寺の石観音の開帳がある。
○〔杉並区〕大宮八幡宮の神楽がある。五月・九月にもある。
[毎月]四谷〔新宿区〕天龍寺の観音講がある。
○今夜、大伝馬町〔中央区〕一丁目、二丁目、通旅籠《とおりはたご》町の通りに恵比寿講の市が立つ。
商家で恵比寿講の設けとして、魚類、菜蔬《さいそ》、恵比寿・大黒の像、小宮諸器物などを商う。

二十日

○商家の恵比寿講がある。恵比寿・大黒の二神を安置し、新鮮な鯛をまつり、万倍の利益貨殖を祈る。終夜親戚・知り合いを迎えて宴飲する。また〔子どもらが〕蛭児《ひるこ》〔恵比寿〕像の前で、盃盤《はいはん》や器物に至るまで価《あたい》を千両あるいは万両などと定め、掌《てのひら》を打って仮に商売の学びをしている。
○この日太神楽が来る。

○人々は二十日正月として、雑煮餅を食して祝う。家ごとに祝うものではない。
○浅草〔台東区〕西ノ宮稲荷の内、恵比寿の開帳がある。
○亀戸〔江東区〕香取太神宮で太々神楽がある。
毎月聖天宮参り（卯・酉並びに十六日と同じ）があり、谷中〔台東区〕吉祥院、同長久院、北品川〔品川区〕養願寺、待乳山〔台東区〕（正・五・九月の二十日が祭日で、とりわけ参詣者が多い）、三田〔港区〕寺町多聞寺聖天宮（毎月大般若読誦がある）が知られる。
○麻布〔港区〕広尾稲荷の神楽がある。
○茅場町〔中央区〕薬師如来の開帳がある（五月・九月二十日もある）。
○〔江東区〕亀戸天満宮の年穀《ねんこく》祭がある。五穀成就の祈禱である。近村の農夫らが参詣する。

二十一日

毎月弘法大師への参詣（空海は承和二年（八三五）三月二十一日に没したので、二十一日を弘法大師の縁日とする）がある。〔神奈川県川崎市〕河崎大師河原平間寺《へいけんじ》は、正・五・九月はことに賑わしい。世に厄除け大師と称して、都鄙《とひ》の男女が厄年に当たる時は必ず当寺に参詣して厄除けを祈る。江戸から行程が五里半ある。西新井〔足立区〕総持寺は大師自作の像があり、毎月二十一日など、年に開帳が九十六日あるが、略す。また彼岸中にも開帳がある。寺島村〔墨田区〕蓮華寺、二本榎〔港区〕正覚院〔高野学侶《こうやがくりょ》派宿寺〕、白金〔港区〕高野寺〔高野行人派宿寺〕、三田〔港区〕寺町明王院〔開帳がある〕、中野〔中野区〕宝仙寺〔開帳がある〕など、その他数ヶ所ある。三月十日の項を参照。

毎月本所〔墨田区〕回向院の放生会がある。十月は十四日である。

○浅草〔台東区〕御門外第六天社の神楽がある。五月・九月にもある。

○小石川〔文京区〕白山社の神楽がある。五月・九月も興行がある。

毎月浅草〔台東区〕山谷町本性寺の秋山自雲《じうん》霊神開帳がある。痔疾《じしつ》を憂うる者は当社へ祈願をすると果たして応験があるという。正・五・九月の二十日・二十一日には千巻陀羅尼を行う。

二十二日

毎月浅草〔台東区〕御蔵前池田家〔岡山藩〕の鎮守である瑜伽山《ゆかさん》権現への参詣が今日・明日にある。愛宕下〔港区〕池田家〔岡山藩〕の瑜伽山権現は、二十三日・二十四日である。

毎月〔港区〕赤坂御門外大岡侯〔大岡越前守〕御下屋敷の豊川稲荷参りがある。正・

五・九月には大般若転読がある。
毎月浅草〔台東区〕本法寺の熊谷稲荷社で千巻陀羅尼がある。
○同七軒寺町法養寺熊谷稲荷の開帳、千巻陀羅尼がある。
○谷中〔台東区〕大円寺瘡守《かさもり》稲荷の開帳、千巻陀羅尼、説法などがある。
○深川〔江東区〕猿江妙寿寺稲荷の開帳、千巻陀羅尼がある。
○麻布〔港区〕六本木芋洗坂下朝日稲荷の神楽がある。

二十三日

毎月〔台東区〕浅草随身門前の勢至《せいし》〔勢至菩薩〕参り、放生会がある。正・五・九月は観音堂の前で餅を投げる。

毎月青山〔港区〕泰平の観音参りがある。
○赤坂〔港区〕新町専修寺の勢至開帳がある。
○今日・明日、鈴ヶ森〔品川区〕の厄神祭りが海道である。
○山崎町〔台東区〕仙龍寺瑜伽権現の大般若会がある。五月・九月にもある。
毎月下総古間木《ふるまぎ》村〔千葉県流山市〕諏訪明神参りがあり、近年都下から参詣が多い。
○〔江東区〕御船蔵前西光寺の御忌、念仏、説法がある。

二十四日

○今日・明日、〔江東区〕亀戸天満宮鷽《うそ》かえの神事がある。木で図のように鳥の形を造り、参詣者が袖の中で取り替える神事である。悪事を転じて善事に変えるの意味という。筑紫太宰府の旧例に倣って文政三年〔一八二〇〕から始められた。

鷽の図

○今日・明日、入谷〔台東区〕長松寺の月の丸円光大師〔法然〕御影開帳がある。左右に童子がいる。大師が伊勢大神宮へ参籠の時、月を拝し、月宮に大師の御影が現れた時に、自ら筆を執って描きなさった所であるという。

毎月地蔵参りがあり、芝〔港区〕愛宕権現社に毎月参詣が群集する。同所下不動尊の内石像地蔵参り、湯島〔文京区〕霊雲寺、三田〔港区〕松秀寺、日限《ひぎり》地蔵〔開帳あり〕、深川〔江東区〕寺町本誓寺、鼻欠け地蔵〔開帳・放生会がある〕、日本橋〔中央区〕西河岸〔夕方からの参詣が多い〕が知られる。また六地蔵参り、南方四十八所・東方四十八所・山の手四十八所の地蔵参りなどがある。付録に記す。

○浅草〔台東区〕大川橋手前花川戸町角の古物六地蔵で石灯籠念仏が行われる。

毎月本所〔墨田区〕押上春慶寺の普賢菩薩参詣があり、正・五・九月二十四日は十部経執事祭礼で、開帳がある。

毎月白金〔港区〕樹木谷《じゅもくだに》覚林寺の清正公参詣があり、正・五・九月は千巻陀羅尼を行う。

毎月〔台東区〕浅草田圃幸龍寺の清正公参りがある。

○雑司ヶ谷〔豊島区〕宝城寺の千巻陀羅尼修行、説法がある。

二十五日

毎月天満宮参詣〔菅原道真が延喜三年（九〇三）二月二十五日に没したので、二十五日を天満宮の縁日とする〕があり、湯島〔文京区〕は参詣が多い。諸商人が出て、植木の市がある。麴町〔千代田区〕平川社も同様。亀戸〔江東区〕（月並連歌会は近年行わない。菱川師宣《ひしかわもろのぶ》が『やまと名所絵本づくし』という草紙に「近頃から毎月縁日に連歌会がある」と記している）、〔港区〕増上寺山内（茅野天神・飯倉天神）、小石川〔文京区〕牛天神（正・五・九月に神楽、毎月大般若会がある）が知られる。

○白金〔港区〕樹木谷松久寺花城天満宮で、正・五・九月二十五日に大般若会がある。

○小石川原町〔文京区〕天満宮の神楽が正・五・九月にある。

○御忌《ぎょき》法会がある。浄土宗開祖円光大師御忌によって、浄土宗の寺院は昨日と今日法会を行う。芝〔港区〕増上寺（一山全員の出仕があり参詣が多い）、深川〔江東区〕霊巌寺、本所〔墨田区〕霊山寺《りょうせんじ》、浅草〔台東区〕源空寺（十九日から修行があり、二十五日施餓鬼を行う。円光大師真筆六字名号、同開眼の弥陀を拝させる。毎月二十五日に大

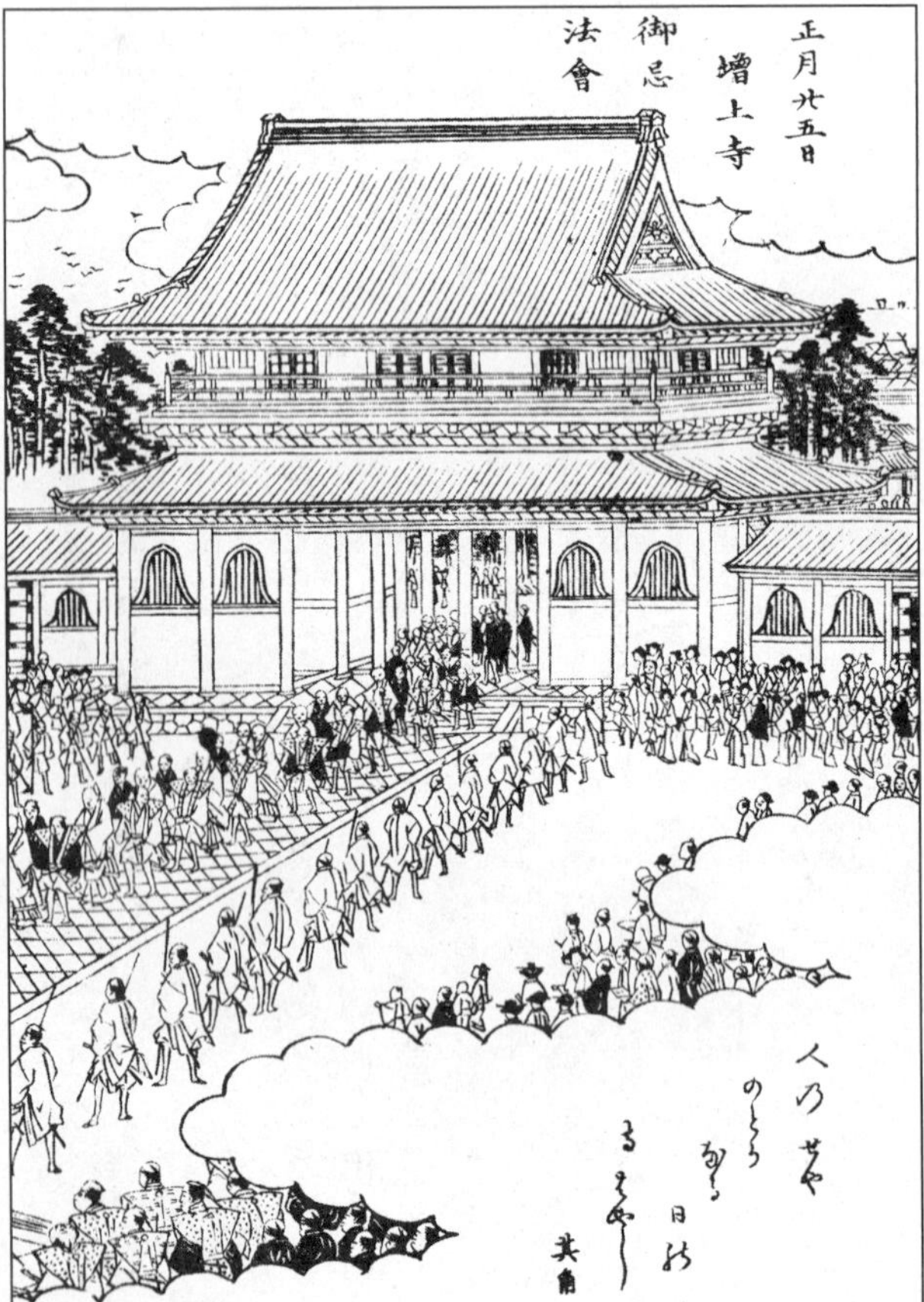
正月廿五日
增上寺
御忌
法會

正月二十五日　増上寺御忌法会

師の開帳がある)、同称往院など、その他にも多い。東都円光大師二十五ヶ所参りは付録にある。

毎月麻布〔港区〕長坂町大長寺の日朝上人像開帳がある。

毎月深川〔江東区〕浄心寺の日朝上人への参詣がある。

二十六日

○〔千代田区〕平河天満宮の三十五座神楽があり、五月・九月にもある。別当は龍眼寺。

○本郷〔文京区〕四丁目天満宮の祭礼、別当は真光寺。神楽がある。

○小石川〔文京区〕牛天神下諏訪明神の祭りが今日・明日にある。

○稲付《いねつけ》村〔北区〕静勝寺の太田道灌《どうかん》入道木像開扉がある。

毎月神田鍛冶町《かじちょう》〔千代田区〕二丁目の不動参りがあり、夕方から賑わっている。

毎月板橋〔板橋区〕日曜寺、四谷〔新宿区〕南寺町愛染院、下谷〔台東区〕三味線堀大久保侯御屋敷などで愛染参りがある。

毎月この夜、俗家でも愛染を祀る。紺掻《こうか》きの家ではとりわけ尊信するが、そのわけを知らない〔愛染が藍染に通ずるから〕。

○昔はこの夜、田安の台〔千代田区〕、鉄炮洲〔中央区〕、高輪〔港区〕などに諸人群集して月の出を拝したことを、天和《てんな》〔一六八一—八四〕以来享保〔一七一六—三六〕頃までの書に記してある。今は七月だけである。

二十七日

毎月神田〔千代田区〕松下町代地の不動参りがあり、夕方から賑わっている。愛宕下〔港区〕不動の参りは、今日・明日である。

二十八日

毎月不動参りがあり。目黒〔目黒区〕滝泉寺の正・五・九月は祭礼で、二十日頃から参詣群集し、二十七日・二十八日の両日は特に賑わっている。二十七日の夜から籠りがあり、飴《あめ》・粟餅《あわもち》・餅花を土産とする。常に百度参りなどがあって、参詣者が絶えることが無い。他に、目白〔豊島区〕新長谷寺、目赤〔文京区〕南谷寺〔駒込〕、深川〔江東区〕寺町法乗院〔開帳あり〕、赤坂〔港区〕一ッ木威徳寺、四谷新宿〔新宿区〕大宗寺、下谷〔台東区〕通新町永久寺〔開帳あり〕、三田〔港区〕寺町宝生院荒浪不動、両国〔中央区〕薬研堀〔開帳あり〕、坂本町〔中央区〕成田旅宿が知られる。

○不動尊で正・五・九月の開帳の場所は、駒込追分〔文京区〕願行寺〔大山同木不動〕、牛込〔新宿区〕原町報恩寺、亀戸〔江東区〕東覚寺である。

毎月産土神《うぶすな》参りがあり、朔日・十五日に同じ。
○〔江東区〕深川八幡宮〔富岡八幡宮〕の放生会があり、新右衛門町〔中央区〕、深川〔江東区〕五月・九月にもある。
毎月妙見参りがある。柳島〔墨田区〕法性寺、新右衛門町〔中央区〕、深川〔江東区〕浄心寺〔開帳あり〕、谷中〔台東区〕瑞林寺中本妙院妙見宮〔題目講〕が知られる。

毎月鬼子母神参りがあり、八日・十八日に同じ。入谷〔台東区〕鬼子母神は、正・五・九月二十八日で、千巻陀羅尼を行う。
○荻新田〔江東区〕〔砂村辺〕上妙寺の鬼子母神祭があり、開帳がある。
毎月南品川〔品川区〕海雲寺の千体荒神の縁日がある。
毎月牛込〔新宿区〕岩戸町宝泉禅寺の道了権現で、大般若を行う。

三十日

毎月上野〔台東区〕両大師〔寛永寺の元三大師・慈眼大師〕宿坊の遷座《せんざ》がある。毎月三十六坊の内、順番に執事して、毎月晦日《みそか》〔三十日〕夕七ツ時〔午後四時〕に次の坊へ遷座させる。これを拝しようと、人々が多数群集する。ただし十月は例年御本坊で執事する。三日の項で述べた向き合いの御影は探幽の筆で四幅ある。この日次の院へ四幅の中の向き合いの御影二幅を先へ送って、正面へ掛けて置くという。遷座の時は夕《せき》照《しょう》〔夕映え〕の頃だが、提灯《ちょうちん》を灯して供奉《ぐぶ》をするのは、丑《うし》の刻〔午前二時〕に行うべき定めがあるからだという。いわゆる三十六坊とは、次の通り。

中堂の東　本覚院　凌雲院　見明院　真如院　青龍院　五仏院　東漸院
同　西　寒松院　涼泉院　覚成院　明王院　元光院
清水門　護国院　東円院　等覚院　龍王院　真覚院　円珠院
谷中口　大慈院　津梁院　勧善院　春性院　為津院　勧成院　林光院
山　下　普門院　常照院　顕性院　明静院　修禅院　一乗院　唯摩院　宝勝院　泉龍院　現龍院　寿昌院

日不定

○七福神参りは、大黒神・恵比寿（神田社地あるいは上野〔台東区〕清水堂の傍ら）、弁天〔台東区〕（不忍池中）、毘沙門（谷中〔台東区〕天王寺）、寿老人（同所裏門前長安禅寺）、布袋《ほてい》（日暮里〔荒川区〕）、福禄寿《ふくろくじゅ》（田端〔北区〕西行庵）である。あるいは寿老人を除いて上野大仏の前吉祥天祠へ詣でることがある。

また山の手七福神参りとして、○毘沙門（二本榎細川侯御屋敷前）○布袋（白金瑞聖寺天王殿）○寿老人○福禄寿（白金妙円寺妙見堂の内）○弁天（目黒蟠龍寺窟《いわや》）○恵比寿○大黒（目黒不動尊境内）がある。

蒲《カマ》田《タ》邑
看梅
採春年少拳
鞭来村径一
条将趁埃不
解氷姿有清
格香叢々裡
折紅梅
楳庵

蒲田邑看梅

景物

鶯《うぐいす》

○立春の十五、六日目頃から新哢《はつね》を発する。神田社地〔千代田区〕、小石川〔文京区〕鶯谷、谷中〔台東区〕鶯谷〔三崎の大通りから西の方へ入る〕、根岸の里〔台東区〕が有名。俗に関東の鶯は囀《さえず》りに訛《なま》りがあるが、この辺りの鶯は京の種で、ひとしお声がうるわしいと昔から言われている。

梅

○立春より二十六、七日頃から。杉田村〔神奈川県横浜市磯子区〕は江戸から行程十里余あり、東海道保土ヶ谷〔横浜市保土ヶ谷区〕の駅〔宿場〕から一里程東にある。民家の園中または畑中に多い。この地は海浜に臨んで、左に浦賀〔神奈川県横須賀市〕、右に本牧《ほんもく》〔横浜市中区〕の塙《はな》、房総の山々が一望に見渡されて、勝景の地である。一夜ここに泊まり、野梅の勝を愛する輩が少なくない。それで江戸ではないが、ここに記した。

○同三十日頃から。隅田川寺島村〔墨田区〕梅屋敷〔梅の屋と号する。庭中に梅樹が多い〕、蒲田村〔大田区〕〔大森の右の方に入ること四、五町で、野道に多い。また同村の海道の内で山本の園中に多い）、〔台東区〕今戸八幡宮の裏庭、〔港区〕増上寺飯倉天満宮社地が知られる。
○雑司ヶ谷〔豊島区〕畑町《はたまち》植木屋十助梅林。
○四ツ谷新町〔新宿区〕梅林。
○同三十二、三日頃から。亀戸〔江東区〕梅屋敷臥龍梅《がりようばい》は天満宮から東へ三町余、庵《あん》主清香庵《しゆせいきようあん》喜右衛門。江戸第一の名木である。白花で香気が甚だしい。その他にも梅樹が多く、文人墨客がここに集う。また、同 聖廟《てんまんぐう》前は、清香庵より少し早い。
○同三十四、五日。谷中〔台東区〕梅園天神、目黒〔目黒区〕石古《いしこ》坂（不動尊の脇である）が知られる。
○各年により、寒暖に従って遅速があるが、たいてい違わない。
○柳原堤〔千代田区〕の新柳も早春の景物の一つである。『武蔵志料《むさししりよう》』に「その昔、台命〔将軍の命令〕により、この地に柳を植え添えられた。馬勃《ばぼつ》の句に、

柳原七百二本〔日本〕立つや春

といったのも昔になった」とある。同書の編者山岡明阿子《やまおかみようあし》〔山岡浚明《まつあけ》、国学者〕が若い頃（宝暦元年〔一七五一〕）この柳を数えられたところ、わずか二百八十四本であったと言っている。今はその頃よりも減じた。

二　月

朔日《ついたち》

○日光〔栃木県〕・久能〔静岡県静岡市〕両山の御鏡餅・御札御頂戴〔将軍・奥方に差し上げる〕がある。〔台東区〕上野團山《こうざん》〔東叡山全山〕天台宗寺院の御礼登城がある。

中丁の日《なかひのと》

○〔文京区〕湯島聖堂釈奠《しやくてん》（おきまつり）があるが、庶人は拝することが出来ない。先聖〔孔子〕・先師〔顔淵《がんえん》〕・九哲〔顔淵を除く孔門十哲の九人〕を祀《まつ》られる。また宋の六君子の画像も掛けられる。程明道《ていめいどう》〔程顥《ていこう》〕・程伊川《ていいせん》〔程頤《ていい》〕・邵康節《しようこうせつ》・張横渠《ちようおうきよ》〔張載《ちようさい》〕・周茂叔《しゆうもしゆく》・朱文公《しゆぶんこう》〔朱熹《しゆき》〕である。本朝〔我が国〕釈奠の始まりは、文武天皇大宝元年〔七〇一〕に始まり、吉備大臣〔吉備真備《きびのまきび》〕入唐《につとう》の後、潤色によって釈奠の礼はいよいよ備わったが、応仁の乱〔一四六七―七七〕以後は中絶した。そのため寛永十年癸酉《みずのととり》〔一六三三〕に林道春先生が鈞命《きんめい》〔幕府の命〕を蒙《こうむ》り上野に一つの大きな家を設け、先聖と十哲の像を置かれた。これを先聖殿という。元禄四年辛《かのと》未《ひつじ》〔一六九一〕二月に当所へ移され、毎年釈奠の式が絶えず行われている。釈奠の制は詳しくは東涯先生〔伊藤東涯〕の『制度通』等を見るべし。

『儼塾集《げんじゆくしゆう》』七

　甲子仲春、江都上野の先聖殿に詣でて釈奠を観る
今暁初めて観る先聖殿、杏壇《きようだん》の春雪更に清鮮、笙簧《しようこう》鼓楽融和して至る、黍稷《しよしよく》粢盛《しせい》芳潔して連なる、三聖明明として上に在るが如し、六賢翼翼として前に臨むに似たり、慇懃《いんぎん》に拝于《はいう》す両楹《えい》の下、且つ喜ぶ儒風の吾が国に伝はるを

『年中行事歌合』
　唐人《からびと》の畏《かしこ》き影を写しとめ聖《ひじり》の時と今日祭るなり　二位中将

○山の宿〔台東区〕小出家御中屋敷、聖像を拝させられる。

初午《はつうま》

○江戸中稲荷祭〔和銅四年（七一一）二月初午の日に京都伏見の稲荷神社の祭神が山上に

下られたという〕は、前日から賑《にぎ》わっている。江戸はすべて稲荷を勧請《かんじょう》した社が多数あり、武家は屋敷ごとに鎮守の社がある。市中には一町に三、五社を勧請していないことはない。寺社の境内に安置する所は神楽《かぐら》を奏し幣帛《へいはく》を捧《ささ》げ、市中にも提灯《ちょうちん》・行灯《あんどん》を灯《とも》し、五彩の幟《のぼり》などを立て連ね、神前には供物・灯火を捧げ、修験・禰宜《ねぎ》を招いて法楽をする。また男児が祠前に集まって、終夜鼓吹《こすい》〔太鼓と笛の演奏〕する。

○千社参りと称して、稲荷千社へ詣でる者は、小さい紙に自分の名所を記した札を貼って印とする。こうした輩が殊に多い。どれも中人以下の態《てい》である。

○〔千代田区〕神田紺屋町の辺りは、常に小宮鳥居を造って商う。それで俗に宮町という。この月はとりわけ買人《かいて》が多い。江戸の稲荷の社は前に記すように多数なので、ここにはその優れたものを挙げるだけ、実に万に一つである。

○初午の以前には絵馬・太鼓の商人が街に多い。〔北区〕王子稲荷の別当金輪寺は関八州の稲荷の司《つかさ》であるという。前日から参詣者が群れをなす。

妻恋《つまごい》稲荷は湯島〔文京区〕にある。社前で狐惑《きつねつき》を避ける神符を出す。

〔港区〕日比谷《ひびや》稲荷は源助町と芝口三丁目の間にあり、東の横小路へ仮屋を設けて神輿《みこし》を遷《うつ》す。初午の二日前から、産子《うぶこ》〔氏子〕が町々の神輿を渡御《とぎょ》させ、御旅所へ遷座し、初午の翌日まで御旅出がある。山車《だし》・練物・提灯・幟などが出る。

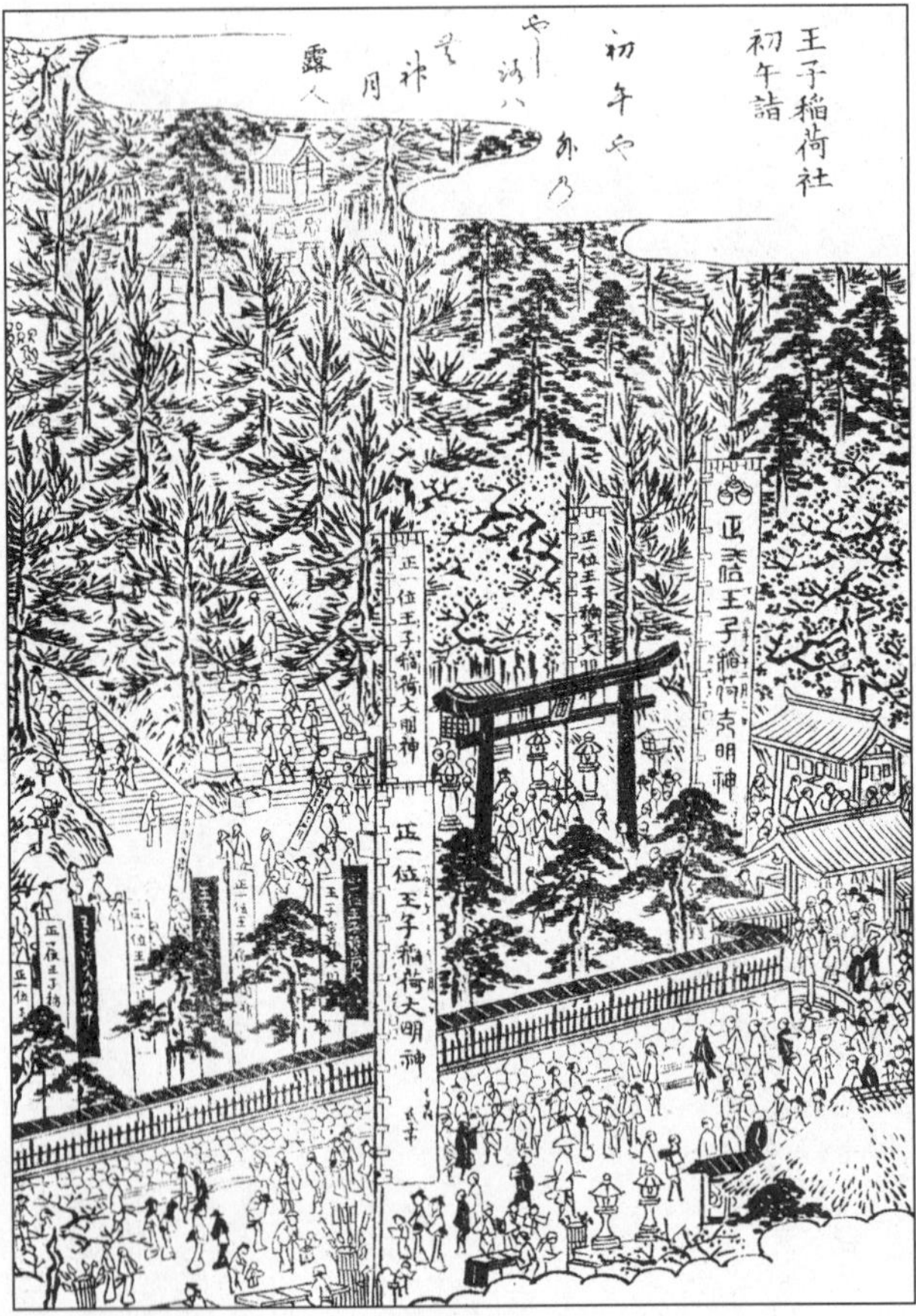
王子稲荷社
初午詣
初午や
露人
正一位王子稲荷大明神

王子稲荷社初午詣で

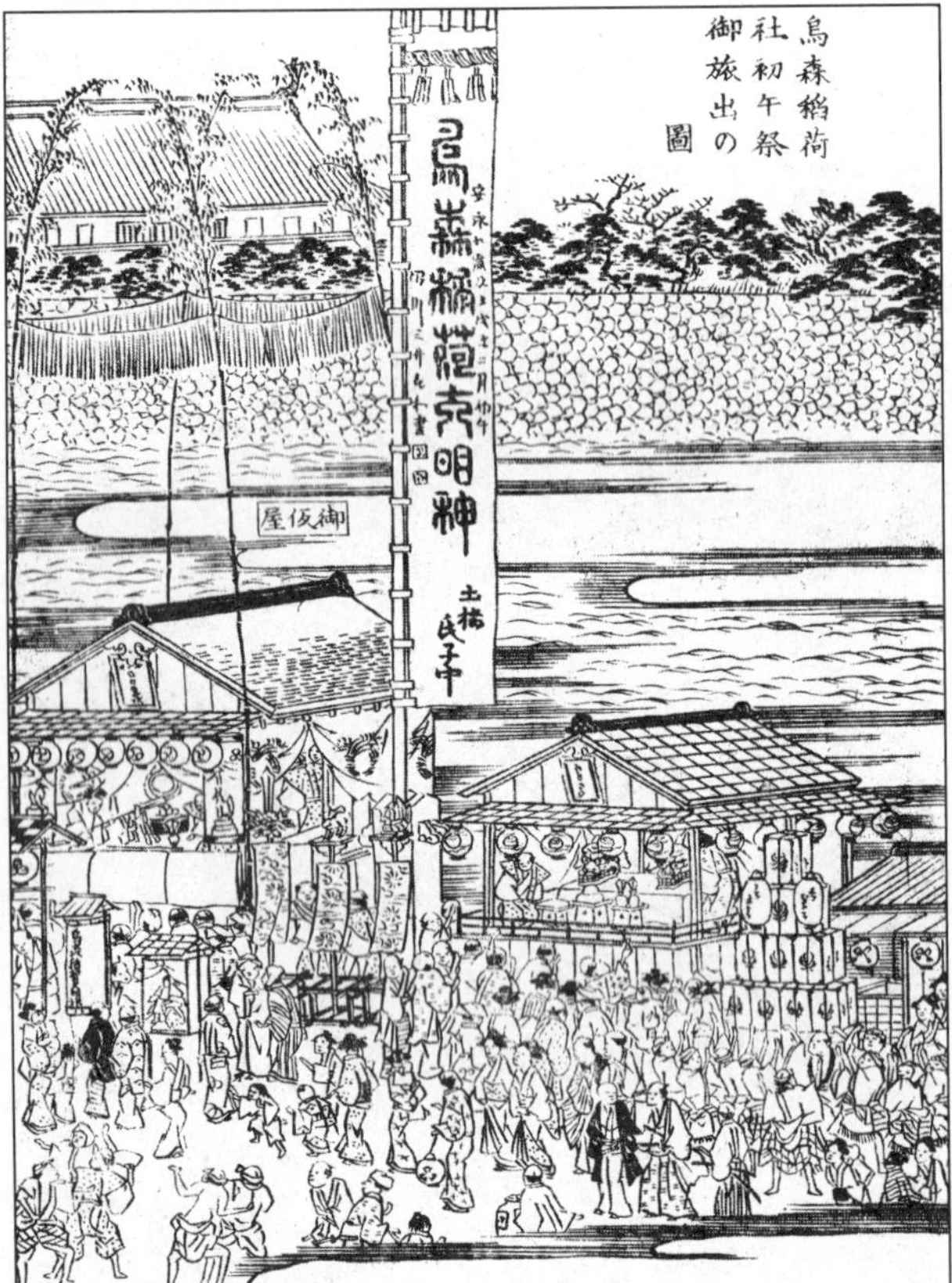

烏森稲荷社初午祭御旅出の圖

烏森稲荷社　初午祭御旅出の図

日蔭町〔中央区〕の通りは行灯に毎年工夫を凝らす。産子は芝口二丁目・三丁目・同所新町・汐留・三角屋敷・源助町などである。

〔港区〕烏森稲荷の別当は快長院で、神主は山田氏。初午の二日以前から幸橋《さいわいばし》御門外へ仮屋を補修して御旅出がある。同日産子が町々の神輿を渡御させ、初午の翌日夕方に帰る。町々で大幟を立て、獅子頭《ししがしら》・花山車などを飾り、提灯などを多く出す。また隔年に踊り・練物を出す。旅所で杉の葉守の神符を与える。産子は二葉町・兼房《けんぼう》町・桜田備前町・同和泉町・同鍛冶町《かじちょう》などである。右の両社は市中稲荷祭の壮観である。

〔中央区〕穀豊《こくほう》稲荷は八官《はちかん》町にある。加賀町に仮屋を補修して、御旅出があって賑わっている。

他に、杉の森稲荷〔新材木町〔中央区〕〕、稲荷堀《とうかぼり》稲荷〔小網町〔中央区〕後ろ〕、橋本稲荷〔霊巌島〔中央区〕〕、蛭前《えびすまえ》稲荷〔同所〕〔中央区〕鉄炮洲《てっぽうず》稲荷、福徳稲荷〔浮世小路《うきよしょうじ》〔中央区〕〕、白旗《しらはた》稲荷〔本銀町〔中央区〕〕、柳森稲荷〔柳原〔千代田区〕、隔年飾り物がある〕、太田姫稲荷〔駿河台〔千代田区〕〕、〔台東区〕下谷《したや》稲荷〔別当正法院〕、境稲荷〔下谷茅町《かやちょう》〕、柳の稲荷〔浅草〔台東区〕寺町〕、熊谷《くまがや》稲荷〔同八軒寺町本法寺、千巻陀羅尼がある〕、西ノ宮稲荷〔浅草寺の地守神である。明和九年〔一七七二〕神輿を渡御させたという〕、熊谷稲荷〔同所〕、篠塚稲荷〔浅草御門外〕、太郎稲荷〔浅草新堀〕、袖摺《そでずり》稲荷

（浅草田町《たまち》）、九郎助《くろすけ》稲荷（吉原〔台東区〕）にある。この夜、廓中《くるわじゅう》の稲荷社で各々提灯を灯すことがおびただしく賑わっている）、忍が岡稲荷（上野〔台東区〕）にある。穴の稲荷という）、三崎《さんさき》稲荷（谷中〔台東区〕）、瘡守《かさもり》稲荷（谷中に二ヶ所）、三河稲荷（本郷元町〔文京区〕）、三崎《みさき》稲荷（水道橋内〔千代田区〕）、沢蔵司《たくぞうす》稲荷（伝通院《でんづういん》〔文京区〕）、水稲荷（高田〔新宿区〕宝泉寺、今日古例の奉射《ぶしゃ》の式、また二十五座の神楽興行がある）、茶の木稲荷（市谷八幡〔新宿区〕地守神）、花園稲荷（四谷新町〔新宿区〕後三光院）、世継《よつぎ》稲荷（飯田町〔千代田区〕中坂）、霞山《かすみやま》稲荷（麻布〔港区〕桜田）、鈴降《すずふり》稲荷（赤坂〔港区〕）、三田稲荷（また高稲荷という。景色眺望が良い、長坂町〔港区〕にある）、産千代《うぶちよ》稲荷（増上寺〔港区〕）、瘡守《かさもり》稲荷（同所にある。その他山内に多くある）、谷山《やつやま》稲荷（品川〔品川区〕）、黒船稲荷（深川〔江東区〕石場）、王智《おうち》稲荷（砂村〔江東区〕）、真崎《まつさき》稲荷（橋場〔台東区〕）、三囲《みめぐり》稲荷（牛島〔墨田区〕別当延命寺）、千代世《ちよせ》稲荷（受地〔墨田区〕秋葉社相殿）、半田《はんだ》稲荷（葛西金町《かなまち》〔葛飾区〕）などが知られる。

○鉄炮洲〔中央区〕、和泉橋通〔千代田区〕の両所の能勢《のせ》家鎮守稲荷社で黒札《くろふだ》と称して、狐惑《きつねつき》を避ける札が出される。

○本所〔墨田区〕中の郷成就寺稲荷の社で、感得の宝珠を拝させる。

○三崎《みさき》稲荷は小川町水道橋〔千代田区〕西土手にある。神応湯という疱瘡《ほうそう》の神薬を施す。ただし正月元日から二月初午まで切手を出し、二の午の日に薬を与える。寛永

〔一六二四―四四〕の頃、霊告によって始まったという。

初午やほこりにかすむ通り筋　立圃《りゅうほ》
はつ午や江戸は一木も森の数　百明《ひゃくめい》
初午のこぼれや牛の御前まで　柳居《りゅうきょ》
　吉原の初午
初午や賽《さい》せんよみは芝居から　其角《きかく》

○今日上野〔台東区〕清水堂へ百度参りをする者が多い。こうすれば福智を得る由、言い慣わしている。
○この日、小児を手習い・読み書きの師匠へ入門させる者が多い。

いの字より習ひそめてや稲荷山　其角

二の午・三の午

○古例により、または初午の日に障ることがあれば、今日稲荷祭を行う所がある。もっとも武家に多く、町ではおおかた初午に執り行うのである。
○二の午の日、聖坂《ひじりざか》〔港区〕功運寺稲荷の神楽興行がある。この節は境内の大木の枝垂れ桜がおおかた盛りである。

○二の午の日、下谷茅町〔台東区〕境稲荷の祭礼で、宝暦十一巳年〔一七六一〕までは、隔年に神輿が渡御し、茅町一丁目・二丁目・御数寄屋町・上野大門町・池之端七軒町・根津門前町・同宮本町・湯島講安寺門前・同称仰院門前、以上九町から十一番の山車・練物を出したが、同十三未年に神輿ばかりが渡御し、安永三午年〔一七七四〕からは神輿も出ることがない。

彼岸

○春分の初日から三日に当たる日を初日とする。七日の間、諸寺院で仏事を修し、説法などをする。この間参詣が多い。俗家でも仏に供養し僧に施す。

○六阿弥陀参り、六体ともに行基菩薩の作である。彼岸中に都鄙《とひ》の参詣者が道路に満ちる。

五番　下谷広小路〔台東区〕　天台　常楽院〔田端〔北区〕へ二十五町〕

四番　田端　　与楽寺〔西ヶ原〔北区〕へ二十町〕

三番　西ヶ原　　真言　無量寺〔豊島〔北区〕へ二十五町〕

一番　上豊島村　　禅宗　元木西福寺〔沼田〔足立区〕へ十五町、この間

舟渡し）
二番　下沼田　　真言　延命院〔亀戸〔江東区〕へ二里半〕
六番　亀戸　　　禅宗　常光寺

宮城村〔足立区〕性翁寺の弥陀如来の像は、行基菩薩が六阿弥陀の末木で造られた所である。世俗で木余りの弥陀という。沼田延命院から三町、千住町〔足立区〕へ通る土手下にある。六阿弥陀巡礼の者は必ず当寺へ詣でる。

百姓の嫁の出《い》でたつ彼岸かな　許六《きょりく》
渡し舟武士はただ乗る彼岸かな　其角

○山の手六阿弥陀参り、春秋の彼岸に参詣がある。詠歌は略す。

一番　四谷〔新宿区〕御門外　了学寺〔恵心僧都作〕
二番　同大通横町　西念寺〔聖徳太子御作〕
三番　青山〔港区〕熊野横町　高徳寺〔同太子御作〕
四番　同百人町　善光寺〔中将姫御作〕
五番　同通り久保町　梅窓院〔聖徳太子御作〕
六番　赤坂〔港区〕一ツ木　龍泉寺〔行基菩薩作〕

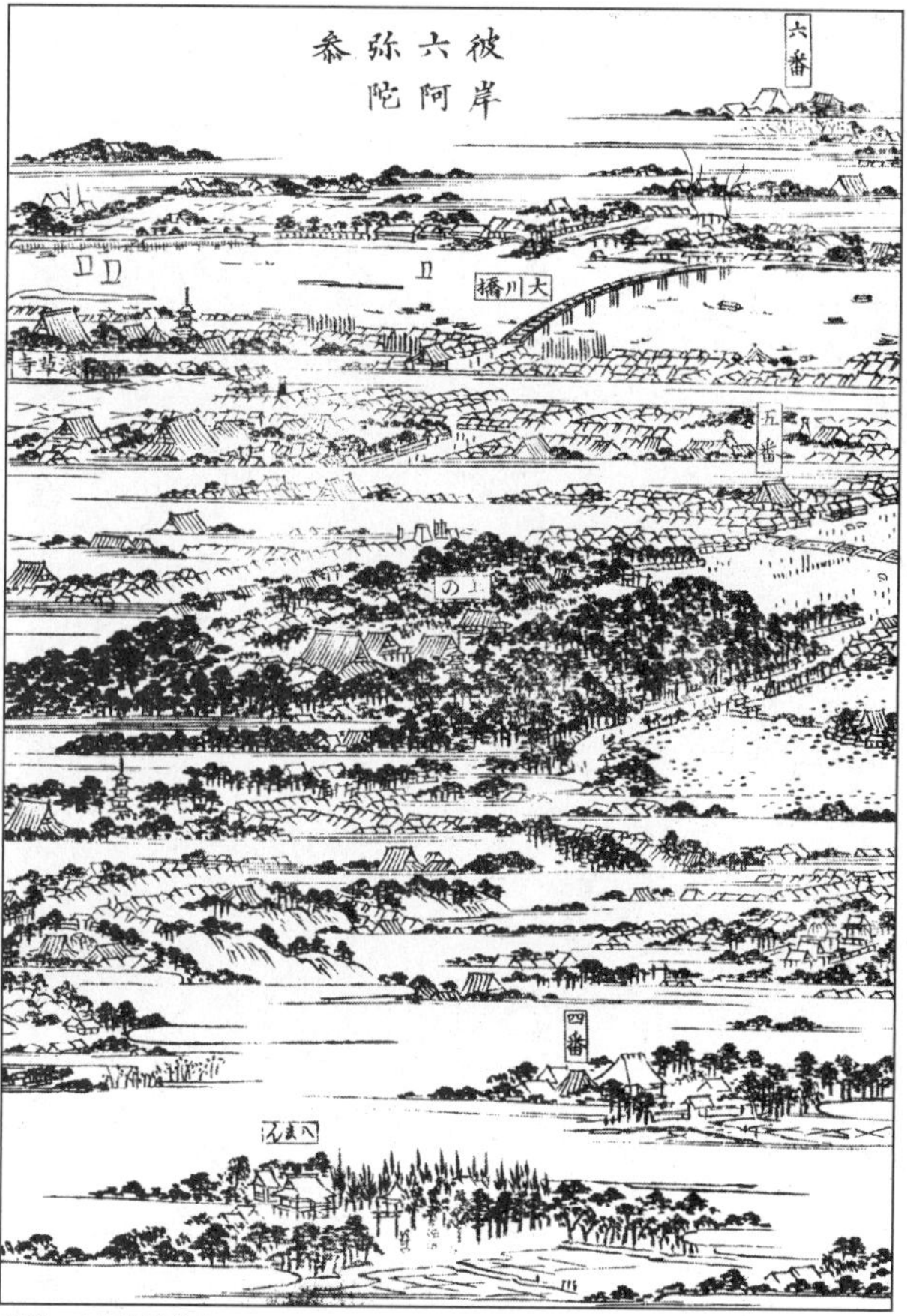

彼岸　六阿弥陀参り

○西方六阿弥陀参りがあり、春秋彼岸中、西方三十三所観世音とともに参詣がある。詠歌は略す。

一番　西久保〔港区〕　大養寺〔運慶作〕
二番　飯倉〔港区〕土器町《かわらけ》　善長寺
三番　三田〔港区〕四丁目　春林寺〔春日作〕
四番　高輪〔港区〕庚申堂《こうしんどう》横町　正覚寺〔安阿弥作〕
五番　白金〔港区〕　正源寺
六番　目黒〔目黒区〕　祐天寺〔恵心僧都作〕

○奥沢〔世田谷区〕浄真寺の九品仏《くほんぶつ》参りがある。
○西新井〔足立区〕惣持寺の弘法大師参りがあり、開帳がある。
○西方三十三所観音札所参りがあり、彼岸中参詣が多い。ここに順路を示す。

一　番　飯倉〔港区〕　順了寺
二　番　愛宕下《あたごした》〔港区〕　考寿院
三　番　円福寺中〔港区〕　寿慶院
四　番　愛宕下真福寺内　長久寺

五　番　愛宕下　天徳寺
六　番　溜池台〔港区〕　陽泉寺
七　番　麻布谷町〔港区〕　永昌寺
八　番　今井寺町〔港区〕　大泉寺
九　番　六本木〔港区〕　崇巌寺
十　番　六本木　光専寺
十一番　六本木　深広寺
三十一番　桜田〔港区〕　円福寺
三十二番　桜田　専称寺
三十三番　下渋谷〔港区〕　長谷寺《ちょうこくじ》
　それから大隅山通一本松〔港区〕へ出る。
十二番　一本松下　台雲寺
三　十　番　麻布新町〔港区〕　遍照寺
二十九番　麻布新町　称念寺
二十八番　三鈷《さんこ》坂《ざか》〔港区〕　専心寺
　細道通り白金〔港区〕へ出る。
二十七番　白金　正源寺

其二
渡守こゝ
のあはれ
杉らきの
むもる
高瀬倉
雉舟

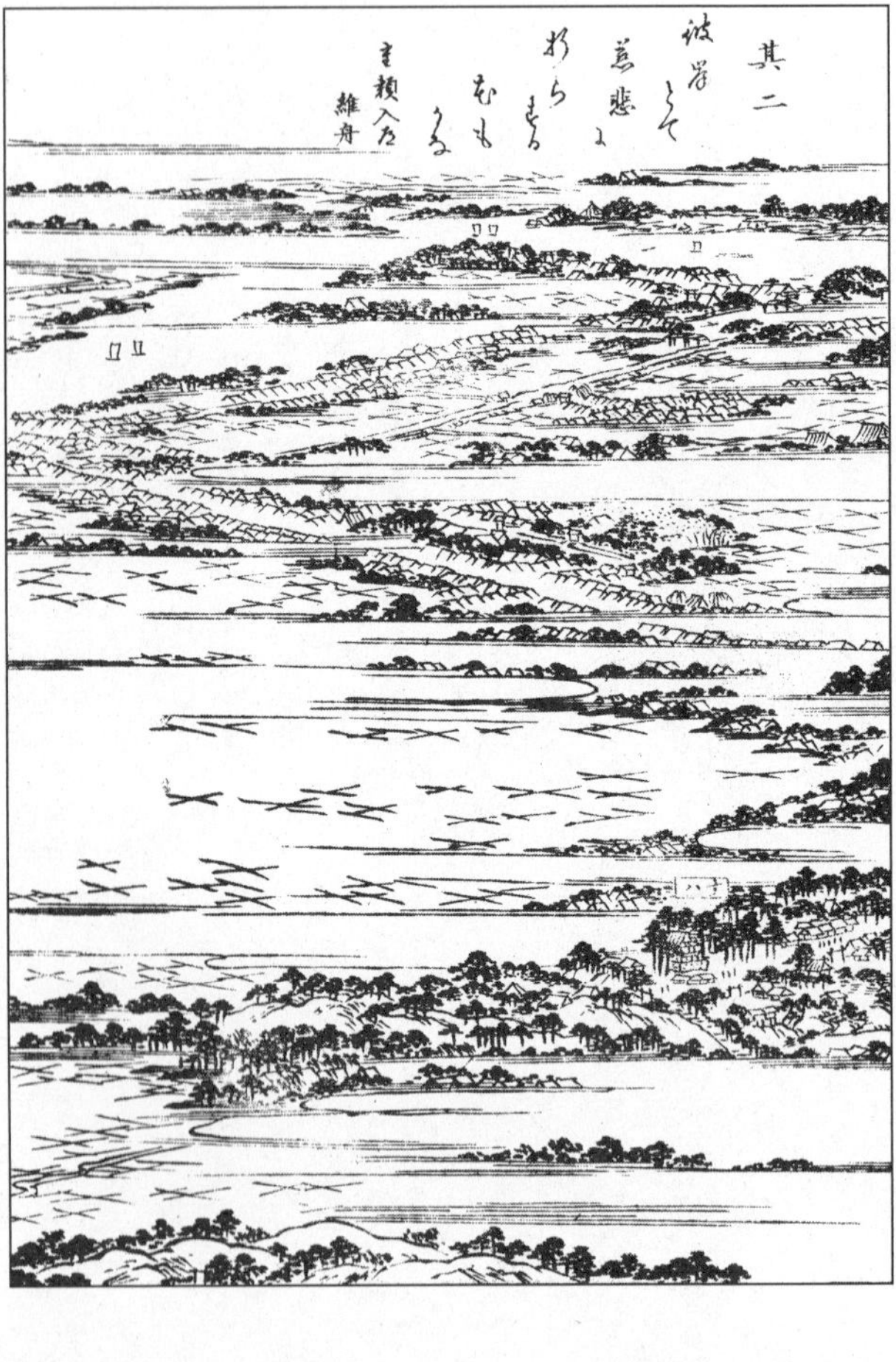

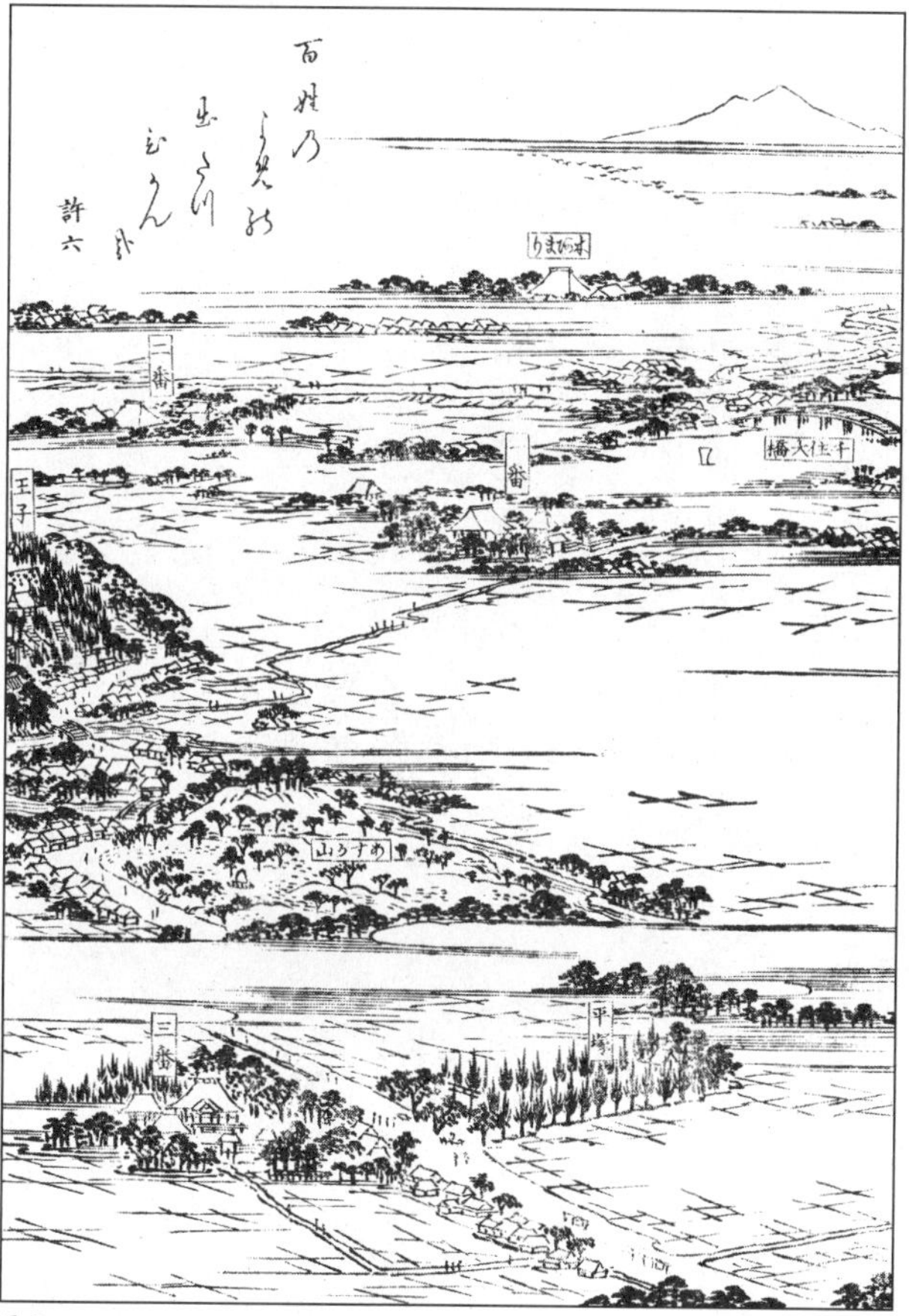

その二

二十六番　白金　西照寺
二十五番　樹木谷〔港区〕　興雲院
二十四番　二本榎〔港区〕　黄梅院
それから高輪〔港区〕へ出る。
二十三番　高輪　引接院
二十一番　伊皿子《いさらご》〔港区〕　一声院道往寺
二十二番　伊皿子　道往寺
二十番　魚籃《ぎょらん》〔港区〕　浄閑寺
十九番　魚籃下　大信寺
十八番　三田〔港区〕寺町　林泉寺
十七番　中寺町〔港区〕　貞林寺
十六番　中寺町　玉鳳寺
十五番　聖坂〔港区〕　済海寺
十四番　三田〔港区〕四丁目　春林寺
十三番　本芝〔港区〕二丁目　法音寺

右に記した所の札所参りの他に、古来三十三所、近世三十三所、山の手三十三所参り、谷中〔台東区〕から王子〔北区〕辺三十三所、葛西〔江戸川区〕三十三所参りなどがある。詳しく付録に出す。大塚〔文京区〕護国寺境内三十三所は近年荒れ果てて、昔の壮観を失っている。惜しむべし。

同中日

○〔港区〕増上寺、〔台東区〕浅草寺で山門を開き、諸人に登ることを許す。正月十六日のようである。上野は今日は開かない。
○高輪〔港区〕泉岳寺、経文で画いた大曼荼羅《まんだら》などを掛ける。
○中日から三日の間、田端〔北区〕大龍寺の土砂加持がある。

上野〔台東区〕清水観音堂で放生会がある。

○小石川〔文京区〕牛天神境内で杏《いりひ》を拝する。秋の彼岸に同じ。

二日

○信濃〔長野県〕・越後〔新潟県〕から昨年来て仕えた奉公人が主家の暇を得て国へ帰る。

四日

○浅野家義士四十七人の忌日である。高輪〔港区〕泉岳寺の墳墓へ参詣がある。

『六如庵詩鈔』二編六、義士の墓に謁す

君辱められ臣死す分の当たる所　生同じく炭を呑《の》み死して壙《こう》を同じくす

古来一人得ること猶ほ難し　況《いわ》んや乃《すなわ》ち四十七の予譲あるをや

八日

○正月事納めとして、家々で笊《ざる》・目籠を竹の先に付けて屋上に立てる（あるいは事始めという）。

十日

○〔文京区〕湯島天満宮の祭礼がある。別当は喜見院《きけん》。九日から参詣が群集する。神輿を社前に据えて行事がある。また神楽を興行する。産子の町々で提灯・幟などを立てる。昔は正月であったが、宝永六年〔一七〇九〕から当月に行う。

十二日

○牛込原町〔新宿区〕幸国寺の千部〔法要〕がある。二十一日まで修行で、九日に説法、十六日に誕生会がある。この日に本尊祖師御更衣《ころもがえ》、放生会《ほうじょうえ》、音楽、児《ちご》供養その他執事がある。二十二日には施餓鬼がある。

十五日

○釈尊涅槃会《ねはんえ》で、諸宗の勤行がある。

〔台東区〕東叡山〔寛永寺〕常行堂は二つ堂の左の堂で、涅槃像は狩野常信の筆である。

〔港区〕増上寺は本堂で修行がある。山内へ諸商人が出る。

〔台東区〕浅草寺は巳の刻（午前十時）に一山の衆徒が宝前で法華三昧を行う。

本所〔墨田区〕回向《えこう》院。

下谷〔台東区〕養玉院は坂本にある。今日掛ける什物《じゅうもつ》、涅槃像は長谷川等雲の筆で、慈眼大師の御讃《さん》がある。

大塚〔文京区〕護国寺は大師堂で行う。当寺の什物の涅槃像は墨絵で、狩野安信の筆である。世に稀《まれ》な大幅であって、最近までは涅槃会の時に本堂の後ろへ足場を組んで掛けていたが、風雨のわずらいがあるので、近年は掛けることがない。

目黒〔目黒区〕安養院。芝田町〔港区〕六丁目裏智福寺は、東福寺兆殿司《ちょうでんす》〔吉山明兆《きつさんみんちょう》、画僧〕の描いた涅槃像を掛ける。その他、諸寺で各々執り行うので、一々記さない。

二月十五涅槃會の日東叡山文殊樓に登る圖

二月十五　涅槃会の日　東叡山文殊楼に登る図

○今日在家でも正月の餅花を蓄えておき、煎って仏に供える。

○今日、東叡山・増上寺・浅草寺で山門登楼を許す。正月十六日のようである。

『南郭文集』吉祥閣に登る

吉祥の層閣蒼穹に倚《よ》る　宮殿高さを争ひ此《こ》の地の雄なり　天闈を叩いて北極に朝するに似たり　応に観ずべし世界虚空に住するを　彩雲近く諸陵に傍《そ》うて出で　玉樹斜めに御道に連なりて通ず　一たび飛来して鷲嶺と称して自《よ》り　長く日月を懸けて山東を照らす

同、仏滅の日三縁山の三門に上る

黄金上苑を開く　白馬東京を創る　三門の鎖を闢《ひら》くを待ち　登りて百仭《ひろ》に成るを驚く　太虚は帝坐に通じ　眇麗《べうれい》は乾城を圧《お》す　王気は陵勢深く　官陰は梵声に徹す　練明は海を迎へて霽《は》れ　綺錯は都を繞《めぐ》りて平らなり　煙煖《あたたか》くして邑花早く　日遅くして林鳥軽し　仲春仏滅を伝へ　万古群生を会す　自力恒沙尽く　俯して品類の情を観る

○小日向〔文京区〕服部《はっとり》坂龍興寺、法華経の文字で画いた五百羅漢などの画幅を掛ける（正月十六日の項にある）。

○高田〔新宿区〕穴八幡宮の神楽興行がある。

○四谷〔新宿区〕天龍寺雷電稲荷の祭礼がある。
○堺町〔中央区〕中村勘三郎座には、この日芝居の初めての興行の日であるとして、一座の者がことぶき祝する。寛永元年甲子《きのえね》〔一六二四〕二月十五日、中橋〔中央区〕で興行した吉例である。今天保〔一八三〇—四四〕に至って二百余年に及んでいる。

十六日

○本所〔墨田区〕一ツ目弁天堂の琵琶会《びわえ》として、今朝十二座の神楽がある。巳の刻〔午前十時〕から瞽者《こしゃ》〔盲目の者〕が本社の内陣に集会し、琵琶を弾き、平家を語り、未《ひつじ》の刻〔午後二時〕に終わる。当社は元禄〔一六八八—一七〇四〕の頃、杉山検校《けんぎょう》信一《けいいち》〔杉山和一の誤り〕の勧請である。元禄の初め、この検校は相州〔神奈川県〕江の島の弁財天に祈願し、針術の妙を得た。元禄の初め、かたじけなくもこの地を拝領し、惣検校を賜った。これが江戸惣検校の始めである。それで当道宗の中興と称する。今日京都の五条坊門の北、清聚庵《せいじゅあん》には盲人が集会し、妙音天の画像並びに守瞽《しゅこ》神の画像を掛けて、琵琶会を行う。伝えて言う、五十四代仁明天皇第四の皇子を人康《さねやす》親王と申したてまつる。また天夜《あまよ》の皇子とも申したてまつる（世に光孝天皇の御子とあるのは誤りで、同じ天皇の御弟であるという。また天夜を雨夜とする）。御目が見えなくなられて、貞観十四年壬辰《みずのえたつ》〔八七二〕二月十七日、御年四十二歳で薨御《こうぎょ》〔崩御〕なさった。この皇子は盲人を憐《あわ》れみなさって、勾当《こうとう》・検校という座頭の官を初めて賜ったという。今日は御祥忌の逮夜《たいや》〔忌日の前夜〕であるので報恩の為にこの事をし、また翌十七日に四条河原に出て、積塔会《しゃくとうえ》という事をするという。江戸でもこれに倣って、今日琵琶会を行うのである。ただし雨夜の親王の事は旧記に所見が無く、諸説異同があって詳《つまび》らかでない。『日次記事《ひなみきじ》』『華実年浪草《かじつとしなみぐさ》』などにも詳しい。

○当月中旬から、江戸の酒肆《しゅし》〔酒屋〕で白酒《しろざけ》を造って商う。中でも鎌倉町〔千代田区〕豊島屋の酒店は、二十日頃のわずか一朝だけ商う。遠近から求める者がおびただしく、未明から戸外は市をなしている。

二十一日

○葛西〔江戸川区〕鎌田妙福寺の聖徳太子参りがある。

二十二日

○浅草〔台東区〕矢崎慈眼院の聖徳太子像開帳がある。四十二歳の〔聖徳太子による〕御自作である〔という〕。

二十四日

○亀戸〔江東区〕の妙義参りがあり、今日は法性坊尊意僧正の忌日である。当社はこの僧正の霊社である。今日から天満宮祭礼の前日で参詣が多い。

二十五日

○〔江東区〕亀戸天満宮御忌神事があり、菅神御忌〔菅原道真の忌日〕によって行う。二十三日から三日の斎《ものいみ》がある。二十四日に徹夜《よもすがら》連歌を興行する。二十五日には神輿を社前へ出す。午時〔正午〕社人が梅の枝を持ち、梅花の神詠二十八首を読み上げる。同夜酉の刻〔午後六時〕から神人が斎服を着して神戸《かみしろ》〔神が取りつく人〕に供《ぐ》奉《ぶ》して苑中を巡る。式が終わって後に神楽を奏し、庭燎《かがり》を焚《た》く。行列の次第は次の通り。

松明《たいまつ》（仕丁十人）、火水鉾（仕丁二人）、青白幣（布衣《ほい》二人）、篝火（仕丁二人）、乙女（二人）、巫《かんなぎ》（五人、風折烏帽子《えぼし》・狩衣《かりぎぬ》）、神戸《かみしろ》、大禰宜（立烏帽子・直衣《のうし》）、傘（妻折仕丁一人）、楽太鼓（仕丁二人）、楽人（鳥兜《とりかぶと》一人）、横笛楽人（鳥兜二人）、司務職（法裳七条・指貫《さしぬき》・布衣、二人）、童子（一人、水干・指貫）、仕丁（五人）

○高輪〔港区〕東禅寺に菅神真筆の御影を掛けて拝させる。神酒《みき》を献ずる時は、神の顔が必ず赤いと言われている。今日、庭中見物を許す。

○麹町〔千代田区〕平河天満宮では菅神真筆の御影を拝させることが近年は無い。
○茅場町〔中央区〕山王御旅所内天満宮（神主諸井氏）、白金〔港区〕花城《はなき》天満宮、高田〔新宿区〕真定院天満宮、牛込横寺町〔新宿区〕天満宮などで祭りがある。
○二十七日まで駒込〔文京区〕海蔵寺疱瘡神社で大般若会がある。
○今日から三月二日まで雛《ひな》人形と調度の市が立つ。道端に仮屋をしつらい、雛人形・諸器物に至るまで、金玉を鏤《ちりば》めて造って商う。これを求める人が昼夜大路に満ちている。中でも十軒店《じつけんだな》〔中央区〕を繁華の第一とする。内裏雛は寛政〔一七八九―一八〇一〕の頃江戸の人形師原舟月《はらしゆうげつ》という者が一般の製法を工夫し、名付けて古今雛《こきんひいな》という。これより以来、世に行われて、大方この製作に倣っている。十軒店本町、尾張町〔中央区〕、人形町〔中央区〕、浅草茅町〔台東区〕、池之端仲町〔台東区〕、牛込神楽坂上〔新宿区〕、麹町〔千代田区〕三丁目、芝神明前〔港区〕が知られる。元禄〔一六八八―一七〇四〕の『惣鹿子』に中橋〔中央区〕の雛市を記しているが、今は無い。

二十八日

○品川〔品川区〕南番場本光寺の開山忌がある。日什《にちじゆう》上人の忌日である。
○当月の末に公家衆の〔江戸城への〕御参向がある。

二十五日頃

○紅毛人《オランダ》が五年に一度参府する。カピタン〔オランダ商館長〕一人、筆者一人、都合二人である。当月の末に到着し、本石町《ほんこくちょう》〔中央区〕三丁目長崎屋源右衛門の家に泊まり、三月上旬に登城する。古来は毎年来たが、近年は五年に一度となる。またカピタン・筆者の他に外科が一人来たが、これも文政〔一八一八―三〇〕以来改まって二人となっている。蘭人来朝の初めは慶長十九甲寅《きのえとら》年〔一六一四〕であると『江戸名勝志』に言っている。

○白魚《しらいお》は浅草川〔隅田川〕の名物である。初春は海にいて、二月から川に入り、二、三月頃砂石の間に子を生む。その子は秋に至って下流し、海に入って成長するという。なお十一月の項にもある。

景物

彼岸《ひがん》桜

○立春より五十四、五日目頃から。東叡山〔台東区上野寛永寺〕（山王・車坂・二ツ堂の前両側・四軒寺町入口・寒松院の原犬桜・その他上野山中は彼岸桜が多い）当山の桜はその昔台命〔幕府の命令〕によって、吉野の苗を植えた所だという。盛りの頃は人々がここに群がり、花の下で遊宴して、夕照〔夕日〕の斜めなのを惜しむ。殊にこの地は都下を離れる事遠くなく、春秋の眺めも外ならぬ風情が多い。『鵞峰《がほう》文集』に、峯《みね》の辺り（山王の辺りである）の桜は羅山先生〔林羅山〕が植えられた由を記している。

枝垂《しだれ》桜

○同じ頃から。東叡山（坊中に多い）、谷中日暮里〔台東区〕（養福寺・経王寺（大木）・大行寺・長久院・西光寺・吉祥院など、その他寺院庭中に多い）、湯島〔文京区〕麟祥院、〔台東区〕根津権現社、小石川〔文京区〕伝通院（本堂の前左右）、大塚〔文京区〕護持院、広尾〔渋谷区〕光林寺（麻布）、成子《なるこ》〔新宿区〕乗円寺（大木である）、中野〔中野区〕宝仙寺（光明殿前）、目黒〔目黒区〕祐天寺、池上〔大田区〕本門寺（大木、本坊の前にある）、聖坂〔港区〕功運寺、その他寺院に多い。

単弁《ひとえ》桜

○同六十日目頃から。東叡山（山王・吉祥閣の傍・寒松院の辺り・四軒寺町林中・御本坊ノ西門・慈眼堂の前・中堂の艮隅《こんぐう》〔東北隅〕左右松原の中）、谷中〔台東区〕七面宮境内。駒込〔文京区〕吉祥寺。小石川〔文京区〕白山《はくさん》社地籏桜《はたざくら》、大塚〔文京区〕護国寺。

小金井《こがねい》橋〔小金井市〕の両岸は、江戸から七里余ある。当所の桜は、寛永〔一六二四—四四〕の昔にお植えになり、その後享保〔一七一六—三六〕の頃に至って、和州〔奈良県〕吉野山、常州〔茨城県〕桜川の両種が植え添えられた所だという。今は前後の分かちなく、共に老木となった。新《あたら》シ橋から水上小川新田〔小平市〕という所まで行程一里余、両岸は悉《ことごと》く花木が連なり立って、春時には爛漫《らんまん》である。いずれも単弁《ひとえ》で、殊に真っ白である。近年は一夜泊まりの雅客が多い。小金井橋の側の柏屋に宿って、翌日国分寺の古刹を尋ね、また当国惣社六所宮の社頭に参詣し、多摩川に至って風景を賞し、年魚《あゆ》を汲むべし。この地の名産でもっとも美味である。この辺りはすべて古跡が多い。

同

○立春より六十五日目の頃から。東叡山〔山王、清水、四軒寺町、奥の並木〕、飛鳥山〔北区〕（当所の桜は元文〔一七三六—四一〕の頃にお植えになった所という。この地は、はるかに豊島〔豊島区〕・足立〔足立区〕の野径《のみち》を見渡し、風景が尋常でない。毎年春に遊観の者が多い）、王子〔北区〕金輪寺の前（花の頃は毎日賑わしい）、〔北区〕平塚社辺、奥沢〔世田谷区〕九品仏、目黒〔目黒区〕祐天寺、品川〔品川区〕御殿山《ごてんやま》〔東海寺鎮守の社辺りにもある。都下の庶民が毎日群集する。山水の風致が具《そな》わり、佳景の地で

墨田川堤
看花
水神

墨田川堤看花

ある。菜の花が多い）、鮫洲《さめず》（品川区）西光寺（醍醐《だいご》桜）、同所光福寺（ここを大井という。品川本宿横町（品川区）から入る）、高輪（港区）如来寺（世に大ぼとけという）、隅田川堤、木母寺《もくぼじ》辺り（この辺りの勝景は諸国に聞こえて、著しい名所なので、先哲の詩歌は数えきれない。記すのもしない。そもそもこの地は四時の変化があって、景趣が一つでない。その中でも弥生《やよい》の頃は、長堤に桜花がすきまも無く咲き、よそ目には一匹の練絹を引くかと見誤られる。都下の庶民が、毎日ここに群遊し、樹下に宴を設け、歌舞して帰るのを忘れるのは、実に泰平の余沢で、これが江都遊賞の第一というべきである）、大窪《おおくぼ》七面宮（新宿区）境内（昔からの名所である。彼岸から八重に至るまである。山号を春時山というのも花を賞する名である）などがある。

重弁《やえ》桜

○立春から七十日目の頃から。東叡山（上野寛永寺）（清水秋色桜、中堂の後ろ）、谷中日暮里（荒川区）（諏訪社辺りは田園の眺望がたいへん良い。山下の寺院は庭を造り亭を設ける。弥生の頃、この地に遊ぶ人が毎日多い。涯《がけ》に臨んで土器《かわらけ》を投げて戯れとする。ある人が言うには、摂《せっ》の東生《ひがしなり》郡月江寺（大阪市天王寺区）でもこの戯れをする。かの地では的を置いてこれに当たるのを良いとするという。この地では目当ては無く、ただ遠くへ行くのを良いとする。道灌山《どうかんやま》（荒川区）の辺りは雲雀《ひばり》が多い）、王子権現社辺滝野川（北

（桜狩り）

区〕、根津権現〔文京区〕社内、谷中〔台東区〕天王寺、同瑞林寺、品川〔品川区〕御殿山、鮫洲〔品川区〕西光寺、光福寺、浄蓮寺、同来福寺〔二十八品《ほん》の桜がある。当寺蔵板安永四年〔一七七五〕撰『桜縁起』に悉く名目を記してある。この内に名だけで今は枯れた物もあるという〕、大塚〔文京区〕護国寺、渋谷〔渋谷区〕金王《こんのう》桜〔一名憂《ゆう》忘《もう》桜〕、千駄ヶ谷〔渋谷区〕仙寿院〔新日暮里という〕、柏木村〔新宿区〕円照寺右衛門桜、砂村〔江東区〕元八幡宮前〔深川洲崎〔江東区〕から十八町ほど東にある。近年稚木《わかぎ》を多く植えた〕、吾妻森《あずまのもり》〔墨田区〕辺、日本堤〔台東区〕〔天保四年〔一八三三〕の春から稚木《わかぎ》を多く植えた〕などがある。

遅桜

○同じ頃から。東叡山〔上野寛永寺〕〔清水・石坂の上・同所等覚院・車坂の辺り〕。

○浅草寺〔台東区〕の千本桜が知られる。〔江東区〕深川八幡の園女《そのめ》の歌仙桜は、今は少ない。以上、家父県麻呂が撰《えら》んだ『花暦』の一枚摺《ず》りによって日程を記した。これは開き始めるはずの日程である。真っ盛りを見ようとするなら、これより遅れて見るべきである。桜に限らず、開花の時候は大概定まっているが、年の寒暖によって少しの遅速がある。また種類によっても前後があるので、一寺一山といっても、共に盛りを等しくして見ることは出来ない。煩わしいようなので、ここには大概を挙げた。
○ある人が言う、怡顔斎《いがんさい》〔松岡恕庵《まつおかじょあん》〕の『桜品《おうほん》』に載せるのは六十九品だが、今江戸には百余品に及ぶという。
○花の頃、手跡・音曲の師匠が門下の童子・幼女を集めて花見に出る。また吉原の禿《かむろ》の花見は、上野〔台東区〕、日暮里〔荒川区〕、隅田川などに最も多い。
手習の師を車坐《くるまざ》や花の児《ちご》　嵐雪

桜草
○立春より七十五日目頃。戸田の原〔埼玉県戸田市〕〔戸田の川上に沿った原〕、千住《せんじゅ》〔足立区〕、染井〔豊島区〕植木屋、巣鴨〔豊島区〕植木屋、その他所々が知られる。近年は紅白数品がある。盆に移して都下で商うその価は最も高い。

山茶《つばき》
○立春より六十日目頃から。〔台東区〕上野坊中、平井〔江戸川区〕、受地村〔墨田区〕秋葉の前が知られる。盆種の異品がある。関口〔文京区〕椿山は名所であるが、今は少ない。

○筑波山遠望。『惺窩《せいか》文集』に「古人曰《いわ》く、我亦《また》いう、我が日本六十余州の間、遊観広覧の美に誇る物は、関より東八州を甲とする。八州の美は士峯《しほう》〔富士〕・武野〔武蔵野〕・隅田・筑波の四景を冠とする」とある。春日の隅田川、飛鳥山、日暮里の遠景がもっとも勝れている。

富士はつねまづ紫の筑波山　　大坂淡々《たんたん》

三　月

○**朔日**《ついたち》阿蘭陀《オランダ》人参府の年はこの日に登城したが、近来は日の定まりが無い。道すがら見物が多い。

　阿蘭陀も花に来にけり馬に鞍《くら》　　芭蕉

○当月中、吉原仲《なか》の町《ちょう》の往還へ桜を植え、青竹で垣を結び、黄昏《たそがれ》からぼんぼりに灯燭《ともしび》を点ずるので、花に映じてひとしお美しい。桜を植える事は寛延二己巳《つちのとみ》年〔一七四九〕の春から始まった由が『増補惣鹿子《そうがのこ》』に見える。

○この里は四時繁昌《はんじょう》であるといっても、この頃は多くの客が日夜に群集し、その光景は筆端の及ぶ所ではない。花を連ねた詩歌、遊女の秀吟など数多くある。ここに記

すのは、わずかにその一、二である。萱洲散人《けんしゅう》〔南宮大湫《なんぐうたいしゅう》〕の詩に、

多少の紅粧燦《さん》として霞《かすみ》を作《な》す　五街の春色繁華を闘はす　相迎へて更に清芬《せいふん》の好を賞す　各自争攀《そうはん》す解語の花

いたづらに思ひはかけじ桜花うつろふ色のかねてうければ　中近江屋逢坂
居つづけの夜着遊ばせて桜かな　中近江屋東人
空炷《そらだき》は木々に譲りて桜かな　松葉屋染之介
かいどりのまねして蝶も桜かな　玉屋花紫
たかどのの爪音もれつ後夜の花　松葉屋瀬川
風通ふ神をばいとへ花の文　扇屋瀧川
散りこんでしひる桜や小盃　同　花扇
武家がたの供に先だつ桜かな　兵庫屋月岡
見てのみやこの吉原の夕ざくら　素外

三日

○上巳《じょうし》の御祝儀で諸侯が御登城し、庶民は佳節を祝する。艾餅《くさもち》・桃花酒・白酒・炒豆《いりまめ》などを時食《じしょく》〔季節の食物〕とする。

○女子の雛《ひな》遊びは、二月の末から屋中に段を構えて飾る。今年生まれた女子がいる家では、初の節句として特に祝う。

○目黒〔目黒区〕祐天寺で雛人形を飾ることがある。来由は祖父が編集した『〔江戸〕名所図会』に見える。

○当月、武家奉公の女子が宿下《やどさが》りまたは藪《やぶ》入りとして家に帰り、遊楽をする。日は定まっていない。

○汐干《しおひ》は当月から四月に至る。その内三月三日を節《ほどよし》とする。南風が烈しいので汐が乾きかねるのである。およそ潮汐の去来は国所によって大いに違う。また四季で遅速がある。月の大小によっても一定しがたい。ある人は「今世に朔日を六時四分の満ちと心得ているのは、大坂の汐である。朔日正六時を満潮と定めるのがよい」と言っている。芝浦〔港区〕・高輪〔港区〕・品川沖〔品川区〕・佃島《つくだじま》沖〔中央区〕・深川洲《す》崎《さき》〔江東区〕・中川〔足立区〕の沖で早朝から船に乗って、遥か沖に至る。卯《う》の刻〔午前六時〕過ぎから引き始めて、午の半刻〔正午〕には海底が陸地と変ずる。ここに下り立って蠣《かき》・蛤《はまぐり》を拾い、砂の中のひらめを踏み、引き残った浅汐に小魚を得て宴《うたげ》を催している。

品川に富士の影なき汐干哉《かな》　闇指《あんし》

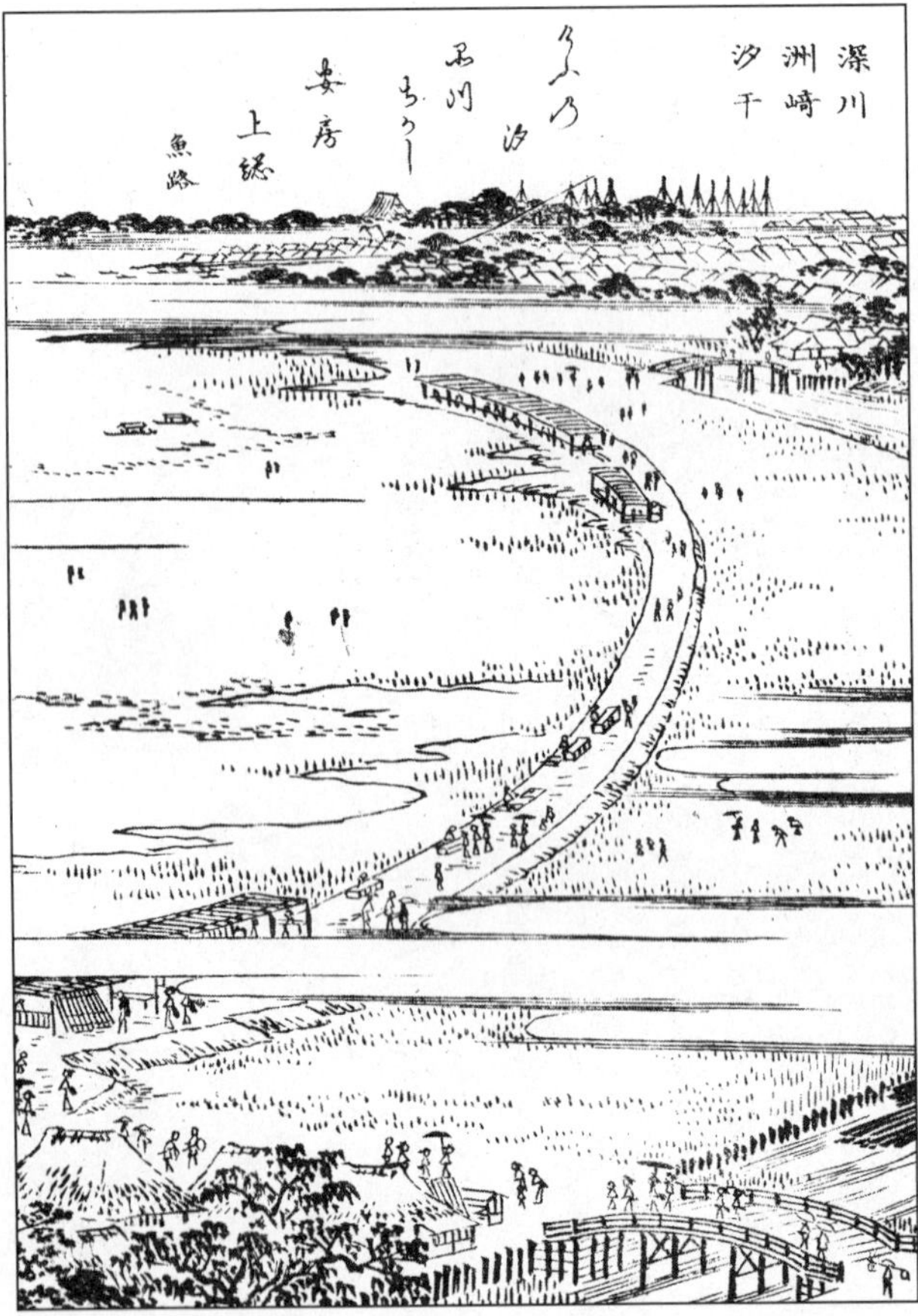
深川
洲崎
汐干

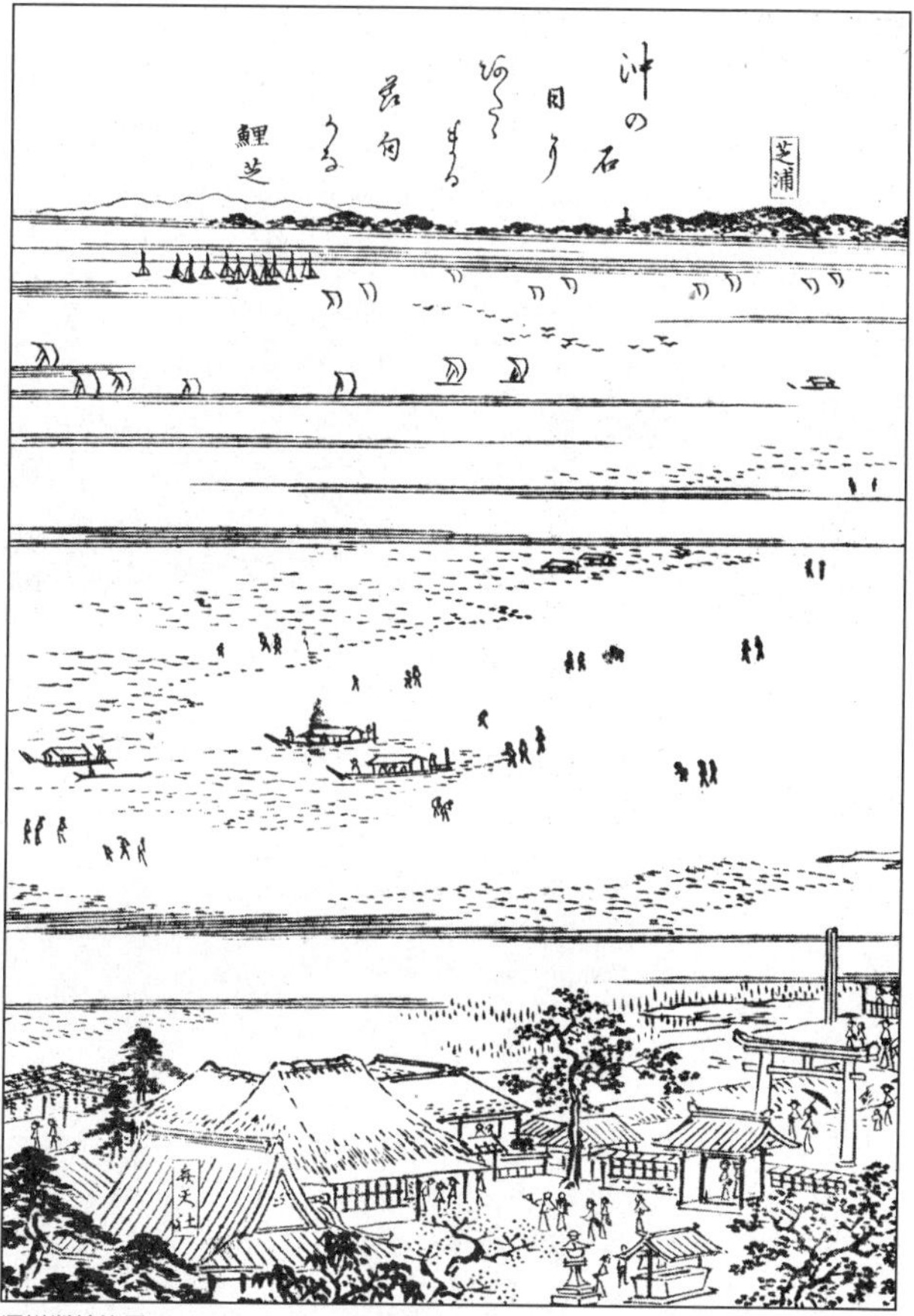

深川洲崎汐干

『五元集』〔其角の句集〕永代島八幡宮奉納の句に
汐干なり尋ねてまゐれ次郎貝　其角
親にらむひらめをふまん汐干かな　同
紀の国の鯛つりつれて汐干かな　同

○今日神田橋御門外護持院原〔千代田区〕の囲いを取り払いなさる。近辺の老若男女が毎日遊観し、摘草《つみくさ》・相撲取りなどをして楽しむ。冬の内は四方を囲わせられる。

四日・五日

○奉公人の出替わりのことがある。今日下男・下女が旧主を辞して新主に仕える。江戸奉公人の出替わりは、以前は二月二日であったが、明暦三年丁酉《ひのととり》〔一六五七〕正月十八日の大火によって、その年三月五日に出替わりすべき由、公から御沙汰《おさた》があった。それから改まって三月五日になっているという。

九日

○下総《しもうさ》国中山〔千葉県市川市〕法華経寺の千部〔法要〕があり、十八日まで修行〔この間音楽などがある。江戸から参詣が多い。行程は日本橋から四里余である〕がある。

○深川寺町〔江東区〕浄心寺法華経の千部があり、十八日まで行われる。
○今日から十一日まで、四ツ木村〔葛飾区〕西光寺の親鸞《しんらん》上人報恩講の取り越しがある。都下から参詣が多い。

十日

○二十一日まで四国八十八ヶ所の写し弘法大師巡拝がある。八十四番の三田〔港区〕明王院印施のもので推測すると、一、二の順番にかかわらず、その順路はおよそ二十里余りある。ここにも参詣のため順路を記すと、左の通りである。

一　番	二本榎〔港区〕	正覚院
八十五番	三田〔港区〕台町	泉福院
八十一番	三田南中寺町	真蔵院
八十四番	三田寺町	明王院
七十七番	三田寺町	仏乗院
六十五番	三田寺町	大聖院
六十九番	同	宝生院
八十番	同	長延寺

二十七番　赤羽稲荷〔港区〕　円明院
十九番　愛宕《あたご》〔港区〕　円福寺
二十番　愛宕本地堂　金剛院
六十七番　愛宕下〔港区〕　真福寺
十三番　霊巌島銀町〔中央区〕　円覚寺
七十四番　深川寺町〔江東区〕　法乗院
六十八番　深川　永代寺
七十三番　猿江〔江東区〕　覚王寺
四十番　亀戸〔江東区〕　普門院
五十番　本所〔墨田区〕二ッ目　弥勒寺
四十六番　本所一ッ目　大徳院
五十一番　鳥越〔台東区〕　長楽寺
四十五番　御蔵前〔台東区〕八幡　大護院
七十二番　浅草〔台東区〕八間寺町　不動院
六十二番　同新堀端　威光院
四十三番　同新寺町百観音　成就院
六十一番　同新寺町柳稲荷　正福院

八十二番　同阿部川町　龍福院
四十一番　同新寺町　密蔵院
六　十　番　同新寺町　吉祥院
七十八番　下谷（台東区）藁店《わらだな》　成就院
四十九番　谷中（台東区）八軒町　多宝院
五十三番　谷中八軒町横町　自性院
五十五番　谷中　長久院
七　十　番　谷中　西光寺
五十七番　三崎（台東区）　明王院
六十四番　三崎　観智院
六十三番　三崎横町　加納院
四十二番　天王寺裏（台東区）　観音寺
五十六番　田端（北区）　与楽院
六十六番　田端八幡　東覚寺
五十九番　西ヶ原（北区）　無量寺
四十七番　平塚（北区）　城官寺
三十三番　巣鴨（豊島区）　真性寺

三十五番　湯島〔文京区〕　根生院
二十八番　同　霊雲寺
三十二番　同　円満寺
三十四番　本郷〔文京区〕　三念寺
八十六番　小石川〔文京区〕七軒町　常泉院
七十一番　小石川金杉稲荷　玄性院
八十七番　大塚〔文京区〕　護国寺
七十九番　茗荷谷《みようがだに》〔文京区〕　専教院
七十六番　音羽〔文京区〕八丁目　西蔵院
五十四番　目白〔豊島区〕　新長谷寺
五十二番　下戸塚〔新宿区〕　観音寺
三十番　高田〔新宿区〕八幡　放生寺
三十八番　高田砂利場　金乗院
十五番　四谷庄中村〔練馬区〕　南蔵院
十七番　谷原村〔練馬区〕　長命寺
十六番　石神井《しやくじい》〔練馬区〕　三宝寺
十四番　鷺の宮村〔中野区〕　福蔵院

十二番　四谷中野〔中野区〕　宝仙寺
十一番　幡谷《はたがや》不動〔渋谷区〕　荘厳寺
三　番　四谷〔新宿区〕新町　多聞院
二十四番　同新宿後ろ　三光院
二　番　大久保〔新宿区〕抜け弁天　二尊院
三十六番　牛込原町〔新宿区〕　報恩寺
二十九番　同七軒寺町　千手院
三十一番　同　多聞院
二十二番　同御《お》箪笥《たんす》町《まち》　南蔵院
五十八番　市谷〔新宿区〕柳町　光徳院
四十八番　同袋寺町　林松院
三十三番　牛込〔新宿区〕川田ヶ久保　薬王寺
三十七番　市谷八幡　東円寺
二十五番　四谷〔新宿区〕北寺町　和光院
二十一番　同南寺町　東福院
十八番　同　愛染院
八十三番　同汐干ノ先　蓮乗院

三十九番　同汐干観音　真成院
二十六番　同南寺町　文殊院
四十四番　同　顕性寺
十　番　千駄ヶ谷〔渋谷区〕　聖輪寺
九　番　青山〔渋谷区〕熊野　浄性院
七十五番　赤坂〔港区〕一ッ木　威徳寺
六　番　麻布〔港区〕市兵衛町　不動院
五　番　同本村町　延命院
七　番　下渋谷〔渋谷区〕　室泉寺
四　番　目黒〔目黒区〕行人坂　高福院
八　番　同六軒茶屋町　興雲寺
八十八番　白金台町〔港区〕　高野寺

『大進夜話』という草紙に「江戸八十八ヶ所は宝暦〔一七五一―六四〕の頃、浅間山の上人の本願で移す所である」とある。
○芝〔港区〕増上寺山内で子《ね》の聖の祭礼・開帳がある。
○虎御門外〔港区〕京極家御藩邸、その他所々で金毘羅《こんぴら》祭がある。

十一日

○〔台東区〕下谷《したや》稲荷社の祭礼がある。別当は正法院。古来は二月二十一日であった。寛政三亥年〔一七九一〕までは産子二十町から隔年に山車《だし》・練物を出したが、それより後に中絶した。神輿《みこし》は今でも毎年産子の武家・町屋を渡御する。榊《さかき》、祭鉾《まつりほこ》二本、四神矛、屋台に乗せた雌雄の狐などが出る。立花家・加藤家御屋敷からは長柄鎗《ながえやり》の警護の者が出される。十日からこの辺りは賑《にぎ》わっている。

巳《み》の刻〔午前十時〕本社を出て、門前の通りを西へ武家地と六軒町〔台東区〕の間へ入り、山下通りから元の道の社の前を東へ、西光寺に沿って北へ曲がり、左へ幡随院《ばんずいいん》横通り出戻り、右へ同寺門前広徳寺裏通りから武家地を廻《まわ》り、山崎町〔台東区〕一丁目を左へ、同二丁目御切手町通り出戻り、西へ坂本通りを引き返して養玉院の前、車坂町から同所後ろを廻り、屏風坂《びょうぶざか》下通り山下広小路までまっすぐ行き、それから南へ下谷町・上野町通り・上野町と同朋《どうぼう》町の間を東へ、加藤侯御藩邸に沿って北へ出戻り、立花侯御藩前、同東通りから右へ七軒寺町出戻り、善立寺・法養寺前から元の下谷通りへ出て左へ行き、本社へ帰る。

○西久保・新下谷町・同車坂町・神田平永町・小柳町は下谷の代地で、元は当社の産子である。それで最近は提灯《ちょうちん》・幟《のぼり》を出し、神酒所などを飾って賑わっている。寛政

〔一七八九—一八〇一〕の番組は次の通りである。各々山車・練物を出したのである。〔一番〕上野町、〔二番〕西久保新下谷町・車坂町、〔三番〕神田小柳町、〔四番〕同平永町、〔五番〕同八軒町、〔六番〕長者町続車坂町、〔七番〕下谷町一丁目、〔八番〕同二丁目、〔九番〕上野御家来屋敷正法院門前、〔十番〕下谷車坂町、〔十一番〕同山崎町（山車は無い）、〔十二番〕屏風坂下車坂町、〔十三番〕神田六軒町、下谷六軒町、浅草六軒町、〔十四番〕下谷稲荷町、〔十五番〕下谷辻番屋敷、〔十六番〕浅草幡随院門前、以上二十町である。

○深川猿江町〔江東区〕摩利支天で太神楽《だいかぐら》興行がある。

○待乳山《まつちやま》〔台東区〕聖天宮で畳講による浴油〔聖像に香油を注ぐ供養〕を行う。

十三日

○下谷〔台東区〕宗円寺で法華経の千部〔法要〕があり、二十二日まで行われる。この間開帳、二十三日には音楽・児《ちご》供養・放生会《ほうじょうえ》がある。

○品川〔品川区〕南番場海徳寺の淡島祭がある。

○下北沢村〔世田谷区〕淡島社の祭礼がある。別当は森巌寺。

○今日・明日、深川〔江東区〕雲光院の中将姫法会がある。前板〔『江戸名所図会』〕に悉《ことごと》く載せてあるが、今この事は無い。

十四日

○浅草新鳥越〔台東区〕念仏院の法会は今は絶えている。中将姫法如尼の忌によって行う。和州〔奈良県〕当麻《たいま》禅林寺の例に倣って来迎会《らいごうえ》を行っていた。その頃は本堂の前に廊《ほそどの》を営み、二十五菩薩《ぼさつ》の仮面《めん》を掛け、菩薩の出《い》で立ちで衆僧が音楽をなし、練り供養があったが、この法会が絶えて五十余年に及ぶという。仮面だけはこの日本堂に飾っておく。

十五日

○本芝〔港区〕御穂《みほ》（二丁目にある）、鹿島（四丁目海端にある）の両社の祭礼がある。別当は本龍院。十四日から賑わっている。花山車・大幟・提灯・飾り物などがある。産子は本芝一丁目・二丁目・三丁目・四丁目、本芝入横町、同下町、同材木町などである。鹿島の社は海に臨んで佳景の地である。

○隅田川木母寺《もくぼじ》〔墨田区〕梅若塚の大念仏がある。今日は梅若丸〔隅田川のほとりで病死したとされる伝説上の少年〕の忌日なので修行するという。柳樹の本梅若山王社の開扉がある。この時期、養花天《はなぐもり》といっておおかた曇り、また雨の降ることがある。この日に雨が降るのを梅若の涙雨と言い習わしている。『再版惣鹿子《そうがのこ》』に「参詣群

三月十四日
新鳥越念佛院
來迎會《ライカウヱ》
廿五菩の遶供養
あり千年この
行事絶えり
おしむべし

三月十四日　新鳥越念仏院来迎会

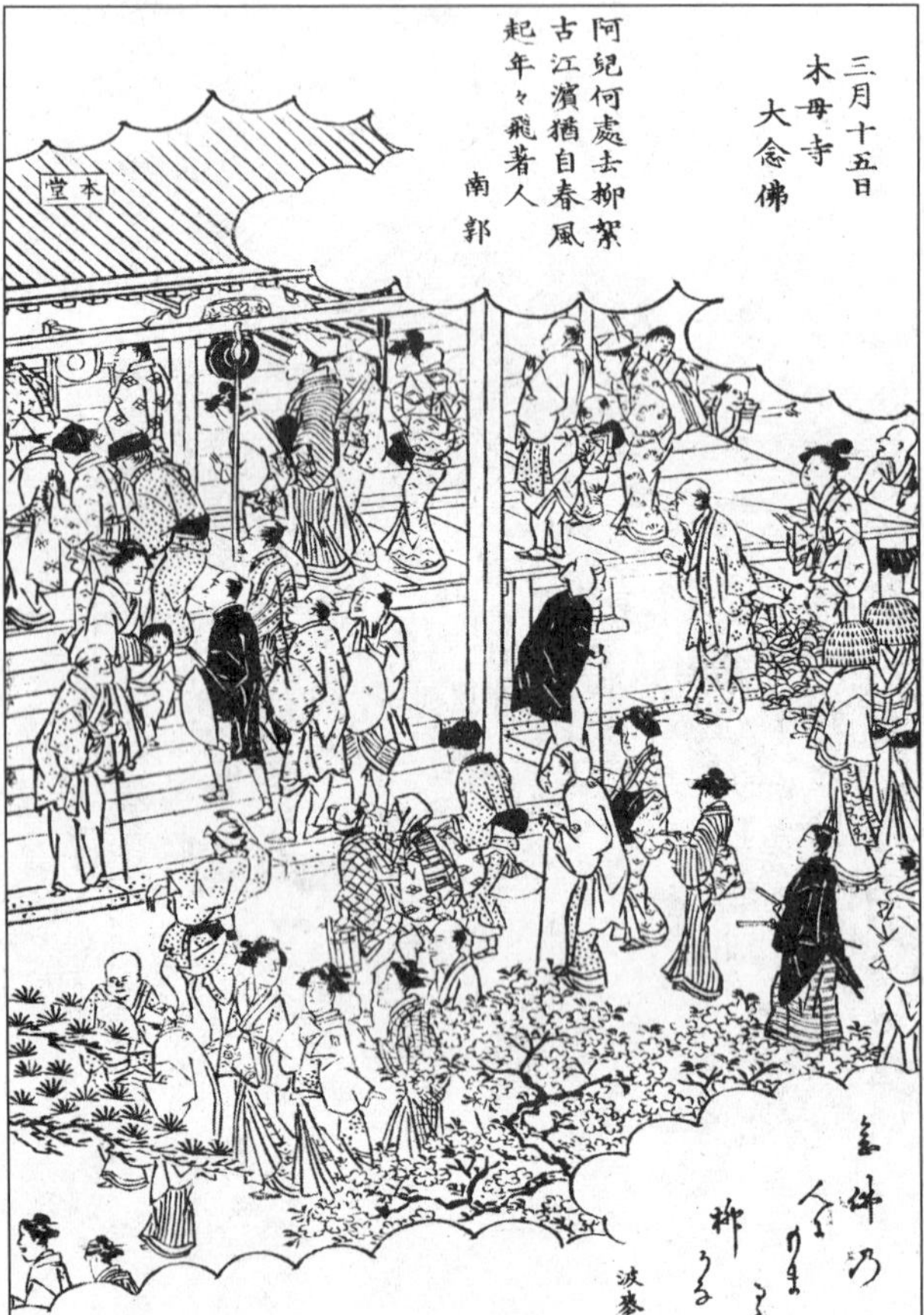
三月十五日
木母寺
大念佛
阿兒何處去柳絮
古江濱猶自春風
起年々飛著人
南郭
本堂

三月十五日　木母寺大念仏

集して、あの印の柳も梅若丸の塚も哀れを催す風情もなく賑わっている。『梅若は十六日ぞあはれなる』と古人が言ったのももっともである。翌日は詣でる人も無く、寂然として鳥の声と波の音だけ」とあるのは、寛延〔一七四八―五一〕の昔で、今はそれにまさって年中繁昌の地となって、特に花の頃は雅俗の別なく毎日この地に遊賞し、青葉に至ってもなお往来が絶えない。卜宅《ぼくたく》の句に、

あはれさを掃除過ぎたる柳かな

と言っているのが適《かな》っている。

○浅茅《あさじ》が原〔台東区〕妙亀《みょうき》明神の開扉がある。梅若丸の母の妙亀尼の像であるという。

十七日

○浅草〔台東区〕三社権現祭礼は今日・明日行われる。俗に誤って観音祭という。諸国に名高い。花園院正和元年〔一三一二〕に神託によって始まったとされる。本社で一山の衆徒が法楽を行う。神輿三基を本堂に遷座し、向拝〔堂の正面階段の上に張り出した廂《ひさし》〕の元に舞台を設け、未《ひつじ》の刻〔午後二時〕に田楽がある。前駈《ぜんく》鎗十筋、次に拍板《びんざさら》〔楽器〕三人、太鼓二人、笛一人、大太鼓、獅子頭《しがしら》二つ、列をなして本坊から出て、本堂の西を廻り、三社の前から本堂の前に設《しつら》えた舞台に登り、初めに男

獅子、次に女獅子、次に雌雄の獅子頭が一度に舞い、それから田楽の踊りが終わって、雷神門を出て、山之宿《やまのしゆく》〔浅草寺の東、隅田川沿いの地区〕に終わる。この神事に出る者はいずれも旧家である。六月十五日に同じ。世に拍板の祭りとも言う。

十八日

○同祭礼の当日である。ただし丑・卯・巳・未・酉・亥《い》の年、隔年に行う。今日神輿三基、浅草大通りを浅草御門まで渡御し、同所から船に移り、大川筋へ出、花川戸と山之宿の間から陸へ上がって、随身門から還る。専堂坊・常音坊が神輿を守護する。この日、旧例として六郷〔大田区〕・大森〔大田区〕の村々から猟船を出し、その地の漁人が来て神輿を供奉《ぐぶ》する。昔、宮戸川の辺りに住んだ漁人が後に大森などへ移ったので、昔を忘れないという意味である。その他諸方の猟師が船で供奉する。また産子の町々からは山車・練物など善美を尽くし、一時の壮観をなす。祭礼の町々の順番は次の通りである。ただし茅町一丁目を練り込みの場所と定める。
［一番］茅町一丁目・二丁目、［二番］瓦町・天王町、［三番］旅籠町《はたごちよう》一丁目・二丁目・御蔵前片町、［四番］黒船町・三好町、［五番］並木町・茶屋町、［六番］駒形町、［七番］諏訪町、［八番］三間町、［九番］田原町一丁目・二丁目・三丁目、［十番］東仲町、［十一番］西仲町、［十二番］南馬道町・北馬道町、［十三番］材木町、［十四

三月十八日
浅草三社
権現祭禮
江戸名所記

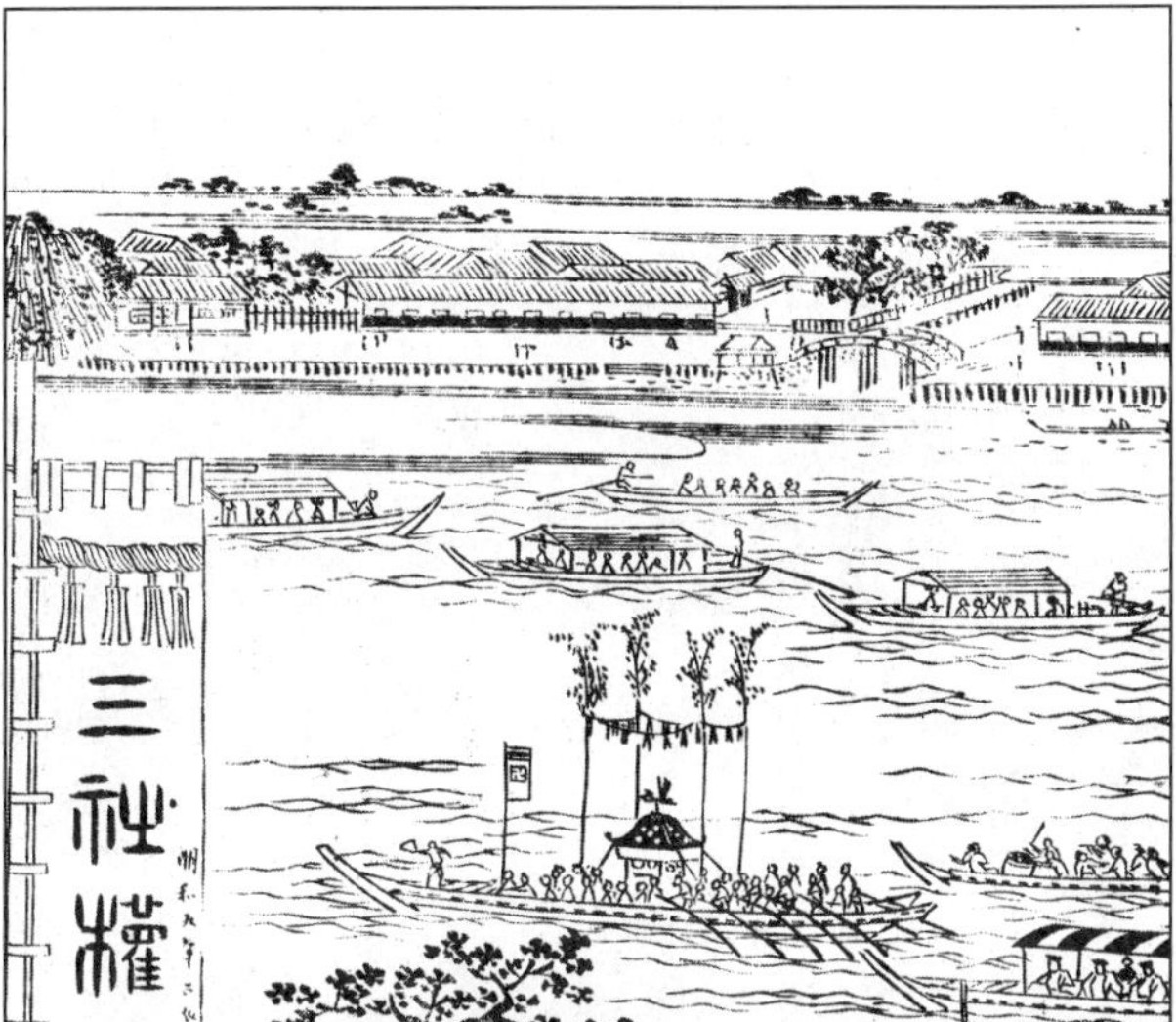

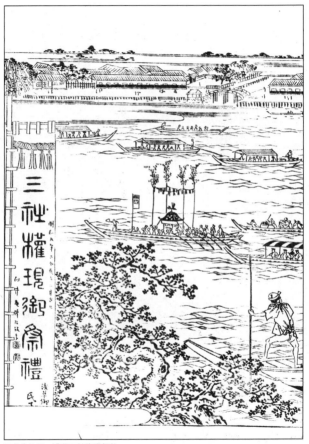

三月十八日　浅草三社権現祭礼

番〕花川戸町、〔十五番〕山之宿町、〔十六番〕聖天町、〔十七番〕聖天横町、〔十八番〕金龍山下瓦町、〔十九番〕山谷浅草町、〔二十番〕田町一丁目・二丁目、以上三十一町である。

○浅草地内〔台東区〕金蔵院多賀明神の祭りがある。

○深川佃町〔江東区〕の先、亀井家御下屋敷の人麿社の祭りがある。

○三崎《さんさき》〔台東区〕法住寺で万部弥陀経〔万部会。念仏の読経〕があり、二十八日まで行う。俗に新幡随院《しんばんずいいん》という。

十九日

○浅草寺雷神門前で蓑市《みのいち》がある。近郷から蓑を多く持って出て、この所で商う。隔年で祭礼を行わない年は、十八日に市が立つ。

○池上〔大田区〕本門寺で法華経千部がある。二十八日まで修行、この間開帳、音楽がある。遠近の僧と俗人が群集する。

○深川〔江東区〕本誓寺の円光大師〔法然〕御忌が、二十五日までである。

○小石川〔文京区〕富坂上西岸寺でも同断、二十五日までである。

二十日

○〔江東区〕亀戸天満宮の太々神楽興行がある。

二十一日

○真言宗寺院で御影供を行う。弘法大師入定の日〔承和二年（八三五）三月二十一日〕であるので法会を行う。参詣が多い。〔神奈川県川崎市〕川崎大師河原平間寺《へいけんじ》では、二十日から二十二日まで開帳がある。参詣が群集して海道の賑わいは大方でない。二本榎〔港区〕正覚院（高野宿寺である。開帳あり）、白金〔港区〕高野寺（同）、三田〔港区〕明王院、西新井村〔足立区〕総持寺（開帳あり）、寺島村〔墨田区〕蓮花寺（土砂加持・放生会）、大塚〔文京区〕護国寺（今日護持院山開きがあり、見物を許す）、深川〔江東区〕永代寺（今日から四月十五日まで庭中見物を許し、人々が毎日群集する。これを山開きという。参詣者の多くは山開きを知って御影供のあるのを知らない）、本所〔墨田区〕二ツ目弥勒寺、中野〔中野区〕宝仙寺、谷原村《やつばら》〔練馬区〕長命寺（俗に新高野と称する。山開きがある。都下から参詣者が多い）、その他、弘法大師安置の寺院は十日の項に記した八十八ヶ所参りを見て知るべし。

○今日・明日、本所羅漢寺の開山忌法会がある。開山鉄眼禅師の忌である。参詣者へ普茶《ふちゃ》〔黄檗《おうばく》宗の寺院でふるまう茶〕を出す。

二十二日

○高輪〔港区〕常照寺の太子堂参りがある。

○今日・明日中野〔中野区〕宝仙寺光明殿で土砂加持を行う。

二十三日

○〔文京区〕根津権現社の太神楽興行がある。

○青山〔港区〕玉窓寺観音の大般若転読百味供養がある。

二十五日

○小日向《こびなた》〔文京区〕（上水端）本法寺の蓮如《れんによ》上人御忌法会があり、二十二日から行う。この間宝物を拝させる。

二十八日

○南品川〔品川区〕千体荒神《せんたいこうじん》の祭礼がある。別当は海雲寺。二十七日から修行、護摩供を修する。十一月にも祭礼がある。

○品川東海寺中少林院の利休《りきゆう》忌では、千家《せんけ》の茶人が集会して茶の湯の七事を行う。

○この頃から夏に至るまで、諸州の寺院で霊仏・霊神並びに什宝《じゆうほう》などを江戸に出し、寺院の境内で開帳がある。日数は六十日を限りとする。本所〔墨田区〕回向院は都下に近くて諸方から参詣の便りが良いので、当所の開帳はとりわけ繁昌《はんじょう》している。その間境内は金銀米穀の山をなし、種々の造り物、幟《のぼり》・提灯などの奉納があって、遠近から群集する。講中と称する者が到着し、また発足の日に送り迎える事がおびただしい。およそ当地の開帳は城州〔京都府〕嵯峨《さが》清凉寺《せいりょうじ》の釈迦如来、信州〔長野県〕善光寺の弥陀如来、総州〔千葉県〕成田不動尊などを第一とする。いずれも年限に定まりがある。

○法華宗の寺院の多くは、浅草〔台東区〕長遠寺、幸龍寺、深川〔江東区〕浄心寺、本所〔墨田区〕法恩寺などで開帳がある。その他は同宗の寺院でなくては開帳は無い。同宗開帳の場所は、何国に限らず、芝金杉〔港区〕正伝寺へ至り、蓮台《れんだい》へ移して、それから通り町を経て開帳の寺院へ到着する事が近来の習わしである。

『五元集』

毎年の春秋、武江の寺社に廻りなさる霊神・霊仏、君を守りのあとしめて、興廃の御威現〔御威厳〕があらたかな中でも、当寺の開帳は嵯峨のお寺と札を打たれて、官駕・鄙馬の境に暑を悩ます。霍乱《かくらん》・虫気《むしけ》の障りも無く、蟻のように詣で集う。行程の遠近を辻番に尋ねて、

廻らば廻れ振舞ひ水の下向道　其角

○勧進相撲は、春冬二度である。官に乞うて晴天十日の間、寺社の境内で興行する。夏は京、秋は大坂で興行する。都合四季に一度ずつ、年に四度である。本所〔墨田区〕回向院を第一の場所とする。その他に茅場町《かやばちょう》〔中央区〕薬師、〔江東区〕深川八幡宮、芝〔港区〕愛宕社地などである。見物の人々は未明から集まって、繁昌は筆舌に尽くしがたい。また花角力《はなずもう》と名付けて、稽古のために臨時に興行する時には、婦女子にも見物させる。江戸勧進相撲の始めは寛永元子年〔一六二四〕、明石志賀《あかししが》之助《のすけ》といった者が、寄角力《よりすもう》と名付け、四ツ谷塩町〔新宿区〕で晴天六日に興行した。その後ゆえあって、三十七年中絶したが、寛文元丑年〔一六六一〕中、年寄が官に乞うて再び興行したが、それから続いて今に至る年々興行した由が『古今相撲大全』に見える。興行以前から、江戸中で番付を商い、また興行の前日は太鼓を廻す。
○書画会は、早春から夏に至り、都下に名だたる諸先生が、両国橋畔《ほとり》〔中央区と墨田区を結ぶ〕あるいは下谷・浅草〔ともに台東区〕などの酒楼に会して、門下の子弟を集め、席上で筆を走らせるので、一紙・半幅を乞う者が楼上に充《み》ちている。実に泰平の盛事で、文華の行われるのを見るべきである。また立花・活花《いけばな》・狂歌・俳諧・

○囲碁・将棋などの集会、音曲家・女伶《おどりこ》の淩《さら》い会〔発表会〕などがある。

○弦歌《おんぎょく》名弘《ひろ》め会は、浄瑠璃・小唄・三弦・その他音曲の芸人が技の上達に及んで、その師匠から芸名を得て師範をする者が、名弘め会といって、門弟・同門を酒楼に集め芸を催す。春から夏を主とする。

○遠馬《とおのり》は、馬術稽古のため、早馬に鞭《むち》打って府外の神仏に参詣し、あるいは群集の所に至る。行程の遠近を測り、刻限の遅速で鍛錬を試みるのであろうか。花の頃はとりわけ多く、遊観の者の妨げとなっている。

景物

桃

○立春より六十七、八日目頃から。大概桜に等しい。洲河原《すがはら》〔神奈川県川崎市〕〔六郷〔大田区〕の渡しを渡り、大師河原〔川崎市〕へ行く道に桃林がある〕、隅田川の堤、上野〔台東区〕坊中、谷中〔台東区〕天王寺がある。中野〔中野区〕桃園は、その昔台命〔幕府の命令〕によって植えた所で、方一里余、紅白花房を争い美景の地であったが、今は少ない。

○深川〔江東区〕六間堀川通りに、昔は桃の木が多かったという。芭蕉の句に、

深川はふじ見に似たり桃の花

梨の花

○立春より七十五日目頃。生麦村〔神奈川県横浜市〕(川崎の先である)、下総八幡《やわた》〔千葉県市川市〕の辺り(市川の向かいである。当所は特に多い。江戸から四里ある)。

棣棠《やまぶき》

○同六十四、五日目頃。大森蒲田〔大田区〕の山本園中(中の和中散)。

○同七十五、六日目、寺島村〔墨田区〕百花園、木下川〔墨田区〕薬師境内、平井〔江戸川区〕聖天宮奥山(八重で遅い)、その他名所が多い。高田〔豊島区〕山吹の里は昔の名所で、太田道灌の故事がある。世人の知る所なので略す。

躑躅霧島《つつじきりしま》

○立夏の頃から杜鵑花《さつきつつじ》に至るまで、追い追いに咲く。根津権現〔文京区〕境内、忍《しのぶ》が岡《おか》〔台東区〕稲荷社(白花)、日暮里〔荒川区〕修性院妙隆寺庭中、大久保百人町〔新宿区〕(武家の園中に多数の大木があり、さつきつつじも多い)、染井〔豊島区〕植木屋の内の所々にある（当所を躑躅霧島の名所とする。園中に数株を植え並べ、一時の壮観となっている。伊兵衛〔伊藤伊兵衛〕の庭中に面向無三《おもむきむさん》唐松という名木があったという）、待乳山《まっちやま》〔台東区〕〔紅白〕、大塚〔文京区〕護国寺石坂左右（大木で白花である）、品川〔品川区〕東海寺鎮守の前石坂の左右が知られる。

漁猟《すなどり》

○春鱚《きす》釣りの事は、江戸では昔を知る人がない。寛文〔一六六一―七三〕の頃、上総の国〔千葉県〕の船頭五大力仁兵衛という者が鉄炮洲〔中央区〕で初めて多くのきすを釣り得た。その後岩崎兵太夫という水府《みと》〔茨城県水戸市〕の人がこれに続いて春鱚を釣り、世上に流布したという。およそ釣りの時節は、温涼・風雨・陰晴・潮の清濁によって毎年遅速がある。春釣りは大概三月末四月に入って、朝から昼までの間と夕方を時刻とし、六月土用に入って止む。引き潮から満ち潮、また満ち潮から引くときに得る事がある。総じて沖では白鱚が多く、また川きすを得る事もある。鉄炮洲は春秋の満潮を盛りとする。春鱚は浅洲に集まって子を生む。それで洲の浅い所（漁人は高という）を釣ると良い。このとき、小河豚《しおさい》・鏡鯛・鷹の羽鯛・小鯒《こち》・鰈《かれい》などを得るという。

漁人が言う釣りの場所、洲の名、目当ての場所などは繁多で記すいとまも無い。

水桜から
風も
惜まく
辰乃む
　梅宇

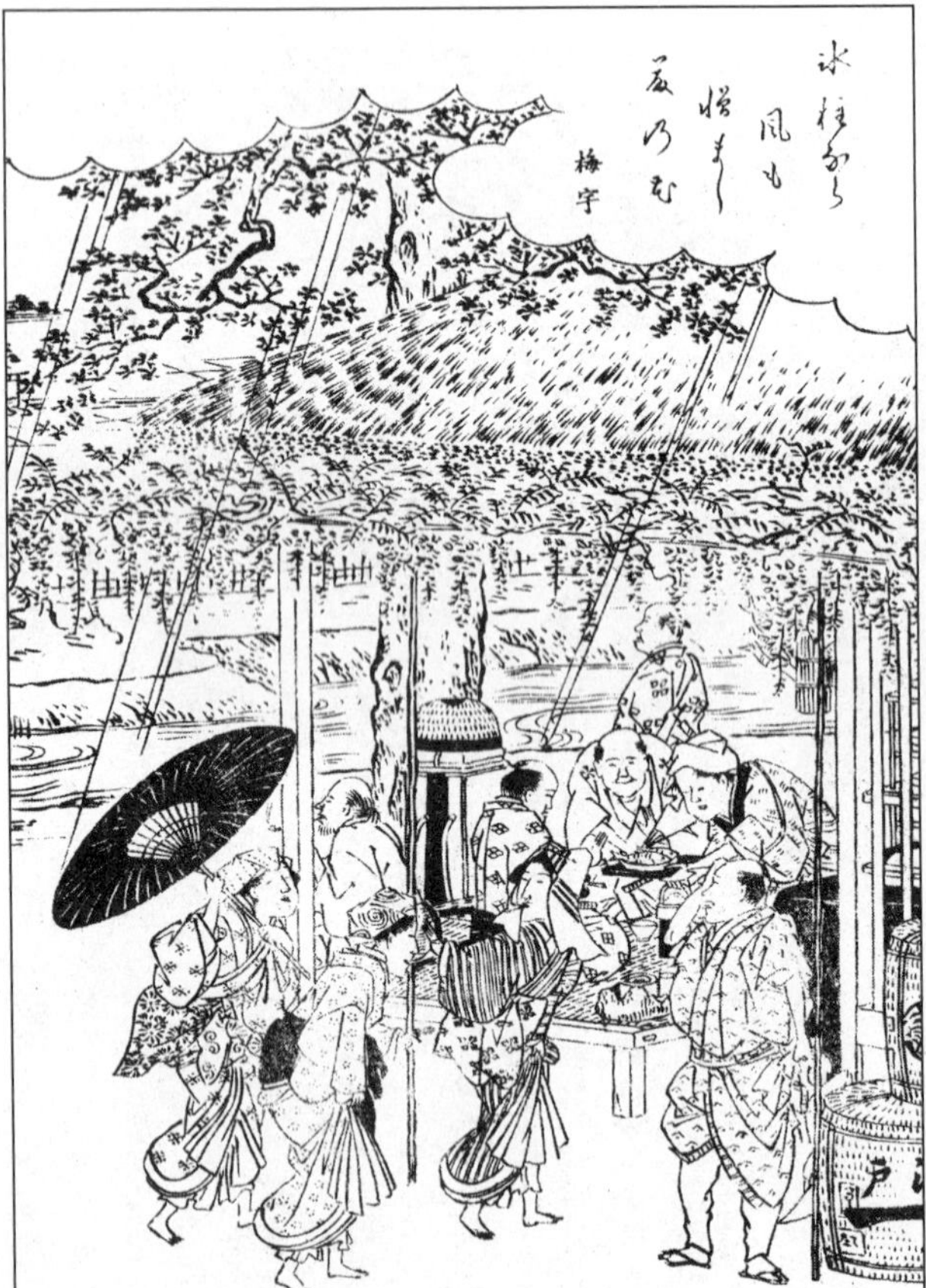

（春雨と藤の花）

『江戸惣鹿子名所大全』などに詳しい。おおよそ佃島〔中央区〕・鉄炮洲〔中央区〕・洲崎〔江東区〕から中川〔足立区〕・品川〔品川区〕・河崎〔神奈川県川崎市〕に至る。漁人が称する江戸根という所がある（本船と樫木の間）。

慶長〔一五九六―一六一五〕の頃、伊豆国根府川《ねぶかわ》〔神奈川県小田原市〕から大石を積み廻す船がここで風波に遭い、数艘《そう》が沈没した。その石の間に海藻が生い茂り、海魚が多くここに集まる。魚は全て塊石の陰に宿る。それで魚の根という意味であるという。この所は四季ともに散らない。また深くて網の恐れが無いので常に集まっているという。これを根釣りという。沖は総じて四季ともに幸があるといっても、船路遠く、時節により風波を恐れるので、みだりに行きがたい。

また中川は春鱚に良い。鱚の九寸以上であるのを鼻曲がりという。七寸・八寸を三歳鱚という。それ以下五、六寸を二歳鱚という。当歳鱚は腹が白く、二歳は薄く黄色に背通りに黒みがある。三歳以上は腹が黄色に赤く背通りが黒く、すぐれて大きいのは鱗《うろこ》が荒く、漁人はこれを鼻曲がりという。尺を越えたのを寒風《さむかぜ》と言い、また寒病《さむやみ》という。海鱚は白鱚《しらぎす》と言い、川鱚は青鱚というという。その他、釣竿・釣針・釣糸・錘《おもり》・餌《えさ》などに至るまで習いがあって、一挙に尽くせない。しばらくここに略す。ただし江戸根で釣る魚は大抵次の通りである。

鯛（五月から）、黒がら（四月から）、魴《ほうぼう》（春の彼岸後から）、鮴《めばる》（四月から）、たかのは鯛（五月から）、鮫《さめ》（六月から）、鱆《たこ》（六月から。小さいのは五月からも）、鮋《かさご》（五・六月から）、鰈《かれい》（三月・四月）、藻魚（三月・四月から）、鯵《あじ》（四月から）、穴子（四季とも濁った時）、はた白（九月から）、いたち（五月から）、すべて鮒《ふな》・鰻《うなぎ》は春彼岸から、鯰《なまず》は少し遅い。おぼこ・かいず〔黒鯛の稚魚〕は五月中から、烏賊《いか》は三月・四月から八・九月頃、河豚《ふぐ》は四月中、手長海老《えび》は五月節に釣るという。

およそ、釣りは彼岸の明けから出始めて、寒前まで釣るのである。もっとも四月・五月を盛りとする。以上『漁人道しるべ』などの要点を言い換えた。編者月岑《げっしん》はもとよりこの道を好まないので、筆にするのもまた従って疎い。なお後集〔未刊〕で詳らかにしよう。

『類柑子《るいこうじ》』

本目の春を名のるや尺のきす　雪花
ほのぼのと朝飯匂ふ根釣《ねづり》かな　晋子《しんし》
はぜ釣りや水村山郭酒旗の風　嵐雪

古事

逃げ水

○武蔵野の景物である。古歌に多く詠んでいる。春から夏へかけて、草々の風にそよぐ様を言うという。秋冬は無い。とりわけ長閑《のどか》な春の日、地気が立って、こちらから見ると草の葉末を水の流れるように見えるのである。その所に至って見れば無くて、また向うの方に流れるようである。それで逃げ水の名があるという。また、道の高下によって八・九月頃霖雨《りんう》〔長雨〕の時、いつとなく水が流れて、草根が沼のようで、行く人がさだかでない道をさまよいわたるのをも言うという。いずれも昔渺渺《びょうびょう》たる原野の時のことで、今は人家・田畠《たはた》となってそのようなことは無い。

『夫木《ふぼく》和歌抄』

あづまぢにありといふなる逃げ水の逃げ隠れても世を渡るかな　俊頼朝臣

巻之二　夏之部

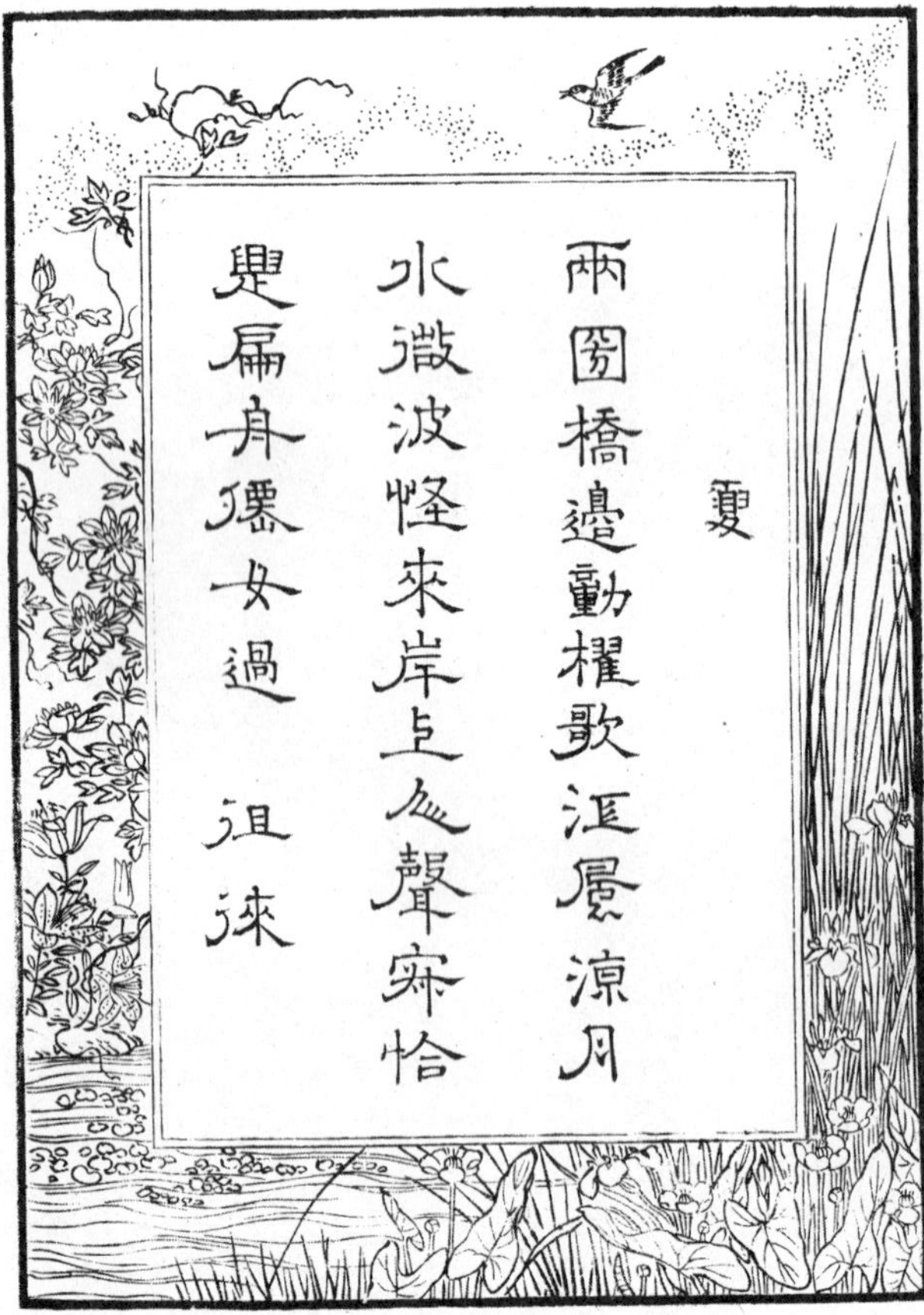

夏　両国橋辺に動く櫂の歌　江風涼月に水は微波　怪しみ来る岸上に人声寂たるを　恰も是れ扁舟に仙女過ぐ　　徂徠

四　月

朔日《ついたち》

○更衣《ころもがえ》。今日から五月四日まで人々は袷衣《あわせ》を着る。今日から九月八日までは足袋《たび》を穿《は》かない。庶民は単羽織《ひとえばおり》を着る。

○〔江東区〕亀戸天満宮の雷神祭がある。七日まで行う。本宮に別雷神《わけいかずちのかみ》・意富加牟豆美神《おおかむずみのかみ》を祀《まつ》り、雷難除《よ》けを祈る。今日から八月晦日《みそか》まで、雷難除けの守り札を出す。

○深川〔江東区〕霊巌寺の弥陀経千部を十日まで行う。この間、僧籍・俗人の参詣が多い。

○茶の湯者は今日から炉《ろ》を塞《ふさ》いで風炉を用いる。ただし九月晦日に至る。

初子《はつね》の日

○飯倉〔港区〕順了寺の大黒祭がある。

初卯《はつう》の日

○鉄炮洲〔中央区〕湊稲荷《みなといなり》社の祭礼がある。稲荷橋の際にある。神主は甫喜山《ほきやま》氏。午《うま》の日まで参詣がある。

○山谷《さんや》〔台東区〕土手下の合力稲荷社で卯の花祭がある。巫祝《みこ》〔神職〕が卯の花を持って舞う。社僧が書を捧《ささ》げて、神供を捧げる事がある。

初午《はつうま》の日

○〔中央区〕築地稲荷社の祭礼がある。執事は万徳院。波除け稲荷ともいい、築地五町の鎮守である。南小田原町〔中央区〕から龍虎の頭を獅子頭《ししがしら》のように作り、木遣《きや》りで〔歌いながら〕町々を巡る。

三日

○奥沢村〔世田谷区〕浄真寺（九品仏《くほんぶつ》）、弥陀経《みだきょう》千部を十二日まで行う。本芝材木町〔港区〕の商家鳥羽屋《とばや》某が毎年千部の日に造花の石台《せきだい》を捧げる。この鳥羽屋の先祖三郎左衛門の妻が難産で死んだが、その霊が夫の三郎左衛門並びに伊皿子《いさらご》〔港区〕大円寺の所化《しよげ》〔弟子の僧〕月峯の夢の中で告げて言うには、「我は生きていた時に奥沢の珂碩《かせき》上人の化益《けやく》〔導きの利益〕を乞うたが、その事を果たさないで死んだ。今は血の池の苦しみが堪えがたい。なにとぞこの事を上人に告げてくれよ」と。二夜夢見たので不思議に思い、奥沢に行こうとする夜に、妻の霊がまた上人にまみえてこの事を乞う。上人が憐《あわ》れんで、十念を授けられると、霊魂は喜んで去った後に、一つの帷子《かたびら》を残した。今なお当寺に伝えて什宝《じゅうほう》としている。七月虫払いの節に諸人に見せる。

五日

○赤羽〔港区〕有馬家の水天宮祭がある。毎月あるが、祭月なのでとりわけ群集する。

六日

○東葛西《ひがしかさい》〔葛飾区〕柴又村帝釈天《たいしゃくてん》の祭礼がある。別当は題経寺。今日板本尊開帳・千巻陀羅尼修行、音楽・児《ちご》供養がある。江戸から参詣が多い。

八日

○灌仏会《かんぶつえ》があり、諸宗寺院で勤行がある。本堂中または境内に花の堂を設け、銅像の釈迦仏を安置し、参詣の諸人に柄杓《ひしゃく》で香水を仏頂に澆《そそ》ぎたてまつる。在家でも新茶を煮て仏に供え、卯の花を捧げ、また戸外に卯の花を挿す。今日仏に供える餅をいただき、また花くそと呼ぶ。『年中行事大成』に、花供御《くご》の誤りかと言っている。ただし京都では涅槃会《ねはんえ》の団子を指してそう言うという。

東叡山〔寛永寺〕（法華堂で修行、二つ堂の右の方である）、増上寺（本堂で執行、山内に諸商人が多く出る）、浅草寺（巳《み》の刻〔午前十時〕別当・大衆が全員出仕。唄散花《ばいさんげ》・経段・行道の作法がある）、本所〔墨田区〕回向院《えこういん》、同弥勒寺《みろくじ》、大塚〔文京区〕護国寺（護持院庭中で山開きがある）、牛込〔新宿区〕榎町済松寺（輪蔵を開いて廻《まわ》させる）、小石川〔文京区〕伝通院《でんずういん》が知られる。

○東叡山・増上寺・浅草寺の山門開く。二月十五日のようである。

○小日向《こびなた》〔文京区〕龍興寺、法華経の文字で画いた五百羅漢などの像を掛ける。正月十六日・二月十五日に同じ。

○青山〔港区〕鳳閣寺（当山触頭《ふれがしら》）、順峯の神事・柴灯《さいとう》・大護摩修行、邌《ねり》供養がある。

○小塚原《こづかっぱら》〔荒川区〕牛頭《ごず》天王《てんのう》社、疫病除けの守りを出す。

○神田上水の源、井《い》の頭《かしら》〔三鷹市〕弁財天の水加持が、今日から十五日まで行われる。

灌仏会

別当は大盛寺。
○浅草田圃《たんぼ》〔台東区〕幸龍寺で法華経千部を、十七日まで行う。
○湯島〔文京区〕霊雲寺の土砂加持を、十二日まで行う。
○新井〔中野区〕梅照院の薬師開帳がある。
○川田が窪《くぼ》〔新宿区〕月桂寺で安産守護の宝珠を拝させる。この宝珠は足利尊氏公の御台所の所持だったという。常にも前日から約しておけば拝させると言っている。
○小石川〔文京区〕光円寺の本木薬師の開帳がある。十二日にも開帳がある。
○大塚〔文京区〕本伝寺の法華経千部を、十四日まで行う。
○高田〔新宿区〕本松寺の願満祖師百部経を、十七日まで行う。
○青山〔港区〕仙寿院の、万巻陀羅尼を、十八日まで行う。十八日には祖師開帳がある。
○本所〔墨田区〕出村《でむら》本仏寺の鬼子母神で八日から十八日まで万巻陀羅尼がある。八日・十二日・十八日には内拝がある。
○雑司ヶ谷〔豊島区〕鬼子母神の更衣《ころもがえ》がある。
○幡《はた》が谷《や》〔渋谷区〕不動尊で、十八日まで内拝がある。
○今日から十日まで葛西領東小松川村〔江戸川区〕善通寺に弥陀像を掛けて拝させる。中将姫法如尼が藕《はす》の糸で織られた所で、世に曼荼羅《まんだら》と称するが、曼荼羅ではない。

○下鎌田〔江戸川区〕妙福寺〔明福寺〕の親鸞《しんらん》上人御影堂の開扉が十日まであり、参詣が多い。
○喜多見村〔世田谷区〕斎藤伊右衛門で蛇除けの守りを出す。

九日

○今日・明日、日暮里〔荒川区〕修性院で、三十番神祭がある。千巻陀羅尼・児供養がある。

十一日

○橋場〔荒川区〕朝日神明宮で太々神楽の興行がある。
○昨日今日、麻布〔港区〕坂下町の末広稲荷の祭りがある。

十二日

○本所〔墨田区〕表町の本久寺の祖師衣替えがある。
○本所霊山寺《りようせんじ》の阿弥陀経千部を、二十一日まで行う。

十三日

○浅草〔台東区〕東光院の鎮守山王祭がある。

十四日

○〔台東区〕浅草寺十万人講宝塔の供養があり、本坊で御斎《おとき》がある。一山総出で勤める。この法会は享保年中〔一七一六―三六〕、本堂普請の時の寄進者の供養の為で、同六年に本堂の後ろに石の三層塔を建立した。今日本堂で読経の後に、この塔の前で焼香がある。

○今日・明日、二郷半領木売《きうり》村〔埼玉県吉川市〕の西光寺で親鸞上人御影堂の開帳がある。都下から参詣が多い。

十五日

○山谷〔台東区〕玉姫稲荷祭がある。不動院の管理。産子の場所で神輿《しんよ》・獅子頭《ししがしら》が渡御する。境内は狭いが、田園の眺望があって、佳景の地である。

○浮屠《ほうし》〔僧〕の結夏《けつげ》（また安居《あんご》）〔一箇所に籠もって一緒に修行する〕が今日から始まり（これを結制という）、七月十五日に終わる（これを解夏また解制という）。九十日禁足して外に出ない。草木・虫類を破る事を厭《いと》うためであるという。

○高輪〔港区〕牛町の稲荷祭がある。

十六日

○〔中央区〕杉の森稲荷祭礼が新材木町である。神主は小釘氏、産子は新材木町・新乗物町・堀留町二丁目・庄助屋敷・長五郎屋敷などである。隔年練物を出したが、近年はその事が無い。

十七日

○野州〔栃木県〕日光山御祭礼の日である。諸侯は紅葉山《もみじ》〔江戸城中の東照宮〕・東叡山の御宮へ御参詣がある。諸寺社の境内御宮で法楽があり、または御神影を拝させる。上野〔寛永寺〕は庶人の参詣を許されない。〔港区〕増上寺安国殿、浅草〔台東区〕三社権現御相殿（御木像）、同新寺町源空寺（御画影）、同新堀端松平西福寺（同）、同所東漸寺（同）、湯島〔文京区〕円満寺（同）、〔文京区〕妻恋稲荷御相殿（御木像）、〔北区〕王子権現社地、高田〔新宿区〕穴八幡宮社地、音羽町〔文京区〕養国寺境内（御木像）、深川〔江東区〕三十三間堂御鎮座（御乗馬御木像）、本所〔墨田区〕霊山寺《りょうせんじ》（御画影）、木下川〔葛飾区〕浄光寺（御神影、天海僧正の御讃《さん》がある）、西久保〔港区〕大養寺（御画影）、桜田久保町〔港区〕（坊正）伊藤氏（御画影）、品川

〔品川区〕海晏寺《かいあんじ》后山、麻布広尾〔港区〕天現寺、下総《しもうさ》〔千葉県船橋市〕船橋大神宮社地（江戸から参詣が多い、神主は富氏で宝物を拝させる）が知られる。

文化十余二年〔一八一五〕卯月十七日、浅草寺《てら》なりける神像をぬかづき奉りて

ふたらやま〔二荒山〕二百年《ももとせ》の廻《めぐ》り来《こ》し御影かしこみ仰ぐ今日かも　県麿

○増上寺〔港区〕の黒本尊の開帳がある。

○品川〔品川区〕東海寺の鎮守牛頭天王の太神楽の興行がある。

○当月中旬、日は定まらない。新《あたら》シ橋〔千代田区〕医学館で薬品会がある。みだりに見物を許さない。薬品は言うまでもなく、万国の産物、医学の要器に至るまで、江戸に名だたる医家の所蔵が残さずここに出されるという。

二十一日

○〔千代田区〕神田明神社太神楽を興行。拝殿の内へ舞台を設け、社前へ桟敷《さじき》を構え、九座の神楽の興行がある。

二十五日

○今日から五月四日まで、冑《かぶと》人形・菖蒲刀《あやめたち》・幟《のぼり》の市が立つ。場所は三月の雛市《ひないち》と同じ

十軒店冑市

で、往来に小屋を構え、甲冑《かっちゅう》・上り冑・幟・旗指物・馬印・菖蒲刀・鎗《やり》・長刀《なぎなた》・弓《ゆみ》箭《や》・鉄炮《てっぽう》・偃月刀《せいりゅうとう》、その他和漢の兵器、鍾馗像《しょうき》・武将・勇士の人形などを商う。夜に至れば灯燭《とうしょく》に輝いてうるわしく、買人《かいて》が昼夜に絶えない。

○『再刻江戸惣鹿子』に「通塩町〔中央区〕、昔はこの町で冑人形細工人が多く、塩町人形と号して、その製は粗末であった。価が賤《やす》いので田舎人がもてはやした。今はこの名をさえ知る人は稀《まれ》である」とある。

○この頃から菖蒲刀を街に売り歩く。

○男子がある家では、おおかた今日から五月六日まで幟を立てる。

○府中〔府中市〕六所の宮の神主は品川貴船明神社の流れで垢離《こり》を取り、五月五日の祭礼まで斎《ものいみ》をする。

二十七日

○雑司ヶ谷〔豊島区〕の鬼子母神で常経講中のために、一年一度の内拝がある。

晦日

○〔江東区〕亀戸天満宮神御衣祭《かんみぞ》、酉《とり》の刻〔午後六時〕、冬の御衣を夏の御衣に更《か》えたてまつる行事である。神前にわずかに一灯を残し、その余の神灯は残らず消して供進するのである。

○当月から金魚・緋鯉《ひごい》・麦魚《めだか》などを街で売り歩く。金魚に、和金・らんちゅう・三ツ尾・ふな尾（小さいのはどれも黒い）、さらさ（まだらを言う）など、数品がある。所々の金魚屋で数種を育てる。

○初堅魚《はつがつお》、江戸でこの魚を賞することは他国に勝れ、相州〔神奈川県〕から送る物が味わい美である。庶民も高価を出してこれを求める。初夏の頃から鮮魚を選んで街で商う。その声は高く潔い。

鎌倉は生きて出でけん初がつお　芭蕉
大勢の中へ一本かつをかな　嵐雪
人のまことまづ新しきかつをかな　其角
目には青葉山ほととぎす初がつを　素堂

○この月から蚊帳《かや》売りが出る。宝永〔一七〇四―一一〕の末、大坂で天満喜美太夫と言って説経で名を得た者が、生玉《いくたま》の茶店で友人と喧嘩《けんか》に及び、傷を負わせたのでその場から逃れ、江戸に下って駿河町〔中央区〕に居住したが、ある年呉服屋の蚊帳を売る荷持ちに雇われ、萌黄《もえぎ》の蚊帳というのに節を付け、生得の美声を出して売り歩いたので、聞く人は美声に浮かれて、この年は蚊帳が大いに売れた。これが蚊帳

初夏交加圖

目に青葉
山ほととぎす
初鰹
　　素堂

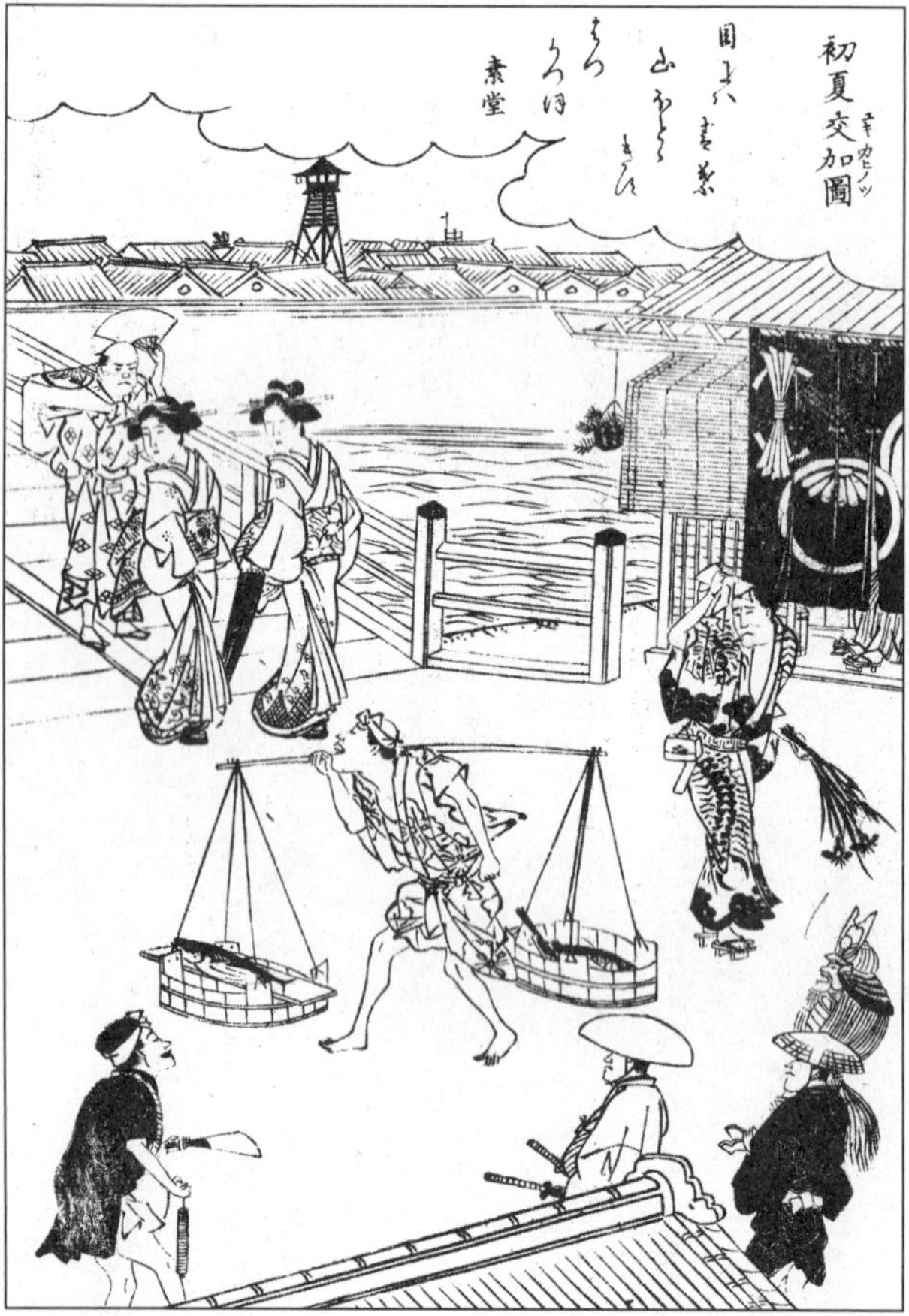

初夏交加（ゆきかい）の図

売りの呼び声の始めであると『江戸塵拾《ちりひろい》』という草紙に見えている。
○当月の末から、堀留〔中央区〕の団扇《うちわ》問屋で団扇を作って商うことが多くある。

景物

杜鵑《ほととぎす》

○おおかた立夏を過ぎてから鳴き始める。すべて江戸の辺りはこの鳥が多いといっても、とりわけ西の方は樹林が繁っているので、この鳥が多く、また鳴くことが早い。小石川〔文京区〕白山《はくさん》の辺り（俗に、当国の時鳥《ほととぎす》はこの辺りから鳴き始めるという。それで初音の里の名がある）、高田雑司ヶ谷〔豊島区〕、四谷辺〔新宿区〕〔大番町〕、駿河台〔千代田区〕、御茶ノ水〔千代田区〕、〔千代田区〕神田社、谷中〔台東区〕、芝〔港区〕増上寺の杜《もり》、隅田川の辺、根岸の里〔台東区〕、根津の辺〔文京区〕が知られる。

牡丹《ぼたん》

○立夏より二、三日目頃。紅は早く白は遅い。深川〔江東区〕永代寺（近年は少ない）、谷中〔台東区〕天王寺中善明院（庭中四時の花がある）、寺島村〔墨田区〕百花園、染井〔豊島区〕植木屋、尾久《おぐ》〔荒川区〕深山《みやま》某の庭中、その他所々植木屋にある。上

（ほととぎす）

北沢村〔世田谷区〕鈴木某の園中には三百余品あり、大木が多い。片田舎と言っても、江戸の人々で尋ね来る人が多い。
○西ヶ原〔北区〕牡丹屋敷は今は無い。

杜蒿花《かきつばた》

○立夏より二、三日目頃から。木下川〔葛飾区〕浄光寺薬師堂境内〔池の中に八橋を架けてある〕、吾妻森〔墨田区〕〔近年社前の沼に八橋を架けてある〕、寺島村〔墨田区〕蓮花寺、同百花園、〔文京区〕根津権現境内の池が知られる。

藤

○立夏より十二、三日目頃。藤は日限をしいて定めがたい。年によって大いに遅速がある。〔江東区〕亀戸天満宮神池の傍ら〔楼門の左右に棚があり、池に映って美景である〕、砂村〔江東区〕大智《おおち》稲荷境内、坂本〔台東区〕円光寺〔俗に藤寺と言うが近年少ない〕、小日向〔文京区〕茗荷谷《みょうがだに》伝明寺〔俗に藤寺という〕、佃島〔中央区〕住吉、〔品川区〕鈴ヶ森八幡宮〔名所であるが今は無い〕が知られる。

卯の花

○夏至の頃。目黒辺り〔目黒区〕、奥沢〔世田谷区〕九品仏の辺り、巣鴨〔豊島区〕庚《こう》申塚《しんづか》から王子〔北区〕へ出る道が知られる。

芍薬《しやくやく》

○小満〔陰暦四月の中〕の頃、寺島〔墨田区〕百花園〔百余品ある〕、染井〔豊島区〕植木屋が知られる。

五　月

朔日《ついたち》

○押上〔墨田区〕普賢菩薩の開帳があり、千巻普賢品を行う。正月のようである。
○柳島〔墨田区〕妙見宮の開帳がある。
○浅草〔台東区〕本法寺の万巻陀羅尼《だらに》があり、二十二日まで行う。

五日

○端午御祝儀として、諸侯が御登城し、粽《ちまき》の献上がある。人々が佳節を祝う。家々は軒端に菖蒲《しょうぶ》・蓬《よもぎ》を葺《ふ》く。菖蒲酒を飲み、また粽《ちまき》・柏餅を作る。小児は菖蒲打ちの戯れをする。
○武家は言うまでもなく、町家に至るまで、七歳以上の男子のある家には、戸外に幟《のぼり》

端午市井圖
武江已歴四端午佳節時々憶洛城角糉曽聞化龍去世間斯類復何驚
活所

端午市井図

を立て、冑《かぶと》人形などを飾る。また座敷幟と言って屋中へ飾るのは今の簡易な習わしである。紙で鯉の形を作り、竹の先に付けて、幟と共に立てるのも今の習わしであろう。出世の魚という諺《ことわざ》により、男児を祝する意味であろう。ただし江戸の風俗であるという。初生の男子のある家では初の節句といって特に祝う。
○人々は今日から麻の帷《かたびら》衣を着て、八月三十日に至る。
しだり尾の長屋長屋もあやめかな　　斟斗
三河町軒の菖蒲やかきつばた　　秀和
しら雲や富士の峡より江戸幟　　長吁《ちょうう》
子はたらぬ物か幟に子持筋　　不秋

○目黒〔目黒区〕大鳥明神の祭礼、相撲の興行がある。別当は大聖院。
○池上〔大田区〕本門寺の祖師更衣《ころもがえ》がある。
○府中〔府中市〕六所明神の祭礼がある。神主は猿渡《さわたり》氏。今夜子《ね》の刻〔午前〇時〕に神灯並びに産子《うぶこ》の家々は路次の灯《とも》し火をことごとく消して、闇夜に御旅所への神幸がある。奉幣が終わって神輿が帰る時に篝火《かがりび》を焚《た》き、産子の輩が提灯《ちょうちん》を多数灯し連れて神輿を供奉《ぐぶ》する。翌日は田植えの神事がある。祭祀《さいし》の次第は質素で古礼を失わない。これは府外の大祭礼である。

○今日・明日の朝、目白下〔豊島《としま》区〕不動滝本院で垢離《こり》を取る者が群集する。近年上水を引いて滝を作ってある。

六日

○諸人菖蒲湯に入る。
○今日婦女子の佳節《せっく》と称して遊楽を事とするが、まだその根拠を知らない。
○当月は午《うま》の月であるので、午の日または二十二日に所々で稲荷《いなり》祭がある。
○麻布〔港区〕広尾の稲荷祭がある。

九日

○〔江東区〕亀戸天満宮で太神楽《だいかぐら》の興行がある。午の刻〔正午〕に万歳楽《ばんせいらく》を奏し、御《み》食《け》・幣帛《へいぐし》を奉じ、しばらく過ぎて禰宜《ねぎ》が太鼓・羯鞁《かっこ》・笏拍子《しゃく》を打ち、浄衣《じょうえ》を着た巫《かんなぎ》二人が榊葉《さかきば》を持って神楽を奏し、四方堅《しほうかため》として胡簶《やなぐい》を負い、弓を持ち、太刀を佩《は》き、白袍《はくほう》を着た神人二人が四方に向かって弦を鳴らすことがある。

十日

○小石川〔文京区〕氷川明神で二十五座神楽がある。

十一日

○〔台東区〕下谷《したや》稲荷社で湯花二十五座神楽がある。
○元飯田町〔千代田区〕世継《よつぎ》稲荷社で十八座神楽がある。
○麻布〔港区〕桜田町妙善寺の摩利支天祭を十七日まで行う。

十三日

○深川〔江東区〕森下町（六間堀）神明宮の神事を昨日から行う。正月十三日のようである。参詣が多い。
○堀の内〔杉並区〕妙法寺で祖師の開帳がある。
○浅草〔台東区〕土富店《どぶだな》長遠寺で祖師の開帳がある。
○雑司ヶ谷〔豊島区〕宝城寺の祖師内拝があり、その他法華寺院で祖師開帳がある。
○蛍沢〔台東区〕宗林寺で船守《ふなもり》祖師会式を行う。

十五日

○芝金杉浜町〔港区〕鎮守の汐干稲荷祭礼があり、十四日から賑《にぎ》わう。社前の海辺に仮屋を設けて神輿を遷《うつ》す。

○〔目黒区〕目黒不動尊の地主早尾権現（開扉あり）、大行司権現（開扉あり）、青龍権現祭礼がある。十四日から賑わう。
○下谷金杉村〔台東区〕三島明神祭礼があり、神輿が渡御する。今日は村の祭りで、九月は町の祭りである。
○浅草諏訪町〔台東区〕三島明神で神楽がある。
○〔台東区〕今戸八幡宮で二十五座神楽がある。
○山谷〔台東区〕正法寺毘沙門《びしゃもん》祭があり、開帳、千巻陀羅尼がある。
○柳島〔墨田区〕妙見宮の開帳がある。
○新鳥越〔台東区〕安盛寺妙見宮の内拝、千巻陀羅尼がある。
○白金〔港区〕妙円寺妙見宮の星祭がある。
○〔新宿区〕筑土明神で神楽がある。
○音羽町〔文京区〕田中八幡祭、神楽の興行がある。

十六日

○四谷〔新宿区〕真成院聖天宮で神楽がある。汐干観音の内である。

十七日

○小日向〔文京区〕上水端氷川明神の祭礼、神楽がある。別当は日輪寺。
○麻布〔港区〕一本松氷川で神楽がある。
○浅草〔台東区〕姥が池明神祭がある。妙音院持ちである。
○谷中〔台東区〕妙福寺の日親上人像の開帳がある。
○〔文京区〕妻恋明神で神楽の興行がある。

十八日

○雑司ヶ谷〔豊島区〕鬼子母神堂にて千部〔法要〕があり、二十八日まで行う。今日、万巻陀羅尼がある。
○小塚原〔荒川区〕日慶寺の鬼子母神祭を、十七日から十九日まで行う。内拝がある。
○本所〔墨田区〕出村本仏寺の鬼子母神の内拝がある。
○本所荻新田《おぎしんでん》（小奈木《おなぎ》川通）上妙寺の鬼子母神祭で開帳がある。

十九日

○本所〔墨田区〕押上最教寺の七面祭がある。
○高田〔新宿区〕亮朝院七面宮の開帳、千巻陀羅尼がある。

○白金〔港区〕三鈷坂《さんこざか》氷川社で神楽がある。
○浅草〔台東区〕幸龍寺柏原明神の開帳、千巻陀羅尼がある。
○〔杉並区〕大宮八幡宮で神楽がある。
○本所〔墨田区〕番場蓮乗院の道喜霊神祭がある。

二十日

○平井〔江戸川区〕聖天宮の祭礼、別当は灯明寺。大般若会《はんにやえ》がある。
○茅場《かやば》町〔中央区〕薬師如来の開帳がある。

二十一日

○弘法大師参りがある。河崎〔神奈川県川崎市〕平間寺《へいけんじ》〔川崎大師〕、西新井〔足立《あだち》区〕惣持寺《そうじじ》（毎月あるが正・五・九月がとりわけ参詣者が多い）が知られる。
○浅草〔台東区〕堂前の矢崎稲荷祭がある。

二十二日

○谷中〔台東区〕大円寺の瘡守《かさもり》稲荷社で千巻陀羅尼並びに説法・内拝がある。
○浅草〔台東区〕七軒寺町の法養寺の熊谷稲荷祭がある。

○麻布〔港区〕六本木芋洗坂《いもあらいざか》の朝日稲荷で神楽がある。
○猿江〔江東区〕妙寿寺稲荷の開帳、千巻陀羅尼がある。
○千住〔足立区〕河原町稲荷祭がある。
○深川〔江東区〕砂村深川寺の志演《しのぶ》稲荷祭がある。柴灯《さいとう》護摩を行う。砂村の惣鎮守である。享保〔一七一六―三六〕の頃、御鷹野の節に台命〔幕府の命令〕の旨があって近村で五穀祭の為に柴灯を興行した。それから今に絶えない。近村の商人が市をなしている。

二十三日

○〔台東区〕浅草観音堂の前で二十三夜の餅を投げる。
○赤坂〔港区〕新町専修寺の勢至《せいし》〔菩薩〕開帳がある。

二十四日

○本所〔墨田区〕押上普賢菩薩の開帳、十部経修行の祭礼がある。
○雑司ヶ谷〔豊島区〕宝城寺で千巻陀羅尼・説法がある。
○浅草〔台東区〕大川橋手前の花川戸町角で、六地蔵の石灯籠念仏を行う。
○鈴ヶ森〔品川区〕厄神祭を二十三日から行う。正月のようである。

○南八丁堀〔中央区〕船宿駿河屋清次から疫病除《よ》けの守り札を出す。人々が未明から群集してこの札を受ける。

二十五日

○小石川〔文京区〕牛天神の祭礼がある。別当は龍門寺。二十五座の神楽の興行もある。翌二十六日は境内で踊りを催す。
○同原町天満宮にて神楽がある。別当は龍泉寺。
○楊弓結改惣会《ようきゆうけつかいのそうかい》〔選手権試合〕、古板〔古い出版の地誌〕で結界とするのは誤りである。結改とは鬮《くじ》を結び改める意味である。つまり百手の内で五度ずつ十度は改めるからである。五月と九月の二十五日、年に二度興行する。山の手の者は山王宝蔵院に会し、下町の者は両国橋の酒楼に集まり、勝劣を争い、勝れたものを定めて江戸一と称する。結改は一表矢員《やかず》二百本である。中《あた》る所が五十本以上は朱書《しゅがき》、百本以上は泥《でい》書《がき》、百五十本以上は金貝《かながい》、百八十本以上は大金貝という。その作法は詳しくは貞享五年〔一六八八〕刊の今井一中《いまいいっちゅう》『楊弓射礼書』を見て知るべきである。この書は天文十八年〔一五四九〕述の『楊弓射礼蓬矢抄《ようきゆうじやらいほうししょう》』という本に注解を加え、大袈裟に書き連ねた物である。ただし貞享の頃、江戸の射場の橘町〔中央区〕三丁目鈴木三意一計、〔文京区〕湯島天神門前柏屋甚兵衛とある。寛延〔一七四八—五一〕の『江戸砂子』には、結改場十三ヶ所を挙げてある。当時結改場は山の手に二ヶ所、下町に四ヶ所あった。つまり次に記す通りである。

△下町は、湯島〔文京区〕弁天、木挽《こびき》町〔中央区〕雪好、芝〔港区〕赤羽根以慶・羽応。

△山の手は、飯田町〔千代田区〕桂風、牛込〔新宿区〕義好などである。

二十六日

○〔千代田区〕平河天満宮で十五座神楽の興行がある。

二十八日

○〔目黒区〕目黒不動尊の祭礼がある。二十日頃から甚《はなは》だ賑わう。二十七日から本堂籠もりがある。

○白金〔港区〕三鈷坂下の鷺森《さぎのもり》神明宮祭は、前板〔『江戸名所図会』〕に全て載せてあるが、近年焼けてから、宮居さえ形ばかりになって、祭礼の執行が無い。

○牛込〔新宿区〕原町の報恩寺で不動尊の開帳がある。

○駒込〔文京区〕追分裏の願行寺で、大山同木の〔制作した〕不動尊の開帳がある。

○入谷〔台東区〕喜宝院の鬼子母神で千巻陀羅尼がある。

○白金〔港区〕土筆原《つくしがはら》の雷電宮祭があり、雷除けの守り札を出す。三鈷坂の北である。

○三芝居曾我祭がある。以前までは今日楽屋で祭礼を執り行ったという。今は曾我狂言を舞い納めて後に楽屋で祀るのを影祭という。また大当たりで打ち続いて興行する時は、例年曾我両社の神輿を仕切場《しきりば》というのに居《す》えてこれを祀る。江戸の歌舞伎は毎春曾我物語を狂言に仕組むので、報賽《かえりもうし》〔お礼参り〕のためにこれを祀るのである。

○両国橋〔中央区・墨田区〕の夕涼みは今日から始まり、八月二十八日に終わる。茶屋・看せ物《みもの》・夜店《よみせ》の並び始まりで、今日から花火を灯す。毎夜人々が群集する。この地は年中繁昌する中でも、納涼の頃の賑わしさは他国に比類するものはなかろう。東西の岸には箔子《よしず》囲いの茶店が櫛《くし》の歯のように並び、客を誘《いざな》う手弱女《たおやめ》は真っ白に粧《よそお》う。富士額、雪の膚《はだ》が縮緬《ちりめん》に透《とお》って涼しさを添えるのもたいへんおもしろく、大路には仮屋を構え、組戯《つなわたり》・撞戯《かるわざ》・牽糸傀儡《なんきんあやつり》・獮猴扮戯《さるしばい》、その他山野の珍禽《ちんきん》、異邦の奇獣に至るまで、種々の観物《みせもの》が招牌《かんばん》を掲げ、嗩吶《チャルメラ》の声はやかましく、演史《こうしゃくし》・土弓《ようきゅう》・影戯《しばい》・笑話《おとしばなし》・篦頭舗《かみゆいどこ》・相工《にんそうみ》・術家《うらないしゃ》の床、生果《みずがし》・石花菜《ところてん》など、物として無いということは無く、橋上の往来で肩が触れ合い行列することは轟々然《ごうごうぜん》として雷《いかずち》のようである。やや日も暮れゆけば、茶店の軒の灯《ともしび》が数千歩に映じて暗《やみ》の無い国の心地がし、楼船の提《ちょう》灯《ちん》は波の上にきらめいて金龍が影を翻し、弦歌が一時に涌《わ》いて行雲《こううん》は動かず、たちまち疾雷の礮《はため》くのに驚いて首を挙《こうべ》げると、烟花《えんか》〔花火〕が空中に煥発《かんぱつ》して〔輝き現れ〕、

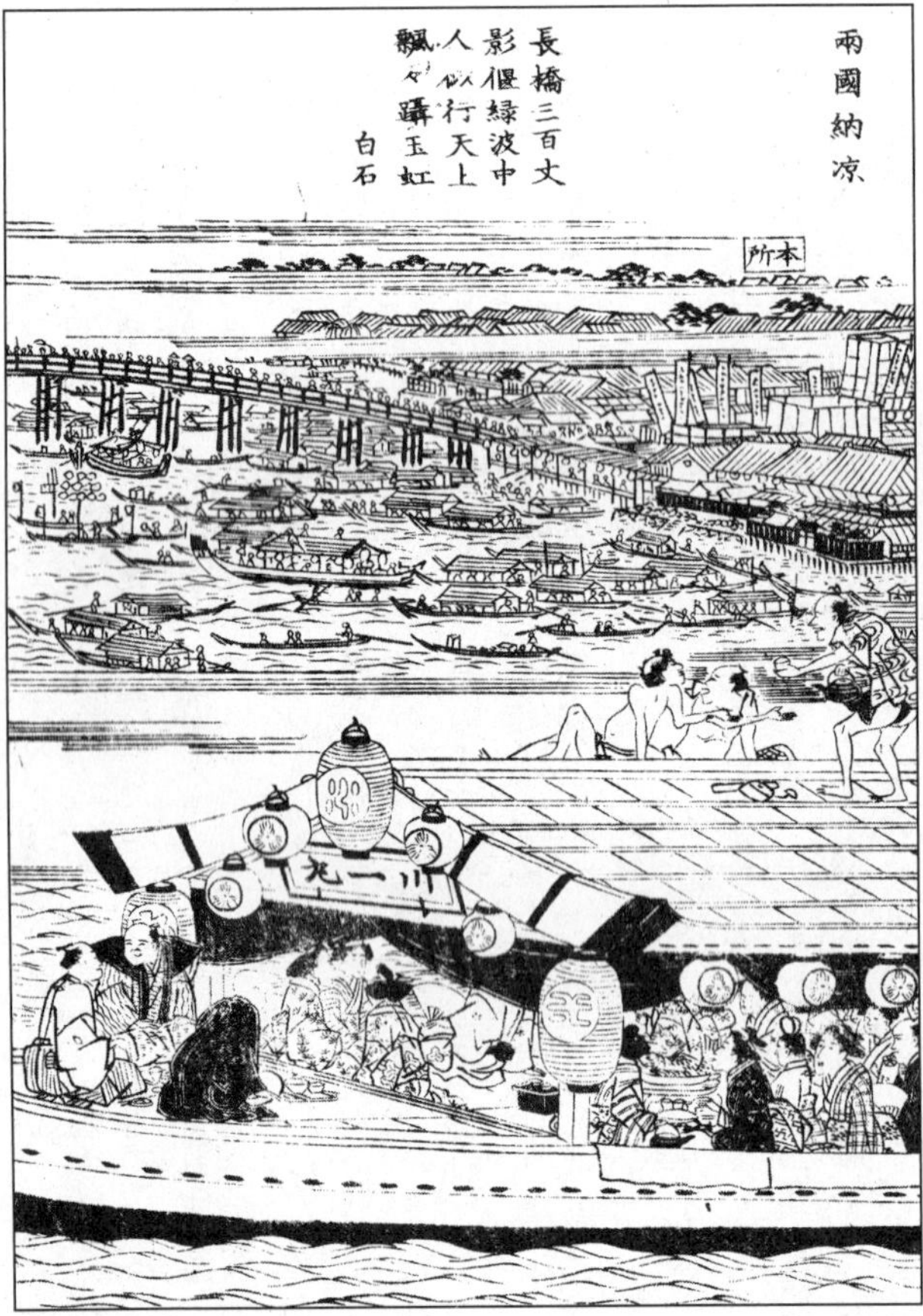
両國納涼
長橋三百丈
影偃緑波中
人似行天上
飄々躡玉虹
白石
本所

両国納涼

雲のごとく、霞《かすみ》のごとく、月のごとく、星のごとく、麟《きりん》の翔《かけ》るがごとく、鳳《おおとり》の舞うがごとく、千状万態〔さまざまな形〕で神経は惑い、魂は奪われる。およそここに遊ぶ人は、身分の差もなく一擲《いってき》千金〔多くの金銭を一度に投げ出す〕を惜しまないのも尤《もっと》もである。実に宇宙最第一の壮観と言えるであろう。

○鍵屋・玉屋の花火は今と変わらない。また小舟に乗って果物など商うのを、俗にうろうろ船という。天和《てんな》〔一六八一―八四〕の頃の草紙にも見えている。

このあたり目に見ゆるもの皆涼し　芭蕉
一両か花火間もなき光かな　其角
千人が手を欄干や橋涼み　同
この人数舟なればこそ涼みかな　同
小屋涼し花火の筒の割れる音　同

晦日《みそか》

○今日から所々で富士参りが群集する。六月朔日の項に詳しい。

納涼《すずみ》

○両国橋〔中央区・墨田区〕辺り（前述した）、大川通、隅田川、不忍池《しのばずのいけ》〔台東区〕辺りでは、五月の半ばからは、黄昏《たそがれ》から辻々・広場などに仮の出茶屋を設け、街の商人が多く、夜々の賑わいは言うまでもない。神仏の縁日は夏を専らとして、植木その他の商人がとりわけ多い。

江戸店や戸ざさぬ御代の下涼み　梅翁

通り町筋、上野〔台東区〕黒門前広小路、山下、浅草〔台東区〕雷神門前、四谷〔新宿区〕御門外、市谷〔新宿区〕御門外、〔港区〕芝神明宮境内、赤羽根川端〔港区〕も知られる。

船遊山《ふなゆさん》

○両国から浅草川を第一とする。花火の夜はことに多い。楼船《やかたぶね》の名は『江戸砂子拾遺』に百艘《そう》を挙げる。今は次第に減じて、屋根舟（本名は日よけ舟）だけが毎年多くなっている。

船宿は、日本橋東西河岸・鞘町《さやちょう》河岸・本銀町一丁目・江戸橋・堀江町・伊勢町・両国橋東西・柳橋・米沢町・本所一ッ目辺り・石原・浅草川吾妻橋の東西・鉄炮洲《てっぽうず》・霊巌島・日比谷町辺り・小網町・深川・筋違《すじかい》外から神田川通・牛込御門外・新橋・汐留などにある。

屋形・屋根船・猪牙《ちょき》・荷足《にたり》など、好みに随《したが》う。三丁と称する舟は、所によってあるが少ない船である。

屋形船は宝永〔一七〇四―一一〕の頃から流行《はやり》だして、百艘に極まったという。東国丸というのを大船の始めとし、それから続いて熊市丸、山市丸がある。熊市は座敷九間に台所一間があることに由来する。山市は座敷八間、台所一間あったゆえの名である。神田一丸と言ったのは、神田川で一番の大船であったという。天和〔一六八一―八四〕の頃の屋形船の名目は『紫の一本《ひともと》』に見えている。またこの頃の舟に窮屈丸と言って一人乗りの舟、吉原通いの舟にきりぎりすなどという名を載せている。川一丸・芳野丸も同書に記してあり、この頃からあったことが知られる。『惣鹿子名所大全』に「浅草御門の外、玉屋勘五兵衛などいう者が猪牙舟という小舟を造り出し、二丁立てと言って艣《ろ》を立て、壮んな男を選んで足拍子を踏んで漕《こ》ぎ立て、飛ぶように走り帰る様子が目覚ましかったのも、元禄・宝永〔一六八八―一七一一〕の頃であった」とある。思うに正徳三年〔一七一三〕からこの二丁立てを禁じられた。沾涼《せんりょう》〔菊岡沾涼〕の『世事談』に「猪牙舟は明暦〔一六五五―五八〕の頃、両国橋笹屋利兵衛、見付の玉屋勘五兵衛という者がこれを造る。押し送りの長吉という者が船を薬研《やげん》の形に作り、魚荷を積んで押すととても早い。これを考えて作る物である。長吉船というべきだったが、ちょき舟といった。近年猪牙の二字を用いる。猪の牙《きば》に状《かたち》が似ているためか」とある。

時分はよし土用はじめの舟遊山　其角
たが為ぞ朝起き昼寝夕涼み　同

○明和八年〔一七七一〕から中洲《なかす》〔中央区〕に酒肆《しゅし》・茶店を連ね、この辺りで花火を上げて楽しむ事があった。出水の憂いがあるため、寛政〔一七八九―一八〇一〕の初めに公からの御沙汰《さた》によって取り払いとなる。その頃の納涼の図は鶴岡蘆水《つるおかろすい》の筆で上木〔出版〕した『両岸一覧』の画巻などにある。
○この月から冷水《ひやみず》・心太《ところてん》・白玉餅を売り歩く。
○鬼灯《ほおずき》・海ほおずき〔巻貝の卵嚢《らんのう》、鬼灯と同様に口の中で鳴らして遊ぶ〕を売り歩く。
○枇杷《びわ》葉湯《ようとう》・延命散〔俗にいう定斎《じょうさい》〕を売り歩く。
○臥坐《ねござ》売りが出る。
○当月頃、〔千代田区〕神田社地の牛頭《ごず》天王の守り札を配るのに、袴《はかま》・羽織を着て猿田彦の仮面を被《こうぶ》り、幣《ぬさ》を持ち、赤い紙に牛頭天王と印《しる》した小符を撒《ま》き与えて、あらぬ事を言って音頭を取り、小児が大勢付き添い、わいわいと囃《はや》せと言って毎日大路を渡った。「当社の神主の三代宮内少輔親までは社中から出たが、今はその出る所を知らない」と『落穂集』にある。近年はこれも来る事が稀になった。
○田植え。この月の入梅の頃から半夏生《はんげしょう》に至るまで、郊外の農家の男女は各々新たに揃いの浴衣《ゆかた》を調え、歌を歌って早苗を植えるのである。

景物

蛍

○立夏の後四十日頃から。王子辺り〔北区〕（王子は他より早い）、谷中〔台東区〕蛍沢、高田〔新宿区〕落合姿見橋《おちあいすがたみばし》辺り、目白〔豊島区〕下通り、目黒辺り〔目黒区〕田畑、吾妻森《あずまのもり》辺り〔墨田区〕、隅田川堤、その他に名所がある。都下の遊人が黄昏《たそがれ》から漫遊し、籠の中に入れて家裹《いえづと》〔土産〕とする。
○合歓《ねむ》の花は小暑の頃、隅田川綾瀬を名所とするが、近年は少ない。

秧鶏《くいな》

○立夏から四十日頃から。橋場〔台東区〕、佃島《つくだじま》〔中央区〕、寺島〔墨田区〕、根岸〔台東区〕、標茅《しめじ》が原辺り〔台東区〕が知られる。少し曇った日が良い。五月中頃から九月初め頃までである。

鵜《う》川狩〔鵜飼〕

○多摩川が知られる。水無月から文月の末の頃まで。

六　月

朔日《ついたち》

○氷室《ひむろ》御祝儀（賜氷《しひょう》の節）として、加州侯〔加賀藩前田家〕御藩邸には氷室があって、今日〔将軍家へ〕氷を献上する。町家でも旧年に寒水で製した餅を食して、これに擬《なぞら》える。

○富士参りは、前日（五月晦日《みそか》）から群集する。これは、富士禅定〔富士山頂での修行〕の意味という。駿河国〔静岡県〕富士山は常に雪があって登る事が出来ない。そのため炎暑の時を待って登山する。これに倣って今日参詣するのである。駒込〔文京区〕（別当本郷真光寺）は『江戸名所記』に「この社は百年ばかり昔は本郷〔文京区〕にあった。そこに小さい山がある。山の上に大きな木がある。その木のもとに六月朔日に大雪が降り積もる。人々がこの木のもとに立ち寄ると、必ず祟《たた》りがある。このために人は皆恐れて、木のもとに小社を造り、季節外れの大雪が降ったので、富士権現を勧請した。それから毎年の六月朔日には富士参りといって、人々が皆参詣したのを、寛永〔一六二四—四四〕の初め頃、この所を賀州〔石川県〕の小松中納言〔前田利常〕が拝領して下屋敷となった。今なおその社の跡が残って、毎年六月朔日に神事がある」とある。今も境内では麦藁《むぎわら》で蛇を作り、葉竹《はちく》に付けて商う。『江戸塵拾《ちりひろい》』という草紙に「宝永〔一七〇四—一一〕の頃、このあたりの百姓の喜八という者が、ふとこれを作って祭礼の日に市で売った。人々が珍しく思って求めて帰ったが、その年七月に江戸に疫病が流行った時に、この蛇を置いた家ははからずもこの憂いが無かった。これから富士詣での土産には必ずこれを求める事になった」とある。今は富士浅間勧請の地ではどこでも商う。また五色のあみ袋・果物を商う。麦藁で作った手遊びの唐団扇《からうちわ》、並びに氷・氷餅・焼き豆腐をも売ったことを『惣鹿子《そうがのこ》』『江戸砂子』などに記してあるが、今はこの品は無い。唐団扇は天明〔一七八一—八九〕の頃まであったのか、『江戸名物鹿子』に、

　子福者の戻りは重し富士団扇

などとある。昔は童子らが髪を乱して詣でたという。其角の句に、

白雪にくろき若衆や富士まうで

とあるのもこの事である。今日境内には見世物・諸商人が出る。道すがら幟《のぼり》・提灯《ちょうちん》などを多く出す。鉄炮洲〔中央区〕船松町から、当社へ花万度《はなまんど》〔長い棒の先に町名などを書いた紙と花を付けたもの。傘をさすようにして持つ〕を納める事が、享保二酉年〔一七一七〕から今に絶えない。

他に、浅草〔台東区〕砂利場〔別当浅草寺中修善院、当所はとりわけ参詣が多い〕、〔江東区〕深川八幡宮境内〔文化年中〔一八〇四―一八〕に石で富士山の形を造る。最近登る事を許した〕、同一の鳥居の右、同森下町神明宮内、鉄炮洲稲荷内、〔中央区〕茅場町天満宮境内、池の端七軒町〔台東区〕（飾り物がある）、柳原〔千代田区〕柳森稲荷の内、〔千代田区〕神田明神社地、神田松下町（不動内）、小網町〔中央区〕稲荷《とうか》堀稲荷内、下谷《したや》〔台東区〕小野照崎《おのてるざき》明神社地（文政十一年〔一八二八〕の夏に山を築いた）、高輪〔港区〕泉岳寺、如来寺、本所〔墨田区〕六ッ目（亀戸普門院持ち）、目黒〔目黒区〕行人坂など、挙げて数えることができない。全て石を組んで富士を造ることが今の流行である。

○飯倉〔港区〕三丁目の熊野権現祭礼があり、三日まで行う。別当は正宮寺。社前の往還の仮屋を補修して神輿《みこし》を出す。提灯・幟・花万度などを出して賑わう。

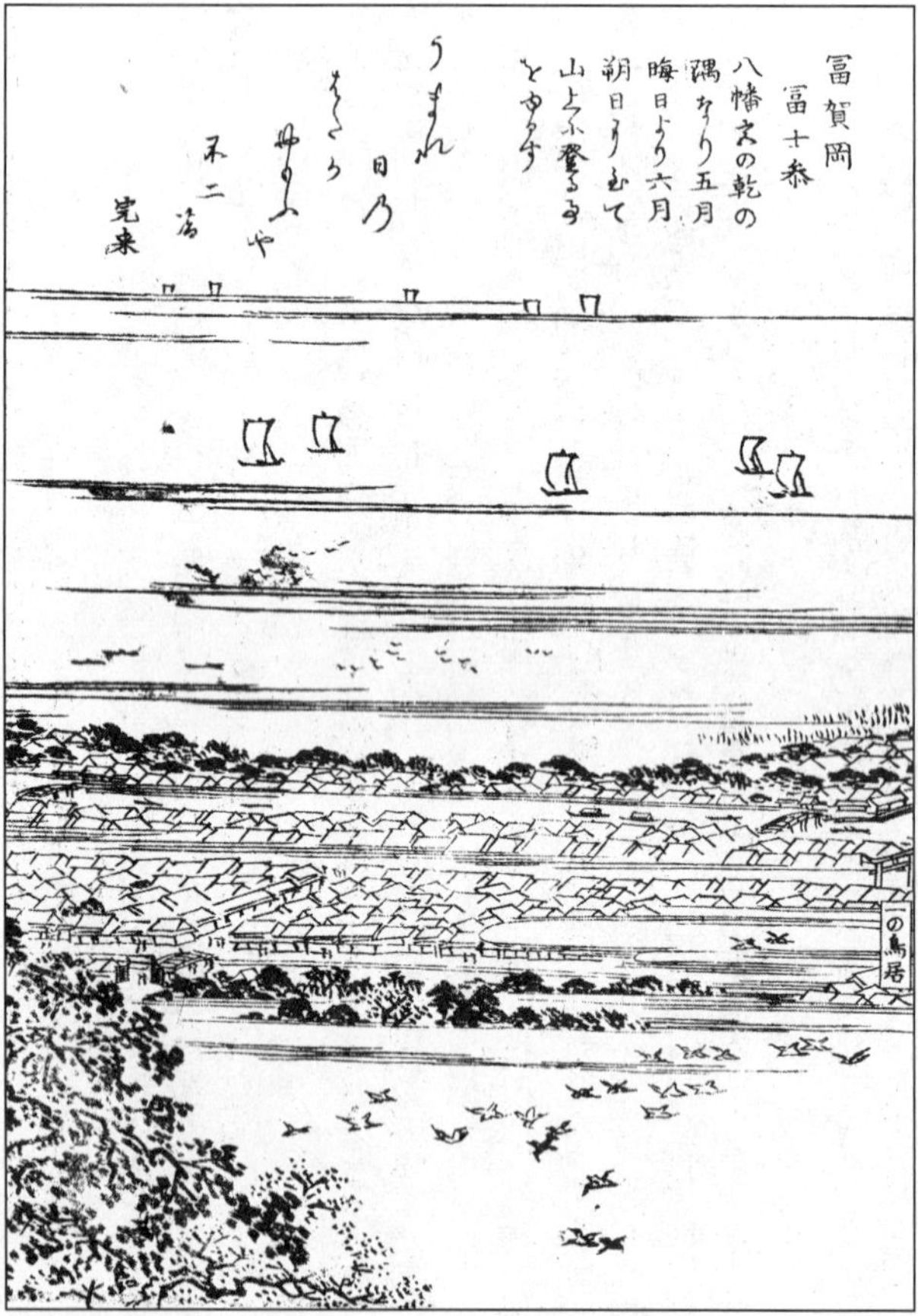
冨賀岡
冨士参
八幡宮の乾の
隅なり五月
晦日より六月
朔日に至て
山上に登る事
をゆるす
うすれ日乃
不二詣
完来
一の鳥居

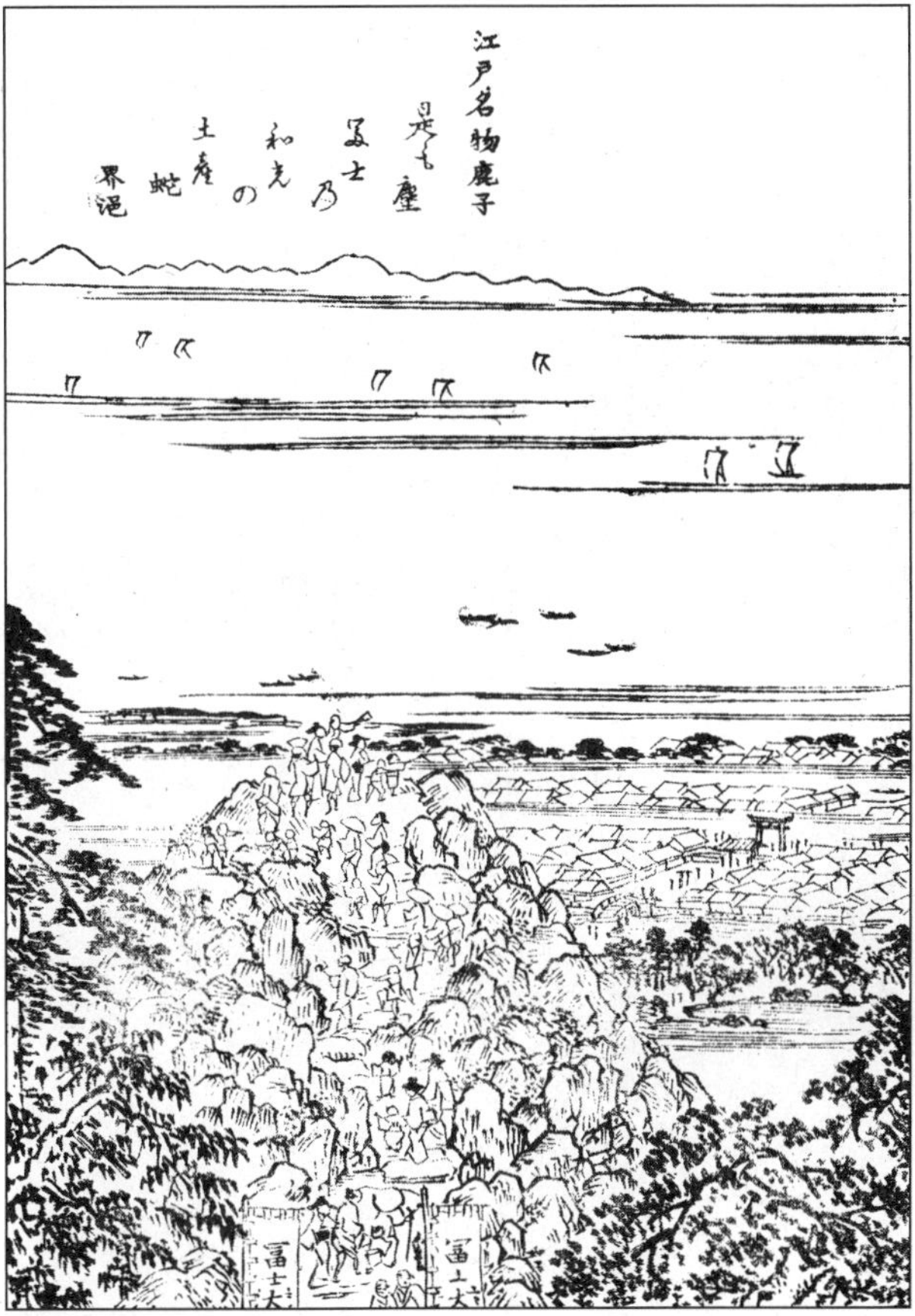

富賀岡富士参り

○本所〔墨田区〕柳島妙見宮の開帳がある。

土用

○庶民の間では土用見舞いがある。○土用の中、土用掃きと称して、家屋の中の塵埃《じんあい》を払う。○銭湯では桃葉湯《とうようとう》〔桃の葉を入れた風呂〕を焚《た》く。

○土用中で日は定まらないが、快晴の日、大塚〔文京区〕護国寺で什宝《じゅうほう》の虫払いがある。高貴の御方の御遺物数品、大幅涅槃《ねはん》像、仏像の類《たぐい》を拝させる。

土用中丑《うし》の日

○高田〔新宿区〕本松寺で願満祖師参り、焙烙《ほうろく》加持がある。逆上《のぼせ》・頭痛の祈禱《きとう》である。焙烙を頭上に頂かせて〔その焙烙の上に〕点灸《てんきゅう》を施すと、必ず効験があるという。

○逆上・眩暈《めまい》などの疾病のある者は、夏に王子〔北区〕の不動の滝に打たれて病を癒《い》やすとして、毎朝未明に群集する。

三日

○小塚原《こづかはら》〔荒川区〕牛頭《ごず》天王の祭礼が、九日まである。別当は神翁寺。千住大橋の南詰に仮屋を設けて神幸がある。社伝によると、天文十五年〔一五四六〕六月三日に神輿が荒川から上がったという。この引き上げた所の茅《かや》で、旅所〔神輿が休む所〕の屋根を葺《ふ》くのを習わしとしている。また当月九日に大橋の上で土地の人が大綱を引き合ったが、今は絶えた。

○本所〔墨田区〕法恩寺で、法華経千部〔法要〕が十二日まで行われる。開山の日住上人在職の頃から引き続いて行っているという。開山は暦応中〔一三三八―四二〕の人である〔寺伝では一四五八年とされる〕。

○今日・明日、小石川〔文京区〕白山権現社地で富士参りがある。

○〔渋谷区〕千駄ヶ谷八幡宮境内で富士参りがある。

五日

○〔千代田区〕神田社地天王二の宮（五男三女、あるいは稲田姫という）の祭礼がある。大伝馬町〔中央区〕二丁目御旅所（仮屋を補修したもの）へ神幸があって、八日に帰る。元和〔一六一五―二四〕の頃から神事が備わるという。『江戸砂子』に「元禄〔一六八八―一七〇四〕の始めに疫病が大いに流行した。それで幕府に願い出て、初めて神輿を街中で担ぐ」とあるのは誤りである。今日神輿が渡御する町を産子と称する。

家々では冷索麺《そうめん》で客を饗《もてな》す。あるいは戸外に竹を植え、または篠《ささ》に扇を付けて軒に

盛夏
路上の圖
行路夏衣
貞徳
利根川

盛夏路上の図

出し、夜になれば軒提灯を灯《とも》す。町々の木戸へ忌竹《いみだけ》〔けがれを防ぐために四方に立てる竹〕を立て、大幟・大行灯《あんどん》・飾り物などが数多くあり、神酒所と名付けて往来に屋台を設け、神号を掲げて供物を捧《ささ》げる。参詣の人々は湧くように多く、街の繁昌はさらに筆舌に及ばないほどである。

○行列の一番目に幟十本、次に太鼓、榊、祭鉾、四神鉾、太鼓、獅子頭《ししがしら》二、幣《ぬさ》、小太鼓、神輿、神几《しんき》、社務二人騎馬と続く。この獅子頭の銘には寛永元年〔一六二四〕とある。

道筋は、朝五ッ時〔午前八時〕に神田の社地を出て、湯島横町坂を下り、神田旅籠《はたご》町《ちょう》、仲町、加賀原の通りへ至る。筋違《すじかい》橋御門を入って、須田町、通新石町を左へ。通新石町と鍋町の間にある馬ノ鞍横町を直進し、紺屋町三丁目代地を抜けて左へ、九軒町から引き返して平永町へ入り、紺屋町三丁目代地、また引き返して馬ノ鞍横町から通り〔中山道《なかせん》〕へ出て、鍋町、鍛冶《かじちょう》町一丁目まで左へ、土手通りを左へ進み、紺屋町一・二丁目の間を右へ、紺屋町二丁目代地と岸町の間を右へ、武家地の前を右へ進み、紺屋町二丁目を廻って東へ。紺屋町二丁目・三丁目の間を北へ出戻り〔少し戻る〕、紺屋町三丁目を廻り、松下町一丁目代地から引き返す。九軒町の河岸に出戻り、今川橋北詰から鍛冶町の角へ出戻り、元の河岸大伝馬塩町と本銀町四丁目の間へ出て、大伝馬塩町通りを右へする。牢《ろう》屋敷の表門の前を通って右へ、鉄炮町を右へ、本銀町四丁目、三丁目、二丁目、一丁目を経て河岸〔外堀〕へ出て、後へ戻り龍閑橋を渡り、鎌倉河岸へ出戻って、鎌倉町、松下町代地、永富町の大通り、並びに南裏通り、鎌倉横町、龍閑町、同河岸へ出て、今川橋を渡り、本町三丁目まで右へする。本町二丁目・一丁目の間南北出戻り、本町一丁目河岸を北へ出戻り、常盤《ときわ》橋まで至る。橋の中程から引き返し、本町一丁目・二丁目の間を南北出戻り、本町二丁目・三丁目の間を南北出戻り、本町三丁目・四丁目の間を南北出戻り、本町四丁目と大伝馬町一丁目の間を南北出戻り、大伝馬町一丁目・二丁目の間を南北出戻り、通油町まで右へする。堀留町を廻って通油町を左へ、通旅籠町通り、大伝馬町一丁目まで通りへ出て左へ、大伝馬町二丁目の御旅所へ遷座するのは申《さる》の刻〔午後四時〕である。

○八日の帰輿の道筋は、夕七ッ時〔午後四時〕に御仮屋を出て、堀留町一丁目・二丁目の間で出戻り、大伝馬町二丁目を経て、大伝馬町二丁目と三丁目の間を南へ出戻り、通油町まで左右に出戻り、大伝馬町三丁目を経て、大伝馬町二丁目・三丁目の間出戻り、大伝馬町二丁目から北へ、大伝馬塩町で左へ、大伝馬塩町から本銀町四丁目と大伝馬塩町の間を南へ出戻り、同所の橋〔地蔵橋〕を北へ渡り、紺屋町三丁目の河岸と九軒町河岸の間の小橋を南へ渡り、元の道の大伝馬町一丁目から西へ進む。本町通の本町一丁目の河岸まで行き、常盤橋上から引き返し、河岸通りから本石町一丁目、二丁目を左へ。通り町、今川橋通りを経て、筋違御門を出て、河岸通

六月五日
大傳馬町天王
御旅出の圖
祇園牛頭天王
祇園牛頭天王
祇園迎神會
若者中

六月五日　大伝馬町天王御旅出の図

りの聖堂横の坂から社地へ入る。

産子の町は、通旅籠町、本町一・二丁目、本石町一・二丁目、十軒店《じっけんだな》、本銀町一・二・三・四丁目、本銀町四軒屋敷、金吹町、紺屋町一丁目、同一・二丁目代地、同二丁目元地、同三丁目元地、同二丁目横町、同三丁目河岸、九軒町元地、鎌倉町、龍閑町、松下町一丁目、新革屋町、元乗物町、岩付町、佐柄木《さえき》町蔵地、本銀町会所屋敷、紺屋町二丁目蔵地、幸伯《こうはく》屋敷、松下町二・三丁目、鎌倉横町、新革屋町代地、紺屋町三丁目宮元、大伝馬町などである。

『七部集』

祇園どのの仮屋しつらふを
杉の葉も青みな月の御旅かな　其角

○浅草〔台東区〕御門外の第六天神の祭礼がある。神主は鏑木《かぶらぎ》氏。昔は二月九日に祭礼を行ったという。隔年の今日、神輿が出る。道筋は次の通りである。

本社を出て西へ、本郷六丁目代地と茅町二丁目の間を出戻り、浅草御門橋手前から出戻り、また本社の前から柳橋手前を北へ、下平右衛門町を廻り、裏門の通り、茅町二丁目の通りを南へ出戻り、元の裏門前から北へ、森田町と茅町二丁目代地の間へ入り、茅町と天王町代地の間を出戻り、東へ、平右衛門町河岸を北へ、旅籠町二丁目代地の間を西へ、旅籠町と天王町代地の間を出戻り、茅町二丁目の通りへ出て南へ出戻り、西へ茅町の間から福井町一丁目、上平右衛門町、酒井家御屋敷の手前から出戻り、福井町三丁目、同一丁目の間を北の方へ出戻り、東から北へ、福井町二丁目を出戻り、瓦町、天王町通りを西へ、天王町の間の御改正会所前から引き返し、通りへ出て、鳥越橋を渡り、御蔵前通りを元旅籠町二丁目まで進み、それから引き返して森田町と元旅籠町一丁目の間を西へ、西福寺前福富町、新旅籠町に沿って小橋を渡り、天文所前猿屋町に出戻り、書替所跡町屋から出戻り、元の小橋を渡り、新堀に沿って浄念寺前から東へ、小石川富坂代地・組屋敷の間から馬場の前西へ、武家地を南北に出戻り、元の馬場の所から新旅籠町代地と堀家御屋敷の前で出戻り、北へ、福富町・黒船町代地・福川町・三間町・福富町御掃除屋敷・新旅籠町・元鳥越町などの代地的場の間を通り、猿屋町代地を北へ、六尺屋敷・諏訪町と三間町の間から三間町大通り、それから御蔵前通りを通って帰輿する。

当社の産子の町々から、左に記す番組の通り、山車《だし》・練物を出したが、最近中絶した。神輿は天保四巳年〔一八三三〕から昔のように出る。

〔一番〕浅草旅籠町一丁目・二丁目代地。〔二番〕同御蔵前片町。〔三番〕同町代地。〔四番〕同元旅籠町一丁目・二丁目。〔五番〕同福富町一丁目・二丁目。〔六番〕同西福寺門前・浄念寺門前。〔七番〕同新旅籠町。〔八番〕同吹上御庭方拝領屋敷。〔九番〕

同森田町。以上十三町である。

六日

○浅草〔台東区〕土富店《どぶだな》長遠寺で祖師開帳があり、開運の守り札が出る。

七日

○〔千代田区〕神田社地天王二の宮（素盞嗚尊《すさのおのみこと》）の、南伝馬町二丁目の御旅所（仮屋）への神幸があって、十四日に帰輿する。当所へ御旅出の事は、慶長十八年〔一六一三〕六月七日に始まるという。行列の装いは大伝馬町に同じ。ただし四神の矛は、当社だけは宮元の町内に置いて、行列には加えない。神輿渡御の町は次の通りである。

道筋は、朝五ツ時〔午前八時〕前に神田社地から、湯島横町大通り、神田仲町、筋違橋御門へ入り、須田町通り、今川橋、本銀町、本石町、本町一丁目、本町河岸通りを経て、常盤橋御門へ入る。松平越前侯御屋敷、御作事方定小屋の前を通り、大手御橋上へ御輿を据えて奉幣がある。それから元の道筋で、常盤橋御門内から銭瓶《ぜにがめ》橋通り、数寄屋橋内まで至る。それから元の道筋で、呉服橋御門を出て左へ、西河岸町、河岸通り、元四日市町、塩物店通り、本材木町一丁目から同三丁目まで、そこから引き返

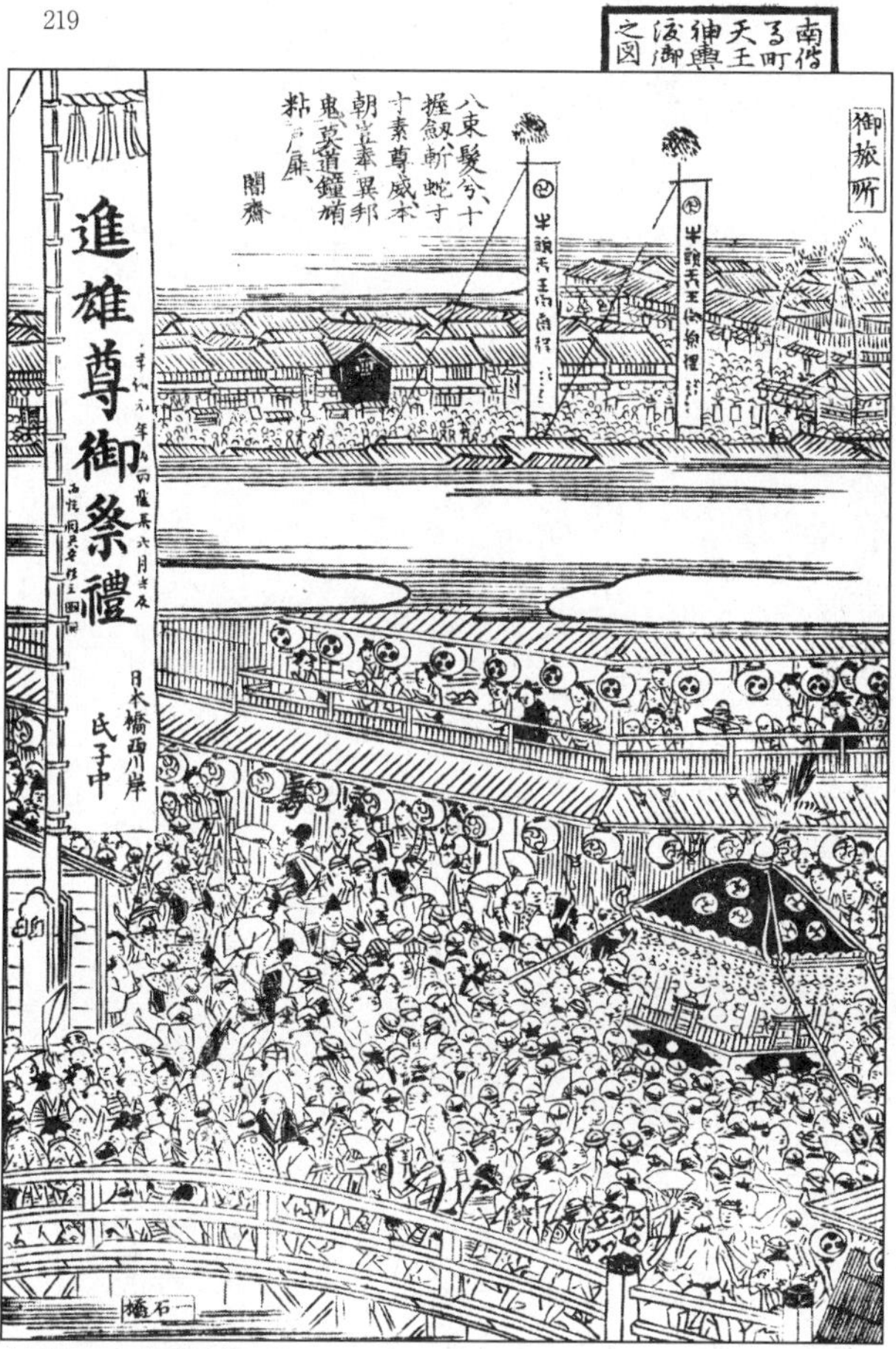

南伝馬町天王神輿渡御の図

し、青物町、万町を左折。通一丁目から通り町を通り、京橋の上に神輿を据えて神酒を捧げる。それから戻って南伝馬町二丁目の仮屋へお移しする（申の刻〔午後四時〕）。

十四日の帰社の道筋は、夕八ッ時頃〔午後二時〕に仮屋を出て京橋まで行き、引き返して、通り町、日本橋、今川橋、須田町から筋違橋御門を出て、河岸通り、湯島横町裏通り、聖堂脇石坂を登り、日暮れ頃に社地へ帰輿する。山王御祭礼の年は、十四日早朝に帰る。

産子の町は、通一・二・三・四丁目、元四日市町、同所蔵屋敷、西河岸町、青物町、万町、樽屋屋敷、三筑《さんちく》屋敷、呉服町、平松町、音羽町、本材木町一・二丁目、小松町、榑《くれ》佐内町、川瀬石町、元大工町、南油町、新右衛門町、数寄屋町、箔屋町、岩倉町、榑《くれ》正《まさ》町、本材木町三・四丁目、檜物《ひもの》町、道寿《どうじゅ》屋敷、田中屋敷、上槙町、油絞場、下槙町、福島町、松本屋敷、祖父平屋敷、南槙町、大鋸《おが》町、正木町、桶町東会所、南槙町西会所、桶町、南鞘町、南塗師《ぬし》町、本材木町五・六丁目、松川町、南大工町、南鍛冶町、鈴木町、因幡町、本材木町七丁目、常盤町、柳町、具足町、畳町、五郎兵衛町、北紺屋町、白魚屋敷、炭町、本材木町八丁目、与作屋敷、銀座一・二・三丁目、同裏河岸、同三丁目・宮元南伝馬町。

○品川〔品川区〕の牛頭天王の祭礼がある。南品川天王は貴船明神の相殿〔二柱以上の神を一緒に祀る〕で、神主は鈴木氏。北品川天王は東海寺鎮守神明宮の相殿である。

神輿《みこし》洗いといって、南品川の神輿を海中へ担ぎ入れ、南北両社の神輿が中の橋で行き合い、御旅所南北へ分かれる。それでこの橋を行き逢《あ》いの橋という。御旅所は南北共に宿場の中の往来の内の東側に仮屋を設《しつら》える。宿場中に思い思いの鉾を飾る。今日から十九日まで御旅出があり、その賑わいは言いようもない。両社の産子《うぶこ》は、北は高輪と品川の境まで、南は鮫洲《さめず》のあたりに至る。また海道より西の村々も産子である。

八日

○浅草〔台東区〕御蔵前の牛頭天王の祭礼がある。別当は大円寺。社前の往来に仮屋を設えて、六日から神輿を移す。今日の未明に、産子の家々から笹に団子を付けて神前へ納める。参詣者はこれを得て疫病除《よ》けの守りとする。笹にすがって争い取るとして、その混雑は言いようも無い。それで俗に団子天王と称する。今日、神輿・榊・飾り鉾・四神矛が出る。道筋の町は次の通りである。

本社を出て御蔵前通りを東北へ進み、元旅籠町二丁目まで同町から出戻り、元旅籠町一丁目・二丁目の間を西へ曲がり、浄念寺門前を左へ、新堀端通り、書替所御用屋敷前で出戻り、同西福寺門前の通りに沿って福富町、新旅籠町を廻り、新堀端小橋を渡り、寿松院門前、三筋町前通りを左へ、元鳥越町中通りから鳥越明神社の後ろ通りを廻って東へ進む。天文所御用屋敷前、福富町一丁目の間へ曲がり、猿屋町小橋を渡り、池田家御屋敷に付いて西へ曲がり、甚内橋まで進んで、同橋際から出戻る。元の猿屋町を東へ進み、御蔵前通りへ出て、南へ進んで瓦町まで至る。瓦町東の小路へ入り、旅籠町二丁目代地通り、同片町代地を南へ曲がり、右折して茅町二丁目大通りへ出て、茅町二丁目を北へ出戻り、大通りを南へ進み、本郷六丁目代地と茅町一丁目の間を西へ出戻る。浅草御門升形《ますがた》の内へ出戻り、茅町一丁目・第六天門前から柳橋際まで、同所から戻って北へ、下平右衛門町・河岸通りから同町北の方へ出戻る。下平右衛門町中の通り、同森田町代地と茅町一丁目の間を北へ出戻り、第六天裏門通りから茅町大通りを西へ曲がり、茅町二丁目の間で左折、福井町一丁目へ入り、上平右衛門町から出戻り、福井町三丁目通り、同一丁目北の通りに出戻り、同中の通りから北へ進む。福井町一丁目・二丁目の間を出戻り、瓦町通りを経て、本社へ還輿する。渡御が終わって社前の仮屋へお遷《うつ》しする。翌九日の夕七ッ時〔午後四時〕に本社へ帰坐《きざ》する。

九日

○浅草〔台東区〕鳥越明神の祭礼がある。八日から賑わう。別当は長楽寺、神主は鏑木氏。古来は当月十一日であったが、中古に改めて九日とした。寛政八辰《たつ》年〔一七

六月九日
千住大橋
綱曳
此行事
今はなし
青藤山人路志引大明一統志曰抜河之戯湖廣歸州俗以麻絙巨竹分朋而挽謂之抜河以定勝負而祈農桑
抜河の事五雜組にも見えたり

六月九日　千住大橋綱曳き

九六〕までは毎年産子の町々から山車・練物が出たが、同年から中絶した。神輿は隔年に産子の町々へ出る。

早朝に本社の前から南へ進み、元鳥越町、福富町一丁目、書替所跡町屋脇を出戻り、寿松院門前を西へ曲がる。三筋町を南へ曲がり、鳥越明神後ろを西へ、武家地から三筋町、また本社の前へ戻る。甚内橋を渡り、猿屋町と池田家御藩の間から天王町御蔵前へ出て、天王社前から引き返し、鳥越橋を渡り、森田町まで至る。西へ曲がり、新堀端小橋を渡り、直進して本社の前を西へ曲がる。武家地小笠原家、松平家門前小橋の際から北へ曲がり、大久保家、松前家を東へ曲がり、戸田家、三筋町後ろ通りから新堀端北へ出戻り、小橋を渡る。浄念寺横から出戻り、浄念寺の前から富坂町代地、同北馬場に沿って直進し、御蔵前大通りを西へ曲がる。猿屋町へ入り、左右に出戻り、新旅籠町を廻り、堀家御屋敷前、桃林寺、龍宝寺前小橋を渡って南へ曲がる。阿部川町で出戻ること左右六ヶ所である。元の小橋際から本行寺、行安寺の間を西へ曲がり、諸寺門前正福院と東岳寺の間から南へ曲がり、等覚寺・栄蔵寺の間を出戻る。蓮光寺・法泉寺の間を出戻り、称念寺・延命院の間を出戻り、東へ曲がる。了源寺前・龍福院横を出戻り、織田家御屋敷前・松前家の間を西へ曲がる。小島町、花蔵院横から出戻り、佐竹家横を通り、小川に沿って対州家御藩横通りを東へ曲がる。松平豆州侯御藩の南へ入り、松浦家・井伊家御屋敷の間、七曲り通りを渡り、甚内橋を渡り、本社へ帰輿する。寛政八年の番組、産子の町は次の通りである。なお、町数二十二町、山車数十七本に練物を出した。

［一番］・［二番］浅草寿松院門前。［三番］同猿屋町。［四番］同代地。［五番］同阿部川町。［六番］同新寺町・三ヶ寺門前・十二ヶ寺門前。［七番］・［八番］・［九番］右門前の内。［十番］浅草華蔵院門前。［十一番］下谷小島町。［十二・十三・十四・十五・十六・十七番］浅草元鳥越町。

○千住大橋綱《つな》曳《ひ》きは、今は無い。小塚原天王の祭礼で、橋の南北にて大綱を引き合い、その年の吉凶を占ったが、ややもすれば闘諍《とうじょう》に及んだので、両村で話し合ってこのことを止めたという。また今日神輿が大橋を通ったこともあったが、これも絶えた。

十日

○神田社地天王三の宮（奇稲田姫《くしいなだひめ》あるいは山田〔八岐《やまた》〕の大蛇《おろち》）による、小舟町一丁目の御旅所へ（仮屋をしつらう）神幸があって、十三日に帰輿する。祭礼の起源は詳《つまび》らかでない。行列の次第は大伝馬町のようである。御旅出の間は、賑わいが殊に勝れている。小舟町の往還に、行灯のように大きな楼門を立てて、毎夜灯火を点ずる。このことは正徳〔一七一一―一六〕の頃から始まったという。その他、大行灯・提灯を輝かし、夜中の光景は言語の及ぶ所でない。今日の神輿渡御の道筋は次に記す通りである。なお、◯の印は出戻りを表す。

明け六ッ半時〔午前七時〕に、神田社内を出て、左へ曲がり、湯島一丁目、通旅籠町から広小路、筋違橋御門を入り、須田町通り、今川橋を渡る。本石町三丁目横町木戸から戻り、本石町三丁目・四丁目、鉄炮町、小伝馬町一丁目・二丁目・三丁目、馬喰《ばくろ》町一丁目横町から左へ。橋本町上下横町付木店《つけぎだな》◯、馬喰町馬場御用屋敷前通り、二丁目裏通りから、同三丁目表通り、同両横町、同四丁目、浅草御門広小路、吉川町、下柳原同朋町横町、同裏町、同表町、両国橋の途中から戻る。米沢町三丁目、同裏河岸、薬研堀埋立地◯、同裏通り米沢町三丁目、両国広小路で小休止がある。米沢町二丁目薬研堀不動の前、横山町三丁目裏通りから同表通り、同二丁目裏通り、同一丁目、通塩町から橘町一丁目・二丁目・三丁目・四丁目、横山町二丁目裏通り、横山同朋町、若松町・村松町二丁目・一丁目、久松町木戸際◯から戻る。同町橋木戸から戻り、竹河岸からまた通塩町裏通りから、また同町表通り、緑橋を渡り右折する。油町河岸通り、小伝馬町三丁目河岸通り、同三丁目◯、亀井町小橋を渡り◯、亀井町分馬喰町一丁目河岸跡へ戻り、亀井町裏河岸◯、甚兵衛橋を渡り、小伝馬上町代地道有屋敷から◯、また甚兵衛橋を渡り、小伝馬上町◯、牢屋敷裏門通り、新道木戸まで後へ戻る。同二丁目・三丁目、同横町、同二丁目、通り油町を右折する。元浜町、富沢町北新道、長谷川町北新道、長谷川町、富沢町を通り抜け、南新道人形町、また長谷川町、富沢

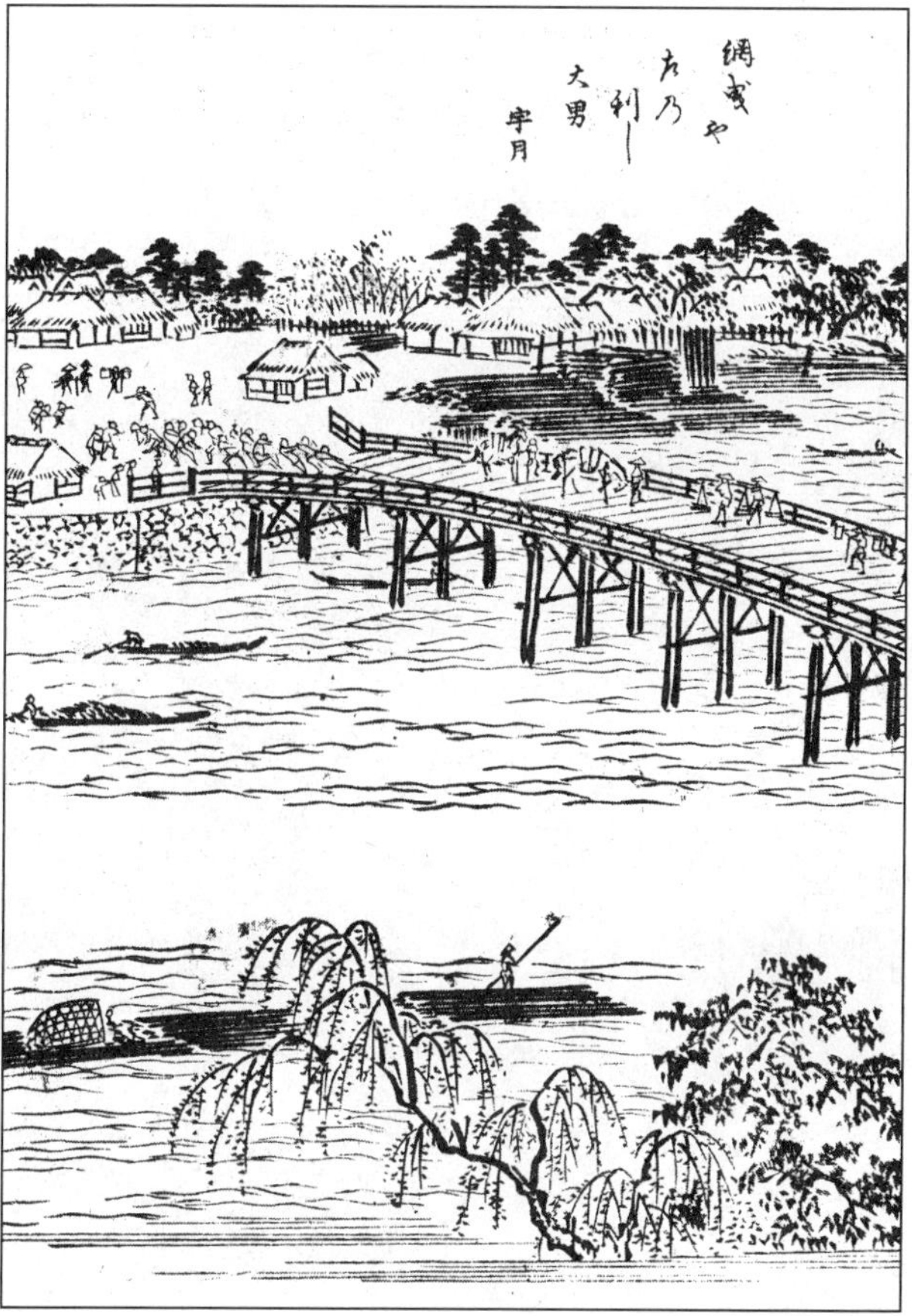

（綱曳き）

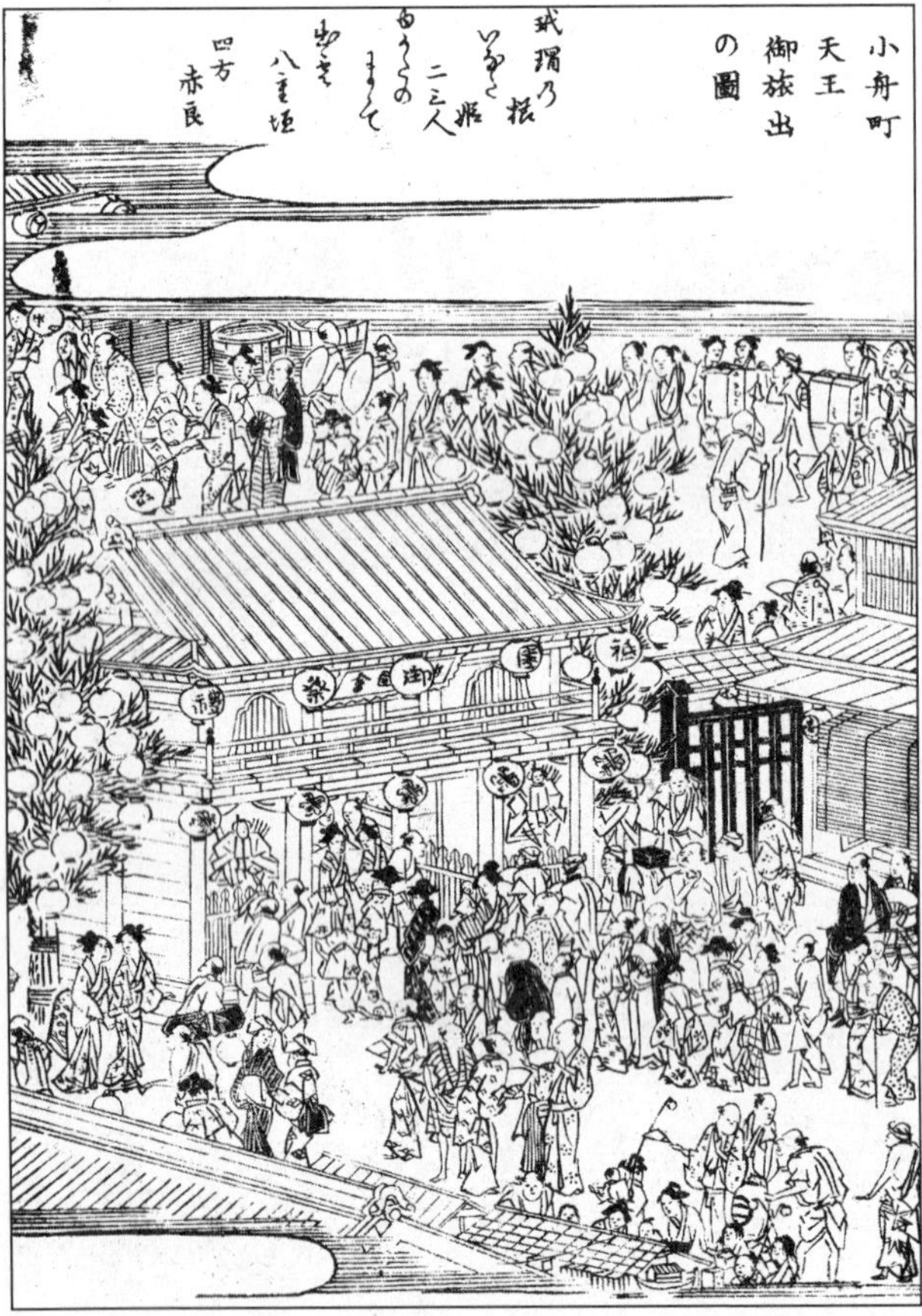
小舟町
天王
御旅出
の圖
四方
赤良

小舟町天王御旅出の図

町河岸から元浜町河岸を左折する。新大坂町◯、弥兵衛町◯、田所町を左折、庄介屋敷木戸から戻り、堀留二丁目横町から堀留二丁目へ入り◯、左へ新材木町、新乗物町、稲荷新道を通り抜ける。また新材木町から葺屋《ふきや》町、堺町、同横町へ入り戻り、岩代町、葺屋町新道を通り抜ける。甚左衛門町、元大坂町、銀座前通り◯、木戸から戻り、また元大坂町から同横町◯へ入り戻り、小網町一丁目横町、稲荷堀《とうかんぼり》、酒井家御屋敷前の通りから右へ。行徳河岸、小網町三丁目・二丁目・一丁目、小舟町三丁目・二丁目・一丁目通りを抜けて、堀留一丁目を左へ◯。伊勢町、塩河岸、本町三丁目裏河岸を左へ、瀬戸物町裏河岸、伊勢町裏河岸、瀬戸物町で左右に◯、本小田原町一丁目・二丁目◯通り抜けて、伊勢町、本船町、同河岸通りを経て、日本橋の中程に神輿を据える。それから戻って室町一丁目、同横町、同二丁目◯から戻り、品川町◯、裏河岸を通り抜け、室町一丁目中横町へ入り、長浜町一丁目、安針町◯、長浜町二丁目から、本船町、荒和布《あらめ》橋、照降《てりふり》町、堀江町四丁目・三丁目・二丁目・一丁目、同町新道通り、照降町から小舟町三丁目・二丁目を経て、小舟町一丁目の仮屋へ入輿する。当社の渡御は道筋が多いので、御旅所へお着きになるのは深夜または暁に及んでいる。

十三日の帰社の道筋は、申の刻〔午後四時〕に御仮屋を出て、小舟町二丁目・三丁目を右折し、荒和布橋中から戻って、堀留一丁目を右折、大横町通りを右折、本石町四丁目・三丁目を右折、今川橋通り、須田町から筋違御門を出て、河岸通り、聖堂脇の坂から右へ登り、社地へ還輿する。

　産子の町は、小伝馬町一・二・三丁目、元浜町、橘町一・二・三・四丁目、新大坂町、室町一・二丁目、瀬戸物町、本町三丁目裏河岸、馬喰町一・二・三・四丁目、橋本町四丁目、堀留町一・二丁目、本小田原町一・二丁目、元大坂町、安針町、品川町、同裏河岸、村松町、若松町、久松町、富沢町、横山同朋町、長谷川町、通り塩町、本石町三・四丁目、亀井町、小伝馬上町、同代地、道有屋敷、小網町一・二・三丁目、同一丁目横町、甚左衛門町、田所町、通り油町、新材木町、下柳原同朋町、同新地、堺町、岩代町、堀江町一・二・三・四丁目、堀江六軒町、葺屋町、伊勢町、弥兵衛町、鉄炮町、米沢町一・二・三丁目、吉川町、横山町一・二・三丁目、薬研堀埋立地、新乗物町、庄介屋敷、長五郎屋敷、本船町、長浜町一・二丁目、宮元小舟町などである。

十一日

○大塚〔文京区〕護国寺で山内、富士参りがあり、十三日まで参詣がある。

十四日

○今日・明日、亀戸〔江東区〕香取太神宮の祭礼がある。神主は香取氏。今暁寅《とら》の刻〔午前四時〕から、神輿・獅子頭などがあり、亀戸・出村などの村々を通る。

当社の御仮屋として、吾妻森より東の田の中に少しばかりの土地がある。昔祭礼が始まった時に、この島から臼を流し、その止まった所を御腰掛と定めようとして臼を流したところ、この所に止まった。それで御腰掛と定め、祭礼の時にこの地へ御輿を遷坐する。昔この地が海であった頃のことだという。祭礼の式はすべて昔のままで、お供えとして小麦をふかし、それへき葉〔芋の葉を粉にしたのである〕の粉を掛けて薄《すすき》の箸を添えて、御仮屋で宝前に供え、産子の人々もこれを食べる。昔この辺りは人々が少なく、物が乏しい頃の様に倣って、今このように行うという。

○小村井村〔墨田区〕香取太神宮祭がある。今日・明日に行われ、別当は吾妻森宝蓮寺が兼帯する。神幣を挟箱《はさみばこ》に遷して渡御するので、俗に「はさん筥《ばこ》祭」という。

○山王御祭礼の前日である。俗に宵宮《よみや》という。『神道名目類聚抄《みょうもくるいじゅうしょう》』に「よみやは斎《いみ》夜《や》である。祭礼の前日、斎《ものいみ》するゆえの名である」とある。今日の午の刻〔正午〕、別当・社僧・末寺が鈍色《にびいろ》の七条〔袈裟《けさ》〕を着て、布衣《ほい》・素袍《すおう》、退紅の童子、白丁《はくちょう》などの従者、法師、武者などを引き連れ、社前で読経がある。退いた神主は束帯、社家は烏帽子《えぼし》・狩衣《かりぎぬ》で布衣・素袍・白丁などの従者を連れ、社殿の前で祝詞《のっと》・神楽などの行事がある。産子の町には、今日から山車・練物が列をなして街を練り歩く。それで「ねり」とも言う。道筋の武家屋敷には十三日から桟敷《さじき》を構え、幕を張り、花莚《はなむしろ》〔茣蓙《ござ》〕・毛氈《もうせん》〔フェルト状の敷物〕を敷き、金屏風《きんびょうぶ》を立て、軒提灯などをきらびやかに調えて、今日から賓客《ひんかく》を迎え、珍酒・嘉肴《かこう》で饗《もてな》し、夜もすがら騒いで明けるのを待つ。街の賑わいは言い表せない。

十五日

○永田馬場〔千代田区〕日吉《ひえ》山王権現社の御祭礼があり、子・寅・辰・午・申・戌《いぬ》の隔年に行う。別当は勧理院、神主は樹下《じゅげ》氏。昔は毎年六月十五日に神輿が辰ノ口〔和田倉門前付近〕から乗船で船祭りがあったが、元和年中〔一六一五―二四〕から御城内へ入る事となった。また寛永十一戌年〔一六三四〕から大祭となり、天和〔一六八一―八四〕の頃から隔年に行われるという。当社の御祭礼は江戸第一の大祭《さい》祀《し》である。当日は往来を止めてみだりに通行を許さず、脇の小路には柵《やらい》を結び、桟敷の二階は禁じられる。諸侯からは長柄《ながえ》鎗《やり》・幟《のぼり》を出して警固させなさり、また神馬《しんめ》を牽《ひ》かれる。警固の壮士は行列を整えて厳重である。

産子の町は、南は芝〔港区〕まで、西は麹町〔千代田区〕、東は霊巌島・小網町・堺町〔中央区〕の辺りを限り、北は神田〔千代田区〕に至る。

祭礼の番組は四十五番、町数はおよそ百六十町余りで、各々花山車を出して牛車でこれを曳《ひ》く。大伝馬町の鶏、南伝馬町の猿、麹町の猿（女猿・男猿が隔年で出る）、騎射人形、四番の劔《つるぎ》に水車、七番の弁財天、八番の春日龍神、九番の静御前人形、十番の加茂能人形、十一番の浄妙一来《じょうみょういちらい》法師、十七番の猟船、二十一番の龍神、二十二番の熊坂人形、二十三番の分銅槌《ふんどうつち》の鉾《ほこ》、二十四番の神功皇后人形、二十八番の大鋸、二十九番の茶筌《ちゃせん》、三十番の鯨舟《くじらぶね》、三十六番の斧《おの》に鎌、三十八番の宝船、三十九番の茶臼《ちゃうす》挽《ひき》人形、四十番の八乙女《やおとめ》人形、四十三番の幣《ぬさ》に槌、四十四番の僧正坊《そうじょうぼう》・牛若《うしわか》人形などの山車は、祭礼の年毎に違《たが》わず出る。その他、例年出る山車がある。附祭《つけまつり》と名付けて次の各町から山車《だし》に添えて踊り・練物《ねりもの》・曳物《ひきもの》などを出す。毎年趣向を新たにして、各々華美を尽くし、江戸の繁昌はこの時に知られる。羅山先生〔林羅山〕に山王祭を看《み》るの記がある。ここに略する。

○大伝馬町諌鼓鶏《かんこどり》の山車は、昔は猿・鶏で、一番に猿、二番に鶏の山車を出したが、元和〔一六一五―一六二四〕の頃、かたじけなくも台命〔幕府の命令〕があったことから、鶏を一番に出すこととなった。この大伝馬町・南伝馬町の二町は、慶長〔一五九六―一六一五〕以前からの町屋で、当初から付祭《つけまつり》〔山車のほかに余興として出す踊り屋台〕を出す事が無い。この鶏は、山王祭には五彩に色取ったのを出し、神田祭には白鶏を出すことが昔からである。

○南伝馬町の猿の山車は、当御祭礼の当初から出した。猿の面は日《ひ》吉鷺平《よしさぎへい》と言った者の作であったが、毎年破壊して眼鼻の形だけが残り、宝永の頃〔一七〇四―一一〕から用いなくなり、今は茅場町天満宮の神主の諸井《もろい》某が蔵している。長さ九寸ほどの希代の古物である。今の面は額室永佐の作であるという。

○麴町から朝鮮人来朝の練物で、大きな象の造り物を出したことは世に名高い。今は毎年は出さないで、付祭の番に当たった時にこれを出す。

御祭礼番組神輿行列の次第は次の通り。次に記すうちの、△の印を付する物は付祭を出さず、例年山車だけを出す。

御幣、太鼓、榊、社家騎馬、神馬、小旗。

［一番］△大伝馬町。［二番］△南伝馬町。［三番］麴町十三丁分・平河町・山元町（笠鉾《かさほこ》六本）。［御雇］太神楽がある。新肴町・弥左衛門町・本材木町一・二・三・四丁目。［四番］山王町・南大坂町・丸屋町。［五番］△小舟町・堀留町一丁目・二丁目・堀江町。この四町は山車を出さず、御初穂として銀子を納めるのが例である。［六番］桶町。［七番］本町四丁分・岩付町・本革屋町・金吹町。［八番］駿河町・品川町・同裏河岸・北鞘町・本両替町。［九番］瀬戸物町・伊勢町・本小田原町。［十番］室町三丁分・本船町・安針町・本町三丁目裏河岸。［十一番］本石町四丁分。［十二番］西河岸町。［十三番］本銀町四丁分・元乗物町・新革屋町・新石町一丁目。［十四番］△神田鍛冶町・同鍋町（山車二本）。［十五番］△須田町・通新石町・連雀町。［十六番］鎌倉町・三河町一丁目。［十七番］小網町。［十八番］新材木町。［十九番］新乗物町。［二十番］堺町・葺屋町・住吉町・難波町・高砂町（山車三本）。［二十一

番〕新大坂町・田所町・通油町。〔二十二番〕富沢町・長谷川町。〔二十三番〕銀座四丁分（鉾並びに山車）。〔二十四番〕通四丁分・呉服町・元大工町。〔二十五番〕檜物町・上槙町（山車二本）。〔二十六番〕本材木町四丁分。〔二十七番〕青物町・万町・元四日市町・佐内町（山車二本）。〔二十八番〕大鋸町・本材木町五・六・七丁目（山車二本）。〔二十九番〕長崎町・霊巌島町・東湊町。〔三十番〕榑正《くれまさ》町・南油町・川瀬石町・小松町・音羽町・平松町・新右衛門町。〔三十一番〕箔屋町・岩倉町・下槙町・福島町。〔三十二番〕本八丁堀五丁分。〔三十三番〕本湊町。〔三十四番〕南紺屋町・西紺屋町・弓町。〔三十五番〕竹川町・出雲町・芝口一丁目西側。〔三十六番〕弥左衛門町・新肴町。〔三十七番〕本材木町八丁目・柳町・具足町・水谷町。〔三十八番〕南鍋町・山下町。〔三十九番〕数寄屋町。〔四十番〕霊巌島四日市町・同塩町・箱崎町一丁目・北新堀町・大川端町・南新堀一・二丁目。〔四十一番〕五郎兵衛町・北紺屋町。〔四十二番〕元飯田町。〔四十三番〕南大工町。〔四十四番〕常盤町。〔四十五番〕霊巌島銀町分。

神輿行列、小旗、大旗、長柄鎗、太鼓二つ持つ人十一人、拍板二人、田楽二人、獅子頭二、持つ人二十四人、社家騎馬、飾り鉾三本三十二人、社家騎馬、神馬、社家騎馬、神馬三疋《びき》、御太刀負い、社家騎馬三人。〇一の宮供奉《ぐぶ》（大伝馬町・南伝馬町）社家騎馬、伶人《れいじん》二人（鼻高面かぶる）、素袍着四十人、御幣持ち二人、造り児《ちご》一人、大拍

子持ち三人、神輿、舁人五十人、御膳板持ち二人、神机持ち六人、社家騎馬。〇二の宮供奉（小舟町・堀留町一丁目・二丁目・堀江町）社家騎馬、町人麻裃三十人、素袍三十人、御幣持ち二人、造り児一人、大拍子持ち二人、神輿、舁人五十人、御膳板持ち三人、神机持ち八人。〇三の宮供奉（両伝馬町）社家騎馬、素袍三十人、御幣持ち二人、造り児一人、大拍子持ち三人、神輿、舁人五十人、御膳板持ち二人、神机持ち六人、社家騎馬、衆徒十騎（俗に法師武者という）、別当四方輿、神主轅《ながえ》、長柄鎗、その他供奉・警固がおびただしい。

　未明に山車・練物が山下御門を入り、日比谷御門の御堀端に沿って、桜田御門の前から左の通りを行って黒田家御屋敷の南の番付坂（ここに祭礼の番付札がある）を上り、山王社の前で右折し、永田町梨の木坂を下り、御堀端通り、半蔵御門から御内廓《うちぐるわ》〔江戸城内〕へ入り、竹橋御門を出て、大手前酒井家御屋敷、小笠原家御屋敷に沿って、常盤橋御門を出る。山車・練物はここから退散する。神輿は行列を乱さず、それから本町一丁目・二丁目から、十軒店を右折し、本石町三丁目・四丁目から左折、鉄炮町を廻《まわ》り、鉄炮町と大伝馬町の間を右折、大伝馬町一丁目を廻り、大伝馬町二丁目、田所町を右折し、堀留町二丁目、一丁目から左へ、小舟町を通り、小網町を通り抜け、湊橋を渡って右折し、霊巌橋を渡り、茅場町通りから御旅所に至る。この所で奉幣があり、神饌《しんせん》を献ずる。それから海賊橋を渡り、青物町から通一丁目へ出て、大通りを

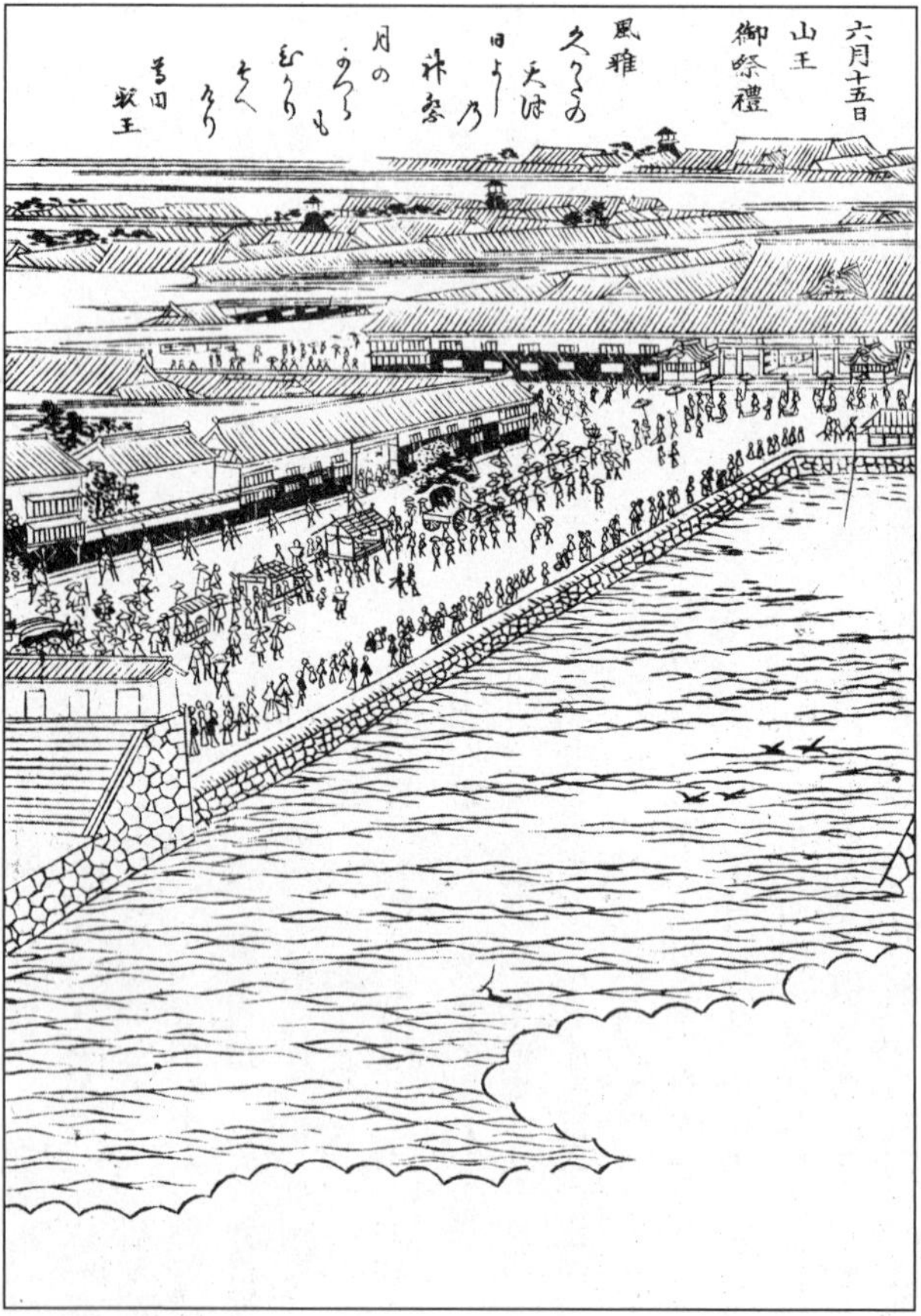
六月十五日
山王
御祭禮
風雅

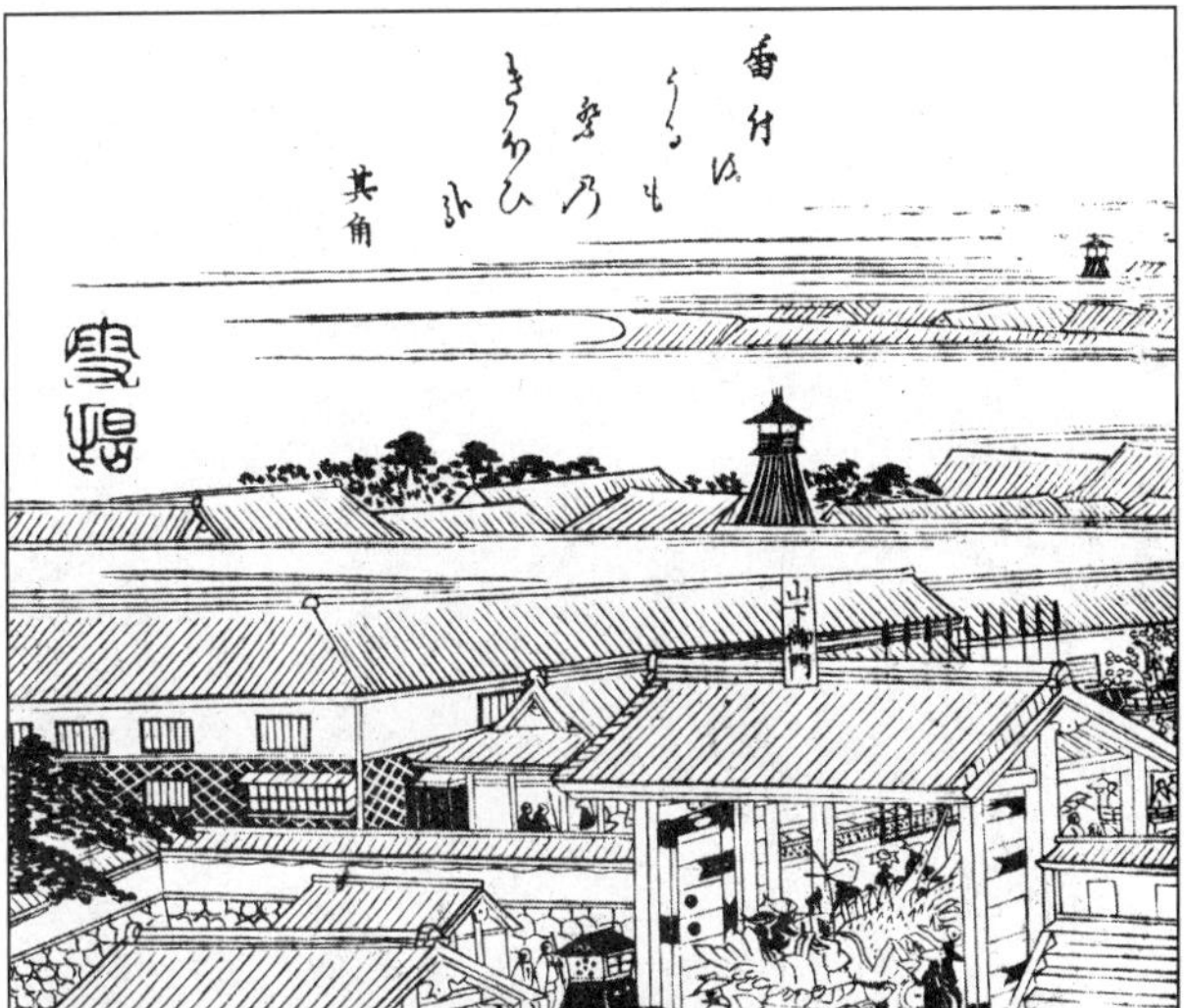

六月十五日　山王御祭礼

其二
寛文上梓
江戸名所記

その二

尾張町まで行き、右折して山下町から山下御門に入り、元の道筋を通って本社へ還輿する。

○『年中行事大成』に、三都祭祀の内、京都は祇園祭、大坂は天満祭、江戸は山王祭、合わせて日本の三大祭というとある。

我等まで天下祭りや土車　其角
番付を売るも祭のきほひかな　同

○赤坂〔港区〕氷川明神の祭礼がある。別当は大乗院。『風土記』に天武天皇三年甲《きのえ》戌《いぬ》〔六七四〕十一月に初めて神礼を行うとある。丑・卯・巳・未《ひつじ》・酉・亥《い》の隔年に行い、十四日から賑わう。十五日には往来の通行を止める。山王権現、神田明神に続いた大祭祀である。産子の町々には各々山車・練物を出して華美を尽くす。行列と番組は次の通り。

榊、神馬、猿田彦、獅子頭二。

［一番］赤坂表伝馬町一丁目。［二番］同二丁目。［三番］同裏伝馬町一丁目。［四番］同二丁目。［五番］同三丁目。［六・七番］元赤坂町・同代地。［八番］赤坂田町一・二・三丁目。［九番］同四・五丁目。［十・十一・十二番］赤坂一ッ木町・魚店・大沢町。［十三番］西大沢町。［十四番］赤坂新町一丁目。［十五番］同二・三丁目。

〔十六番〕同四・五丁目。以上二十一町。幟二本、四神鉾、神輿二基、神主騎馬、社家二人、別当乗輿、毛鎗二十筋。

今朝五ッ時〔午前八時〕から始まり、氷川社前を左へ（東北）、武家地から赤坂田町、通り五丁目から一丁目、同表伝馬町一丁目から南へ、同二丁目と一ッ木町の間を通って、青山通りから引き返し、元の表伝馬町二丁目と一丁目の間から入って、裏伝馬町二丁目の間から右へ、同三丁目・元赤坂町を廻り、同町と裏伝馬町三丁目の間を出戻り、同一丁目の間から東へ、赤坂御門外広小路から右へ、表伝馬町一丁目へ入り左へ、元赤坂町代地と一ッ木町の通りを経て浄土寺前右へ、同新町三丁目と松平芸州侯御屋敷前の間から右へ、新町四丁目と武家の間から右へ（西北）、同四丁目・五丁目の横通りへ入り左へ、武家地廻り五丁目と武家地の間を右へ、武家地と一ッ木町埃《ごみ》坂通りから引き返し、元の道から本社後ろの武家地の間で終わる。

○浅草〔台東区〕三社権現の祭礼があり、今日未の刻〔午後二時〕に田楽踊りがある。五人の舞人、烏帽子・直垂《ひたたれ》を着し、色々の面を被《かぶ》り、騎馬で先に立ち、次に神事舞太夫の頭の田村某が烏帽子・狩衣で幣を持って付き添う。次に田楽の舞人、拍板《びんざさら》持ち三人、笛吹き一人、太鼓打ち二人、いずれも絹笠を被る。次に大太鼓などが列をなし、本院から出、本堂の前に構えた舞台に登り、拍板踊りがある。事が終わって、騎馬の者が馬から下り、三平二満《おたふく》女の面を被った者が舞をし、その他代わる代わる舞って、最後に三人が太刀を抜き持って舞うことがある。この馬は習わしで三河島から出す。田楽の舞人・囃子などに出る者は各々旧家で、昔観世音の出現の時、藜《あかざ》を結って安置した十人の草刈り童子の末裔《まつえい》であるという。この神事は鎌倉の右大将〔源頼朝〕が再興なされたと言い伝える。

○橋場〔台東区〕牛頭天王の祭礼がある。神明宮の境内にあり、神輿が船で川へ出る。この神輿を担ぐ者が裸なので、世に裸祭りという。神輿は天正十五年〔一五八七〕の製造であるという。『落穂集追考』に「神明宮神主某の話に、橋場神明宮の地を汐入という。神明宮の祭礼は六月十五日である。汐入の押し合い祭りと言って、今戸町を神輿がお渡りになるのに、氏子どもが悉《ことごと》く出て担ぎますのに、一人としてその神輿の棒に手を付けることが無く、悉く肩だけで担ぎ、押し合い押し合い渡るのである。それで押し合い祭りという」とある。今日は牛頭天王の祭礼であるのを、神明宮の祭礼と思い違えて記したものであろう。

○山谷《さんや》〔台東区〕熱田明神の祭礼がある。神主は鏑木《かぶらき》氏。産子の町々で神輿を出し、前日から賑わっている。宝暦十三年未〔一七六三〕六月までは、毎年次の町から六番の山車・練物を出したが、同年断絶した。〔一番〕浅草新鳥越一丁目。〔二番〕同町の内。〔三番〕同二丁目。〔四番〕同三丁目。〔五番〕同四丁目。〔六番、助ケ〕同所今戸町など。以上五町である。

○〔墨田区〕隅田川水神社の祭礼がある。別当は多聞寺。神輿二基、乗船である。
○柳島〔墨田区〕妙見宮にて開帳がある。別当は法性寺。
○高田〔新宿区〕宝泉寺（水稲荷内）の富士参りが十八日まである。人々が群集し、駒込と同じく麦藁の蛇を商う。庭中の水茶屋、諸商人が多く出る。
○雑司ヶ谷〔豊島区〕鬼子母神の草薙《くさなぎ》の神事がある。近辺の農父が集まって、社辺の草を刈り払う行事である。近年この事は無い。
○〔文京区〕白山権現裏門通りの妙伝寺にて妙見宮開帳がある。
○芝浦〔港区〕小鰡網《おぼこ》が十四日まで禁制で、今日から下ろし始め、十六日から売り始めると、前板〔『江戸名所図会』〕にある。今はこの沙汰《さた》が無い。
○〔大田区〕六郷八幡宮の祭礼がある。別当は建長寺。六郷の惣鎮守である。神輿一基、羽田〔大田区〕から大師河原〔神奈川県川崎市〕へ神幸がある。四神日月《じつげつ》の矛・飾り鉾などが出る。
○〔神奈川県川崎市〕河崎山王権現の祭礼がある。社司は鈴木氏で、十三日から十六日まである。今日が当日である。神輿二基の渡田《わたりだ》村の旅所へ神幸がある。宿場の中で花山車・踊りなどを出して大変賑わっている。神輿渡御の前へ持つ神幣七本は、弘安〔一二七八―八八〕の頃の物で、当社の神宝である。

十六日

○嘉祥《かしよう》御祝儀として、諸侯が御登城になる。人々は佳節を祝い、家々で餅を作る。庶民が銭十六文で食物を調えて食べるのが、かえって昔の例に適《かな》っているか。

○〔千代田区〕山王御社の礼参りがあり、御祭礼にあずかる者や産子町々の者は、今日の未の刻〔午後二時〕頃から礼参りと言って、祭りの装束のままに着て参詣する。見物の者が社殿前へ群集する。

○吾妻森〔墨田区〕吾妻権現の祭礼がある。別当は宝蓮寺。

十七日

○木下川《きげ》〔葛飾区〕薬師堂にて神君〔徳川家康〕御神影の虫払いがあり、拝礼を許す。

○この時節から、三座〔中村座・市村座・森田座〕の芝居は土用休みとして狂言を休む。この間、土用芝居と名付けて、若手の役者四、五人、中通《ちゆう》り〔中程度〕、小詰め〔端役〕の俳優《やくしや》などで興行する。最近始まったという。

十八日

○四谷〔新宿区〕天王稲荷の祭礼がある。社務は神田明神の社家木村氏。別当は宝蔵院。今日から二十一日まで、四谷伝馬町二丁目北側へ仮屋を設けて、神輿二基の御旅出がある。御旅所の左右に日月四神矛・飾り鉾などを置く。両社の産子の町は次の通りである。飾り物などがあって賑わいは大方ではない。神輿の通行の道筋は後輯《しゅう》〔刊行されなかった〕に出す。

○天王産子は、四谷伝馬町一丁目、同新一丁目、同二丁目、同三丁目、同塩町一丁目、同二丁目、同三丁目、同忍《おし》町、同伊賀町、同御箪笥町、同坂町、同仲町である。天王産子の武家地には、仲町の内合の馬場、船坂横町、菱屋横町、左門横町、忍原横町、表大番町、裏大番町、祥雲寺横町向かいなど。

○稲荷産子は、元鮫ヶ橋町、同北町、鮫ヶ橋谷町、同南町、同仲町、同表町、同八軒町、同裏町、四谷伊賀町、安楽寺門前、権田原三軒家、鮫ヶ橋辺武家方である。

今日四ッ時〔午前十時〕過ぎから、神輿二基並びに獅子頭二が産子の町を巡り、中の刻〔午後四時〕に御旅所へ着く。ただし今日出輿の時は二基ともに天王の産子を巡り、二十一日の帰輿の時には、二基ともに稲荷の産子を巡る。獅子頭は各町の内、年番を立てて飾る。この獅子頭の内、雌獅子の口が開かないように布で結ぶ事が習わしである。もし誤って開かせた時は、産子の町に闘諍があると言い伝えている。当社の祭礼は昔は隔年であったが、今は毎年行う。

○駒込片町〔文京区〕大円寺の秋葉社で祭礼がある。

○戸田〔埼玉県戸田市〕羽黒山権現の祭礼がある。別当は光明寺。

○本所萩新田〔江東区の荻新田《おぎしんでん》〕（小奈木川）の松平家御下屋敷の観世音参りがある。

十九日

○本所〔墨田区〕一ッ目弁天社で琵琶会《びわえ》がある。これは二月の項も参照されたい。今日京都にも納涼会と称して琵琶会の興行がある。これを俗に座頭の涼みという。享保〔一七一六―三六〕刊の『諸国年中行事』には、雨夜《あまよ》の親王の御母公を追福する所とある。

月に見えぬ風は坐頭《ざとう》の涼かな　拙口
月出《い》でて座頭かたぶく涼みかな　其角

二十三日

○大塚茗荷谷《みょうがだに》〔文京区〕林泉寺のしばり不動〔しばられ地蔵〕の千日参りを、今日・明日行う。

○深川〔江東区〕猿江摩利支天の厄神除け祭があり、名越祓《なごしのはらえ》を行う。

六月十九日　本所一ツ目弁天堂琵琶会

六月廿四日
芝愛宕社
千日参

六月二十四日　芝愛宕社千日参り

二十四日

○芝〔港区〕愛宕《あたご》権現社の千日参りがあり、別当は円福寺。俗に四万六千日ともいう。この日に参詣すれば、この日数に相当するという。朝から夕まで人々が群集して稲麻のようである〔群がり入り乱れている〕。境内で青酸漿《ほおずき》を商う。参詣者はこれを服して、瘧《おこり》あるいは小児の虫の根〔夜泣きや癇癪《かんしゃく》〕を切るという。この地は近隣より高台で、山上から眺望すれば、遠くは房総〔千葉県〕の山々が波の上に浮かび、近くは芝浦〔港区〕の風景が手に取るようで、沖を行く船も呼べば答えることが出来るように見える。祠《ほこら》の辺りは松や杉が鬱蒼《うっそう》としており、夏の日にこの山に登れば、わずかの間に三伏《さんぷく》の暑さ〔猛暑〕を忘れ、ほとんど仙境に遊ぶかと怪しまれる。

○小石川戸崎町〔文京区〕喜運寺の地蔵千日参りがある。土地の人は豆腐地蔵という。参詣者が多く、飾り物などがある。

○本所〔墨田区〕新久《あらく》愛宕社参りがある。清水橋の向かいである。

○神田岩元町〔千代田区〕地蔵参りがある。

○白金〔港区〕樹木谷覚林寺で清正公社祭礼があり、開帳がある。

○浅草〔台東区〕幸龍寺で清正公祭りがあり、開帳・千巻陀羅尼《だらに》がある。

二十五日

○〔江東区〕亀戸天満宮の名越《なごし》神事がある。早朝神池の辺りに弓矢などの仮初めに作ったものを並べ置き、夕方に至って祝詞《のっと》が終わってから神池に投ずる。昔は神輿を船に遷し、竪川《たてかわ》から一の橋の河口〔隅田川との合流点〕まで渡御があった。竪川（また浅草川とも）で行ったが、今は乗船の事は無い。今日神輿を出すのは、「みこし洗い」の意味であるという。

○大窪《おおくぼ》〔新宿区〕西向《にしむき》天満宮の祭礼がある。別当は大聖院。隔年に行う。昔は九月二十五日に行った。

二十六日

○南八丁堀〔中央区〕伊雑《いそべ》皇太神宮の祭礼がある。二十五日からこの辺りの賑わいは大方でない。町々に飾り物などがある。二十六日には十二座神楽がある。

○品川〔品川区〕妙国寺開山忌、天目上人の忌である。

○相州大山《おおやま》〔神奈川県伊勢原市〕の参詣者は、二十五日の頃から江戸を発《た》つ。江戸並びに近国近在からの参詣が多数ある。参詣者は木太刀を神前へ納め、また他の人の納めた物を持ち帰って守りとする。小さい物は七、八寸、大きい物は一丈余りに及ぶ。○初山《はつやま》（また朔日山という）〔参詣期間の初日〕は六月二十八日。○七日道《どう》は七月朔日。○相《あい》の山（また間《あい》の山）は盆前までをいう。盆山《ぼんやま》は十四日から十七日朝までのことをいう。

相州雨降山大山寺《あふりやまたいさんじ》は、江戸を去ること十八里、良弁僧都《ろうべんそうず》の開基で、真言宗高野山に属する。寺領百四十八石（内百石は不動御供料、四十八石碩学料《せきがく》）。別当は八大坊。坊舎ともに十二坊、脇坊六軒、外に大勧進、御師がある。本尊不動明王、次に前不動石尊大権現は二十八町山奥の頂にあって、傍らに大天狗《てんぐ》・小天狗の社がある。常は参詣を許さない。この月に限って登山を許す。それで遠近から参詣者が群れをなし、道中の宿々では昼夜往来が絶えず、賑わっていることは甚だしい。梅酢で染めた手遊びの竹鎗・挽き物細工などを土産とする。当月の登山の事は宝暦〔一七五一―六四〕の頃から始まったと言っている。
○石尊垢離取《こりとり》、大山参詣の者は大川に出て垢離を取り、後に禅定する。また重い病者がある時は、近隣の者が川にひたって当社を祈る。手ごとに藁しべを持って、高い声で祈念し、水中に投ずる。流れるのを良いとして、漂うのを悪いとするという。崔下庵《さいかあん》〔菊岡沾涼《きくおかせんりょう》〕が「『さんげさんげ、六こんざいしょう、おしめにはつだい、こんごうどうじ、大山大聖不動明王、石尊大権現、大天狗小天狗』という文を唱える。さんげさんげは慚愧懺悔《ざんきさんげ》である。ろくこんざいしょうは六根罪障《ろくこんざいしょう》である。おしめにはつだいは大峯《おおみね》八大である。ことごとく誤っているが、信の心をもって納受なさるのだろう。この事は中人以下の行いで、以上の人はない」と言っている。

二十七日

○湯島〔文京区〕霊雲寺の開山忌がある。開山浄厳《じょうごん》和尚の忌によって行う。
○南品川〔品川区〕諏訪社の祭礼がある。別当は妙国寺中真了院。

二十八日

○佃島〔中央区〕住吉明神の祭礼を、今日・明日行う。神主は平岡氏。小の月〔一ヶ月が二十九日の月〕は名越の祓と同日である。龍虎の頭が巡行する。二十九日の未の刻〔午後二時〕、神輿を海中に舁《か》き入れる。今日深川佃町〔江東区〕にも遥拝《ようはい》の社があって、祭礼が行われる。
○品川〔品川区〕妙国寺にて虫払いがある。古文書その他諸什器を拝させる。

二十九日

○〔台東区〕浅草寺にて盂蘭盆会《うらぼんえ》があり、一山の衆徒により観世音の前で行う。雷神門の前に施餓鬼《せがき》棚を設ける。

真先神明宮
夏越祓
視吾堂集
吉川惟足

真先神明宮夏越祓

晦日

○夏越《なごし》の祓《はらえ》があり、閏《うるう》月があれば閏月に行う。橋場〔荒川区〕神明宮の社前の川辺で行われ、人々が群集する。亥の半刻〔午後十時〕に終わる。その他、佃島〔中央区〕住吉明神社。〔港区〕芝神明宮〔酉の上刻〔午後五時〕〕、〔千代田区〕神田明神社〔戌の上刻〔午後七時〕〕。〔中央区〕新川大神宮、〔台東区〕鳥越明神社、五条天神宮〔下谷〔台東区〕〕、飯田町〔千代田区〕世継稲荷社〔酉の上刻〕、その他諸神社にある。神前で祝詞を奏し、神楽の興行がある。神事が終わって参詣の者に茅《ち》の輪を越えさせる。河辺から遠い社では、盥《たらい》に水を盛って、身曾貴《みそぎ》川に見立てる。

○この日、人々は紙で衣類の形に切って撫《な》で物〔身代わりの人形《ひとがた》〕とし、川へ投ずる。

○〔台東区〕浅草寺で花講《はなこう》があり、巳の刻〔午前十時〕に本堂へ別当・大衆が皆出仕して、唄散花《ばいさんげ》・経段・行道・供花・焼香の事がある。

○今日から七月晦日に至るまで、家々で戸外《こがい》に灯籠・提灯などを灯す。商坊《まち》には白張りの提灯を出すのもある。寺院は高灯籠などを出す。

○下旬、灯籠売りが歩く。

○今夜から〔台東区〕吉原仲《なか》の町《ちょう》両側の茶屋で、家ごとに揃いの提灯を出す。家々で互いに奇麗を争い、綾羅《りょうら》〔薄い絹〕で人物・草花・禽獣《とりけもの》の形、あるいは山水の風景を作り、軒より上、または往還に飾る。遊女の道中は正月に同じ。見物の人々で混み合い、店ごとに音楽を演奏して、その繁昌ぶりは喩《たと》えるものが無い。廓中《かくちゅう》の灯籠の始まりは、角町中万字屋《すみちょうなかまんじや》の名妓《めいぎ》玉菊《たまぎく》という者の三回忌の追善《ついぜん》として、享保十三年〔一七二八〕の七月に島の切子灯籠を出した。またその頃、破笠《はりつ》〔小川《おがわ》破笠、蒔絵師〕という者による技工で始まって、今のような壮観になったという。玉菊の伝は諸書に出て、人々の知る所である。そのため略す。

景物

蓮《はす》

○小暑の後、二十日頃から。

不忍池《しのばずのいけ》は江戸第一の蓮池である。荷葉《かよう》〔ハスの葉〕が茂って水面《みなも》を蓋《おお》い、蓮萼《れんがく》〔ハスの花ぶさ〕が婉々《えんえん》として〔美しくしなやかで〕、鮮やかに潔く、芳香がまた他より勝れている。これを賞する騒人〔風流人〕は黎明《あけがた》からこの地に逍遥《しょうよう》〔散歩〕する。妙音天の祠《やしろ》の環《めぐり》に拍戸《りょうりや》が多く、家ごとに荷葉飯《はすのはめし》を商う。当所の名産とする。赤坂溜池《ためいけ》（不忍に続いて多い）同御門外、市谷御門外、増上寺中芙蓉洲《ふようしゅう》（中島に弁天の祠がある）、隅田川〔墨田区〕木母寺《もくぼじ》、同所の北、丹鳥の池など多い。

牽牛花《あさがお》

○所々の植木屋、寺島村百花園など多い。文化〔一八〇四―一八〕の末からこの花の奇品を鑑賞することが世に行われ、名花も従って少なくない。また培植が次第に巧みになり、千態・万色無い物は無い。都鄙《とひ》の好事家《こうずか》はこのために莚会《むしろかい》を設け、早朝に数多の盆花を携えて来て、優劣を定め、新たに名を競った。どれも形が珍しいと言っても、多くは異様の物で、愛玩するに足らない。それで四、五年の間で文政〔一八一八―三〇〕の初めから絶えたのも道理である。

○往還、朝顔の鉢植えを売り歩く。

紫草《むらさき》

○武蔵野に自生する草である。今は畑に作り、春分に種を下《おろ》し、夏月に白花を開く。形は桔梗《ききょう》に似て少し小さく、秋に至って実り、冬に至って根を掘り軒に乾かす。〔家康の〕御入国以来、江戸は繁花になり、紫染めの絹布を女子が好んでもっぱら流行したことから、中世に江戸紫といって名物になった。今近在にあるのを里根と称し、奥州南部津軽領から江戸へ運送するものを山根と称する。その他諸国から出る中でも、薩州〔鹿児島県〕・奥州南部《なんぶ》〔青森県東部・岩手県北~中部〕・羽州最上《もがみ》〔山形県北東部〕から出るものを上とするという。

『古今』

むらさきの一本《ひともと》ゆゑに武蔵野の草はみながらあはれとぞ見る　詠み人知らず

『小野小町集』

武蔵野におふとし聞けばむらさきのその色ならぬ草もむつまじ

○虫売りが縁日ごとに出る。虫籠の細工に手を尽くして、美麗な物がある。

住みなれし元の野原やしのぶらんうつすむしやに虫のわぶるは　光俊

○手遊び舞灯籠、ほおずき提灯、その他色々の灯籠・提灯を神仏会日などに商う。

巻之三　秋之部

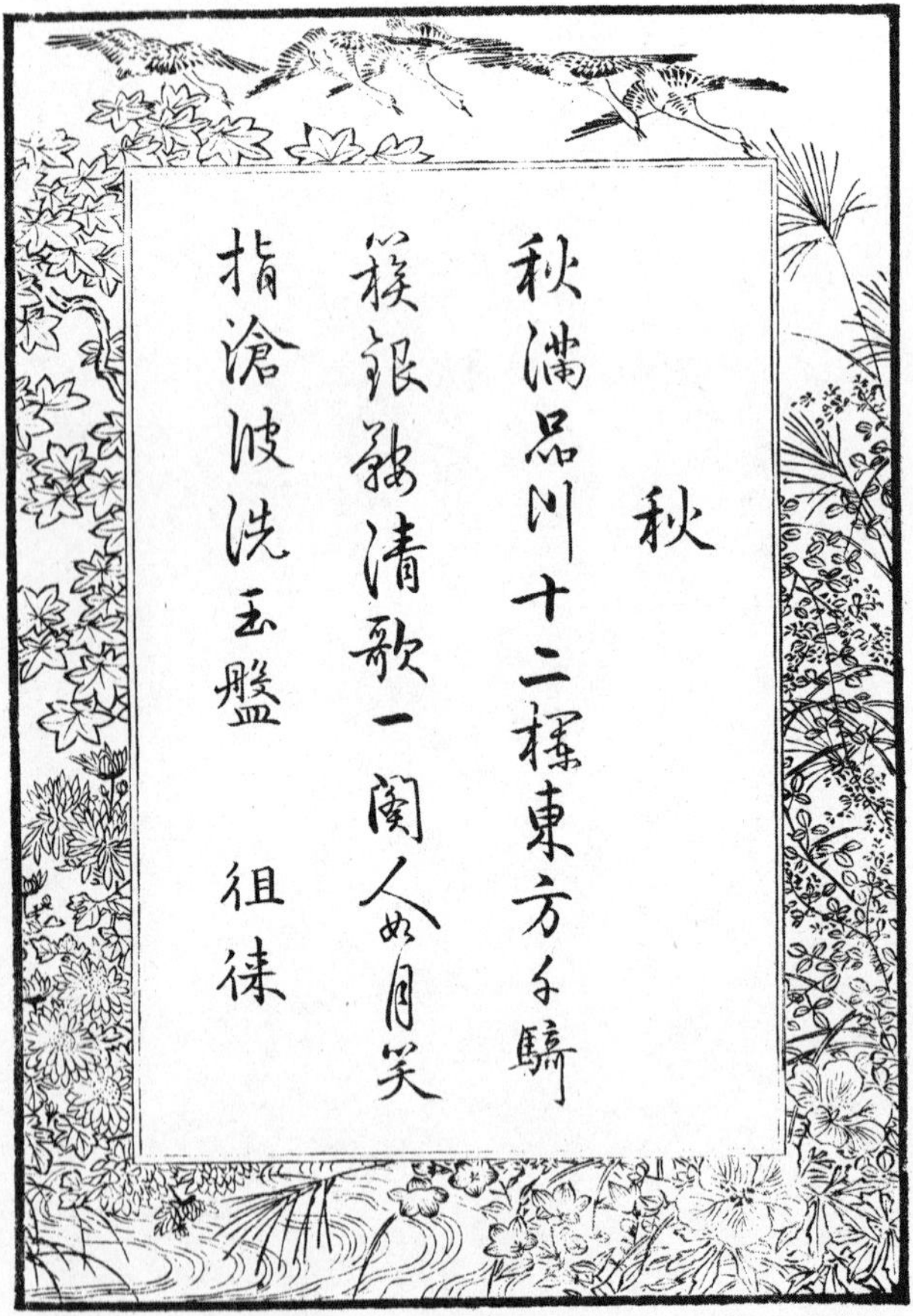
秋
秋満品川十二楼東方千騎
簇銀鞍清歌一関人如月笑
指滄波洗玉盤
徂徠

秋　秋は品川十二楼に満つ　東方の千騎銀鞍簇(むら)がる　清歌一たび関(や)みて人は月の如し　笑ひて指す滄波の玉盤を洗ふを　　徂徠

七　月

朔日《ついたち》

○本所〔墨田区〕羅漢禅寺の施餓鬼《せがき》〔法要〕を、今日から晦日《みそか》まで行う。毎日羅漢供養、盂蘭盆《うらぼん》経読誦《どくじゅ》があり、十六日・二十五日・晦日には大施餓鬼を行う。川施餓鬼は今は無い。修行中に人々が群集する。

○当日は諸寺院で施餓鬼が行われ、全てを記すことはできない。そのため、一、二の例を掲げる。

○水道橋〔千代田区〕三崎《みさき》稲荷社では、疱瘡《ほうそう》の神薬切手を出す。これは八月「二の午日」の項にある。

○〔目黒区〕目黒不動の南、中延《なかのぶ》八幡宮では、霊宝虫払い並びに説法がある。源頼義朝臣が当八幡宮神像を義家に譲られた状がある。

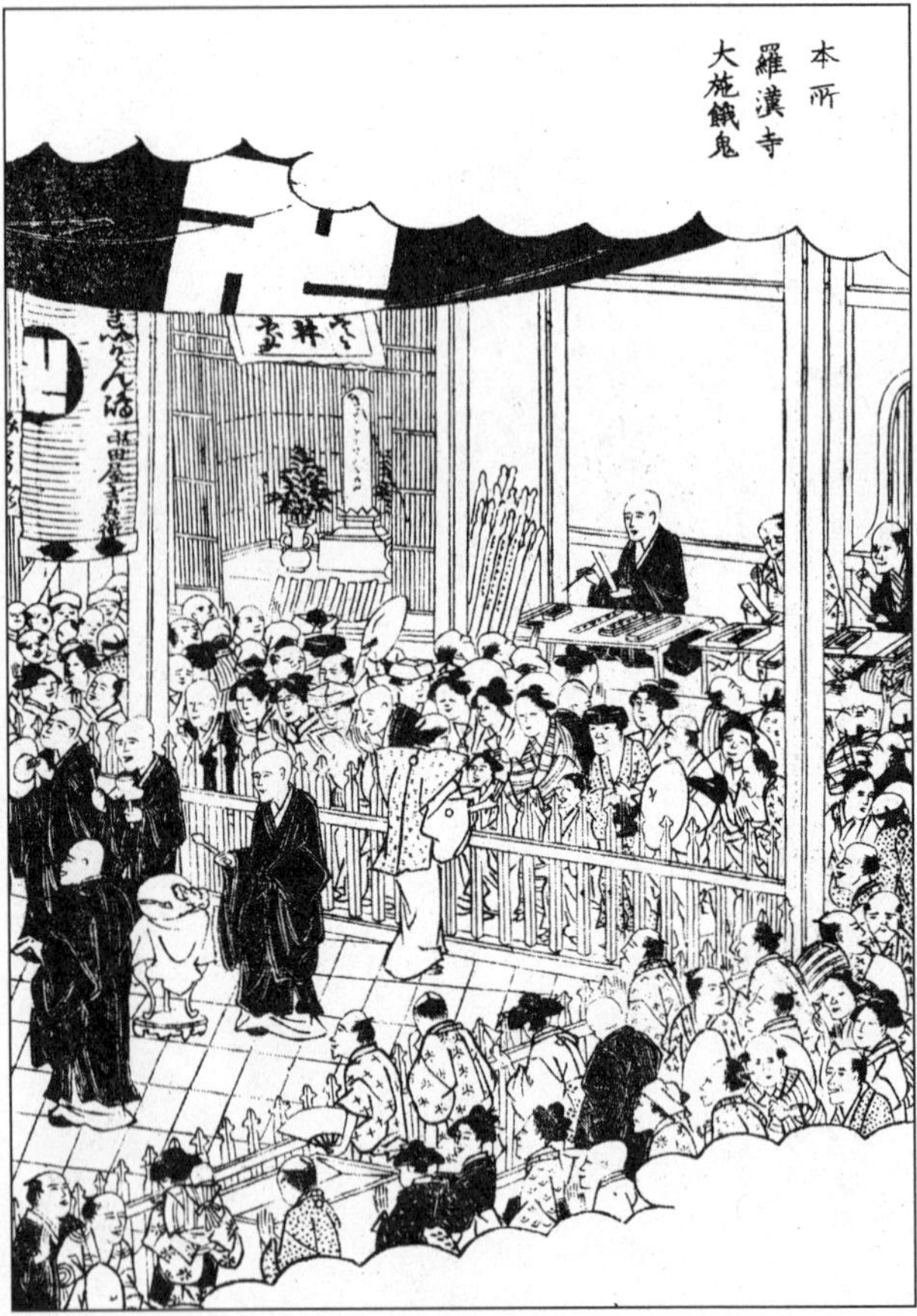
本所
羅漢寺
大施餓鬼

本所羅漢寺大施餓鬼

二日

○煤払《すすはら》い・虫払いがある。今日から十三日までの間、晴天を選び、屋中の煤を払い、また蔵書・衣類・器物などの虫払いをする。商家では家の前に幕を張って商い物をさらす。寺院の什物《じゅうもつ》、神社の霊宝の虫払いは日に大方定まりがあって、内拝を許す。

四日

○本所〔墨田区〕回向院《えこういん》から千住小塚原《せんじゅこづかっぱら》〔荒川区〕の別院で大施餓鬼修行がある。これは、刑死した者の迷魂の解脱のために行う所である。

『視吾堂集』

あきらけき道の教へにまどはねば罪に落ち入る人しもぞなき　吉川惟足《これたり》

六日

○今朝未明から、家ごとの屋上に短冊竹を立てる事が多く、市中では技巧を尽くして色々な作り物をこしらえ、竹とともに高く出して、人の見るものとする事が近年の習わしである。

七日

○七夕《しっせき》御祝儀があり、諸侯は白帷子《しろかたびら》で御礼に参上する。今夜人々供物を連ねて二星に供し、詩歌を捧《ささ》げる。各家では冷素麵《そうめん》を食べる。

○吉原の遊女は各々七夕祭りをする。

　三ツ股や江戸の硯《すずり》の洗ひ隈《くま》　沾井

○〔江東区〕亀戸天満宮で七夕和歌連歌会がある。○同神宝虫払いが今日から九日まである。みだりに拝礼を許さない。菅公〔菅原道真〕の天国の御太刀、菅神御真筆並びに御持ち物が出される。○法性坊御真筆、太閤《たいこう》秀吉公持ち物、紅葉の文台など、種々の神宝がある。

○七夕立花会《しっせきりっかえ》が、東本願寺〔浅草〕、西本願寺〔築地〕である。各々数瓶《すびん》の立花、砂の物があり、人々の見物を許す。京都の両本願寺また六角堂池の坊の立花も牛女《ぎゅうじょ》〔牽《けん》牛星《ぎゅうせい》と織女星《しょくじょせい》、つまり彦星と織姫〕に手向ける意味だという。江戸もこれに倣う。

○浅草〔台東区〕東本願寺の中徳本寺にて什宝虫払いがある。本多佐州侯の佐野善左衛門殿の遺物を拝させる。

○浅草報恩寺にて什宝虫払いがあり、親鸞上人《しんらんしょうにん》回国の笈《おい》、真蹟《しんせき》などがある。

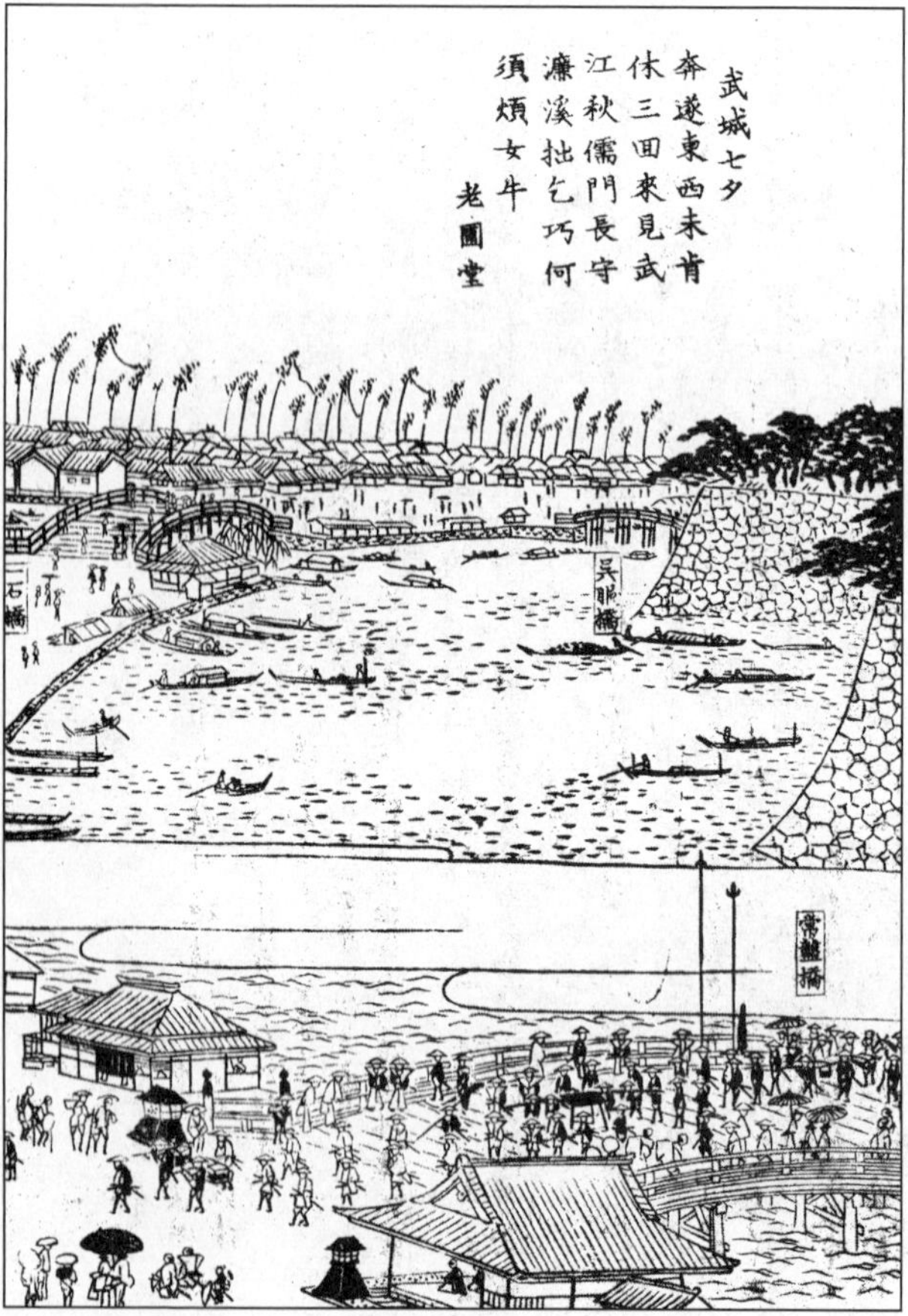
武城七夕
奔遂東西未肯
休三田来見武
江秋儒門長守
濂渓拙乞巧何
須煩女牛
老圃堂
一石橋
呉服橋
常盤橋

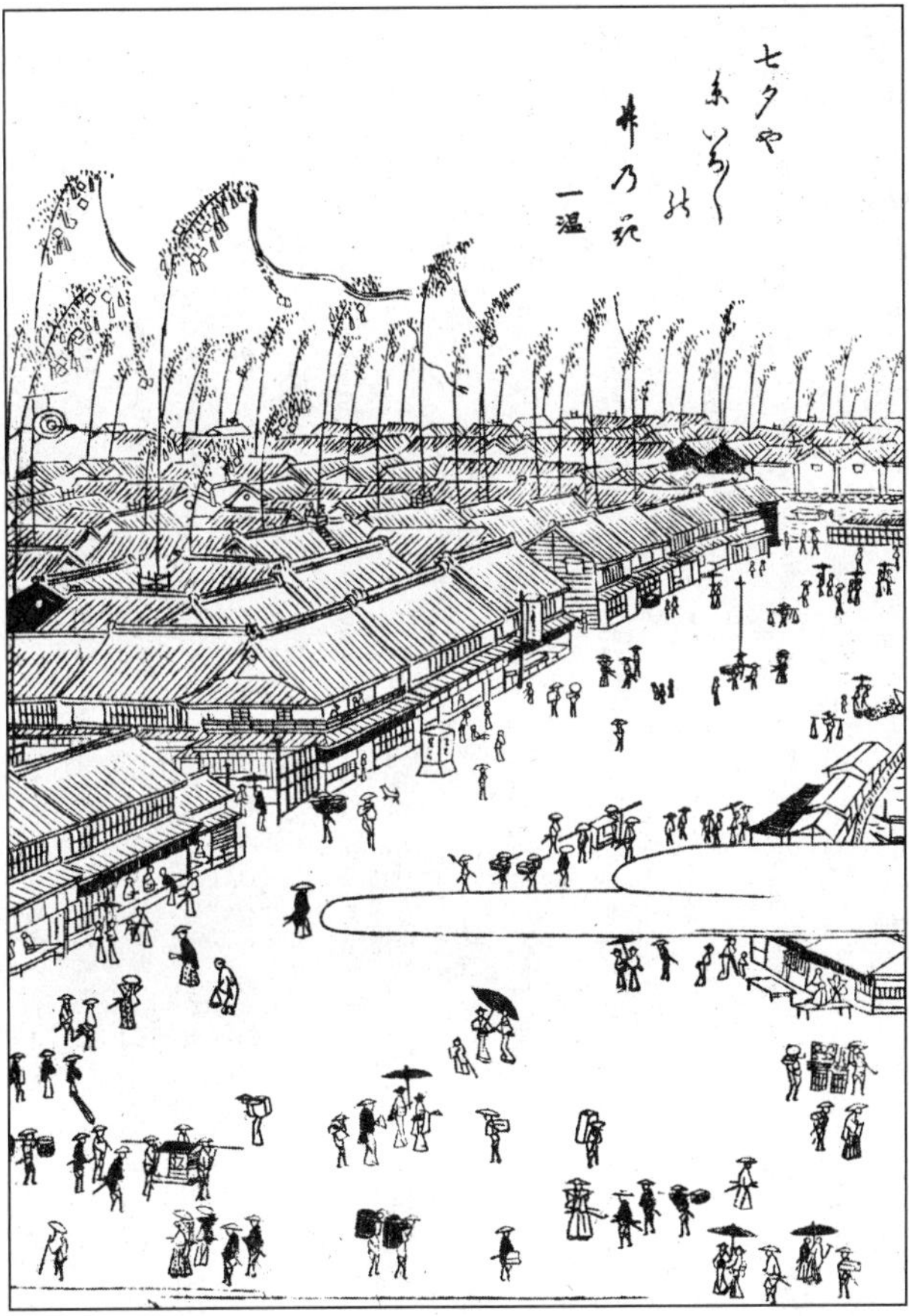

武城七夕

○〔大田区〕池上本門寺で什宝虫払いがあり、日蓮上人筆注法華経、同筆遺物目録、同真筆消息、貞宗《さだむね》の太刀、その他種々の霊宝があって拝を許す。

○〔千葉県市川市〕中山法華経寺で什物虫払いがあり、宗祖上人筆曼荼羅《まんだら》並びに消息、上人の持ち物、その他諸什器を拝させる。江戸から参詣者が多い。

○〔千葉県市川市〕真間弘法《ままぐほう》寺、同所総寧寺にて什宝虫払いがある。

○雑司ヶ谷〔豊島区〕法明寺にて什宝虫払いがある。

○奥沢村〔世田谷区〕浄真寺の九品仏《くほんぶつ》参りがある。

○本所〔墨田区〕回向院で大施餓鬼がある。明暦三年丁酉《ひのえとり》〔一六五七〕正月十八日・十九日、江戸大火の時の焼死・溺死の亡魂の追善の為に行う。

八日

○同寺で仏餉施入《ぶっしょうせにゅう》の檀主《だんしゅ》、現当両益《げんとうりょうやく》の法事修行がある。

九日

○観音千日参りが今日・明日行われる。俗に四万六千日とも言う。この日詣でればこの日数に相当するという。〔台東区〕浅草寺では、両日の間、昼夜参詣の老若が引きも切らない。境内の本堂の傍らで赤い蜀黍《とうきび》を商う。参詣者が求めて雷難除《よ》けの守

寺院什宝曝涼（むしはらい）

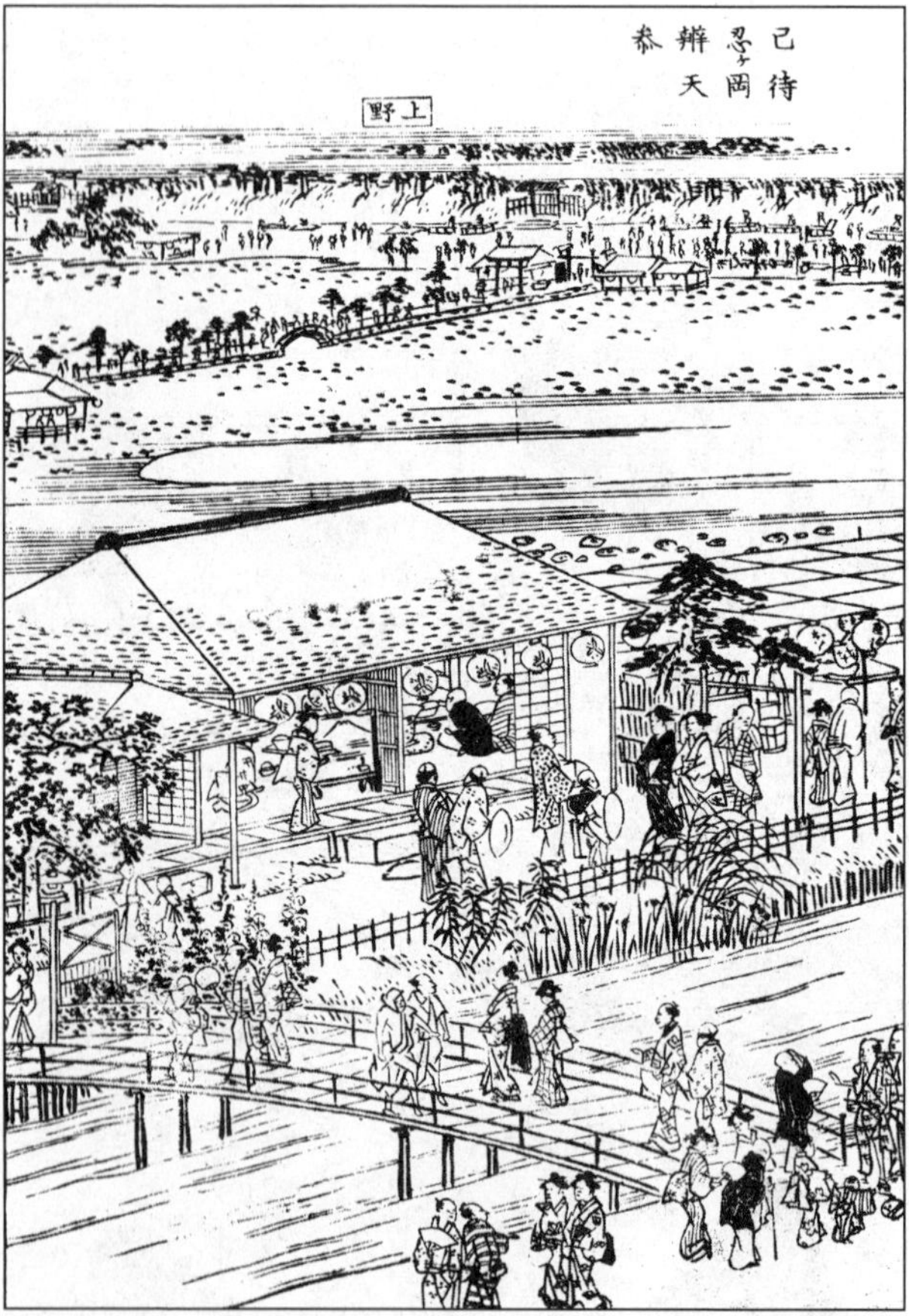
己待
忍ヶ岡
辨天
参
上野

巳待ち忍ヶ岡弁天参り

りとする。今日は本堂では修法は無い。通夜〔夜に参詣する〕の者が多い。他に、本所〔墨田区〕回向院一言《ひとこと》観音（開帳あり）、本銀《ほんしろがね》町〔中央区〕四丁目、日本橋〔中央区〕（白木屋呉服店）、三田〔港区〕魚籃《ぎょらん》（浄閑寺）、四谷〔新宿区〕南寺町汐干観音（真成院）、青山〔港区〕泰平観音（開帳あり、梅窓院）、麹町《こうじまち》〔千代田区〕八丁目栖岸《せいがん》院《いん》、牛込〔新宿区〕神楽坂上襟掛《えりかけ》観音（行元寺）、大塚〔文京区〕護国寺、駒込〔文京区〕大観音（光源寺）でも行われる。どれも赤い蜀黍を商う事は浅草に同じ。最近始まった事で、その由来を知らない。

○十日の夜に、例年両国〔墨田区〕で花火がある。

十二日

○草市《くさいち》また盆市とも言う。精霊《しょうりょう》祭りの魂棚《たまだな》の飾り物の市である。どれも卯《う》の刻〔午前六時〕から始まる。鼠尾草《みそはぎ》・麻殻《おがら》・白黄の茄子《なす》・真菰《まこも》・瓜《うり》・茄子などで作った牛・馬、灯籠、その他種々の供物、供花などを商う。

　草市やかむろが袖にきりぎりす　作者不知

吉原〔台東区〕仲の町、深川〔江東区〕櫓下《やぐらした》、小石川〔文京区〕伝通院《でんづういん》前、本所〔墨田区〕四ツ目、根津〔文京区〕門前が知られる。

十三日

○同市が立つこと前に同じ。日本橋の南北、両国〔墨田区〕広小路、人形町〔中央区〕、今川橋の北、神田松下町、筋違《すじかい》御門外、上野広小路〔以上、千代田区〕、浅草茅町《かやちょう》、浅草駒形《こまかた》、同雷神門前〔以上、台東区〕、本所〔墨田区〕中の郷、深川〔江東区〕森下町、本郷通り〔文京区〕、白山《はくさん》〔文京区〕、牛込〔新宿区〕通寺町、市谷〔新宿区〕谷町、麴町、四谷御門外、同天王御旅所前、元飯田町中坂〔以上、千代田区〕が知られる。

○精霊祭を、今日から十六日に至るまで行う。各家で聖霊棚を設け、決まった供物を捧《ささ》げて先祖を祀《まつ》る。この間僧を迎えて読経するのを棚経《たなぎょう》という。十三日の夜、迎え火として麻殻を焚《た》く。十六日朝、送り火としてまた麻殻を焚く。この内を俗に盆中といい、人々は先祖の墳墓に詣でる。盆の中、托鉢《たくはつ》の僧が多く来る。

○盆の中、市井の女児は街に連なって歌を唄い歩く事が毎夜やかましい。唱歌は記すに堪えない。ただし盆踊りの余風であろう。『江戸名勝志』の延宝五年〔一六七七〕の事を記した項に、七月江戸中で踊りが始まって美麗を尽くし、国家から制禁があった旨を記してある。享保二十年〔一七三五〕刊の『続江戸砂子』に「小町踊りは、十二、三以下の少女が腰帯のような物を襟に掛けて襷《たすき》とし、団太鼓《うちわ》といって団扇の

盆市
卓袋

盆市

盆中珠来の圖
御伽羅之油

盆中往来の図

ような太鼓で拍子を取って歌う。踊るのでなく、ただ群がって歩いて行くのである。男子はこのことをしない」などとある。なおその頃の風俗は柳亭某《りゅうてい》〔柳亭種彦〕の『還魂紙料』に出ている。

○〔北区〕王子権現の祭礼がある。別当は金輪寺。寺中十二坊から田楽踊り十二番を出す。俗にびんざさらの祭りという。昔は若一《にゃくいち》王子の典薬《てんやく》踊りと言ったと『江戸砂子』にある。大田南畝《なんぽ》子の『武江披抄《ぶこうひしょう》』には、典薬でなく典楽であるとある。そうであろうか。

○参詣の者は、神前に小さい鎗《やり》を納め、先に余人の納めた鎗と取り替えて家に収め、火災・盗難除けの守りとする。翌年この鎗に一本を添えて奉納する。そのため鎗祭ともいう。十二日未《ひつじ》の刻〔午後二時〕に踊りの慣らしがある。当日は午《うま》の刻〔正午〕である。当日は群集が多いので、詳しく見る事が出来ない。踊りの古雅なのを見ようとするなら、この日に詣でるべきである。今日掛ける所の踊りの番付は、赤井得《とく》水《すい》の筆である。その式は次に記す『田楽の記』に譲る。踊りの名目は次の通りである。

［一番］中門口《ちゅうもんくち》、［二番］道行腰筰《みちゆきこしささら》、［三番］行違《ゆきちがい》腰筰、［四番］背摺《せすり》腰筰、［五番］中居《なかい》腰筰、［六番］三《みつ》拍子腰筰、［七番］黙礼《もくれい》腰筰、［八番］捻三度《ひねりさんど》、［九番］中立《なかたち》腰筰、［十番］搗《つき》筰腰筰、［十一番］筰流《ささらながし》、［十二番］子魔帰《こまがえり》、以上。

七月十三日　王子権現社祭礼

其二

鶴岡放生會職人歌合
田樂

ちらちらく
中門に乃
ちちひ
ゆらあつき
月は

或云
後青光圀摂政

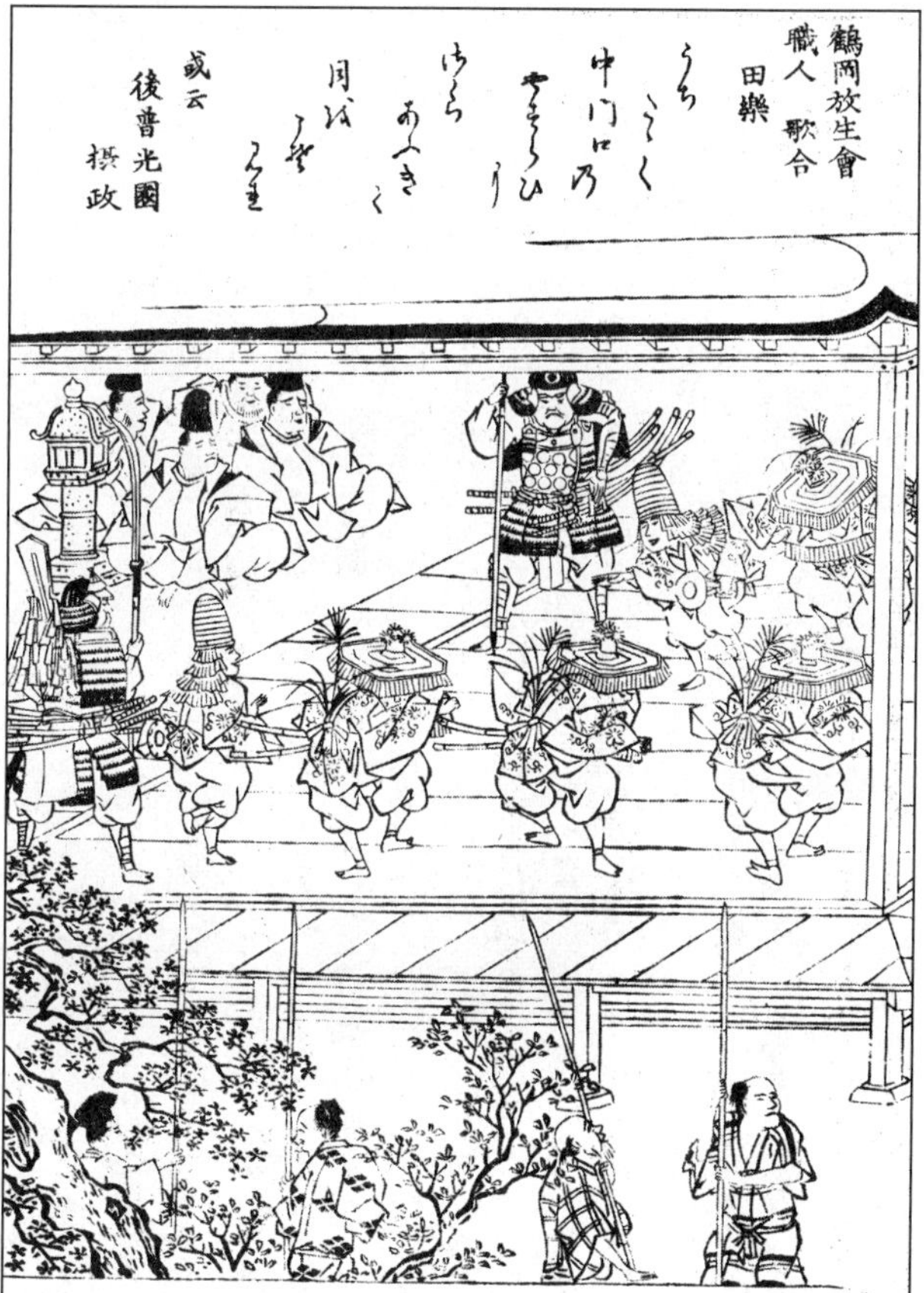

その二

酔竹老人『王子田楽記』は「氏子たちの爽やかに出《い》で立った十余人、色取った竹の鎗を持ち、どよめき渡って拝殿の前に来て、南北にわたって挑み戦う様は、神軍《みいくさ》の余波《なごり》であろう。果ては竹鎗を置いて去るのを、物見の人はどよみ渡って取る。はなはだ無作法である。とばかりあって、物の具を着た法師が破竹《わりたけ》を杖にして御先を追うのに、水干《すいかん》に太口を着た稚児《ちご》二人、素襖《すおう》・烏帽子《えぼし》を着た者を多く引き連れて、御寺の大徳《だい》《とこ》が金襴《きんらん》の袈裟《けさ》に襟を立てた衣を華やかに着飾って練り出なさるのははなはだ尊い。社殿の前にそっと上り、御神に額《ぬか》ずいて縁の上に座られる内に、白張《しらはり》を着て立傘を持った者が、御寺から走って来て、社殿の前に向かい、はなはだ奔走し、また御寺に入る事が数度で、これを七度半の使いと言って、神軍の真似であるという。その後で物の具を備えた法師が二人、一人は白幣《にきて》に、一人は半月に薄《すすき》の指物をし、いかめしい剣太刀七振りを各々左右に負って（長刀《なぎなた》を持ち）、さも異様に出で立った跡から、先の児《ちご》の装束に瓔珞《ようらく》めいた被《かず》き物の作り花を挿し、筰《ささら》を手に持った舞人八人が拝殿に練り登りながら舞う様はまことに昔風である。囃《はや》し物は笛・太鼓だけで、耳慣れない拍子を取り、各々入り違い踊るようである。（中略）中に七十ばかりの翁《おきな》が普通の老人には似ず、様子が異なるのが何度も大いに感嘆して涙をさえ落とすのに、見る人は『まことに興ある翁である。こういう物を感動する眼に、大江戸の二つの町の芸人を見せたら、どれほど惚《ほ》れ惑ってしまうだろう』と驚きあきれるのを、聞きも知らぬ様子をした者が、あまりに心憎いので、そばへ寄って『我らも田楽という物を今日初めて見た。まことに古風な物である。翁は度々見られたのであろう』というと、ほほ笑んで『昔中国の畏《かしこ》い帝《みかど》さえ古楽を聞いては眠ることを思うとおっしゃったのだから、今風にだけ耳慣れた大江戸人は、見所が無いと思われるのは道理である。翁は世の餼羊《きよう》〔生贄《いけにえ》の羊〕を惜しむのである。都にはなお神楽《かぐら》・催馬楽《さいばら》・東郢曲《えいきょく》などは言うまでも無く、今宮の神事にもやすらい花など慈鎮《じちん》の家集にもあるのが今に残り、南都春日《かすが》の祭りにも田楽を今でもしますけれど、関のこちらには絶えて昔の面影も無い。ただこの御祭だけが昔を残しますので、毎年参ってはや七十年余りになった』と言うので、なお知りたくて『さてこの田楽はいつのころから起こったのか』と言うと『いや深い事はろくでなしの翁は知らないが、前の年に『朝野群載《ちょうやぐんさい》』というものを見たところ、江ノ帥《ごうのそち》〔大江匡房《おおえのまさふさ》〕の『洛陽田楽記』にも、その起こる所を知らないと申している。おおむね永正〔永保（一〇八一―八四）か〕の頃、郁芳門院《いくほうもんいん》が殊に愛《め》で興じなさったことから、布衣《ほい》〔六位以下の者〕から縉紳《しんしん》〔官位の高い人〕の方々まで我先に興じ、錦繍《きんしゅう》で衣とし、金銀で飾りとし、富者は家産を傾け、貧者もこれに及ぼし、洛中は狂ったようで、著名な『後拾遺』の撰者《せんじゃ》である通俊朝臣《みちとしのあそん》さえも藺沓《りんとう》を着て舞い興じなさったのを見ると、朝市の興じた様が知られる。その後堀河院の永長〔一〇九六―九七〕の頃も、勅して侍臣に田楽の形勢《ありさま》をまねて、異様な服を着るとあるから、来由は遠い。鎌倉の代に、あの入道が興じて、諸侯・太夫が品々に弄んだのは元弘〔一三三一―三四〕の頃の記にも見えますから、言うまでも無い』などと語る間に、舞踏も終わって、先の厳《いか》めしい警衛の法師が被り物を取り捨てるのに、舞人《まいて》も各々かざしの花を取り捨てるので、物見の人々はいつものようにどめき渡って転がり取る時に、大徳〔高僧〕も舞人も逃げるようにして御寺に入られるので、潮《うしお》の湧き返るように数千の人々が連れて出るのに紛れて、翁もどちらへ去ったか知らず、もっと尋ねようとおもうことがあったが、甲斐が無かった」とある。

十四日

〇今夜並びに十五日夜、上野〔台東区〕慈眼堂の後ろ、御門主御廟所《びょうしょ》へ男女雑人が参詣を許される。酉《とり》の上刻〔午後五時〕から戌《いぬ》の上刻〔午後九時〕までである。慈眼堂の門前へ三十六坊から献灯の提灯《ちょうちん》が出て、白昼のようである。

〇〔台東区〕浅草寺にて施餓鬼があり、巳《み》の刻〔午前十時〕本坊で行う。

十五日

〇中元《ちゅうげん》の御祝儀があり、荷飯《はすのめし》・刺鯖《さしさば》を時食《じしょく》とする。刺鯖はその色が青紫のものを上とする。能登《のと》産を上品とし、越中がこれに次ぐ。

○庶民の生身魂《いきみたま》の祝いがある。七月の盆に、亡者の霊魂が来ることを言って祀るのから移って、現存の父母兄弟などの生身魂を祝う意味であるという。
○雑司ヶ谷〔豊島区〕鬼子母神の更衣《ころもがえ》として、今夜から同所法明寺で相撲があり、十八日まで興行する。
○麻布〔港区〕善福寺蔵王権現の祭礼・相撲興行があったが、近年は祭礼・相撲ともに行わない。
○小塚原〔荒川区〕蔵王祭と角力《すもう》があることが前板の書〔『江戸名所図会』〕に見えているが、今は社の所在さえ知れない。
○禅家の諸寺院にて大施餓鬼を行う。牛島〔墨田区〕弘福寺（夜中に行う）、白金〔港区〕瑞聖寺、下渋谷〔港区〕長谷寺、青山〔港区〕海蔵寺、品川〔品川区〕東海寺（今日並びに十六日山門で行う）、同南番場大龍寺（八日・十五日・十六日・二十四日に行う）が知られる。
○音羽町〔文京区〕洞雲寺の施餓鬼を、今日・明日夜中に行う。どれも大方夜中に行う。
○吉原〔台東区〕仲の町で灯籠を飾り改める。ただし当月晦日に至る。「後の灯籠」と名付けて、家々で好みの灯籠を出し、ひときわ見事に飾るのである。

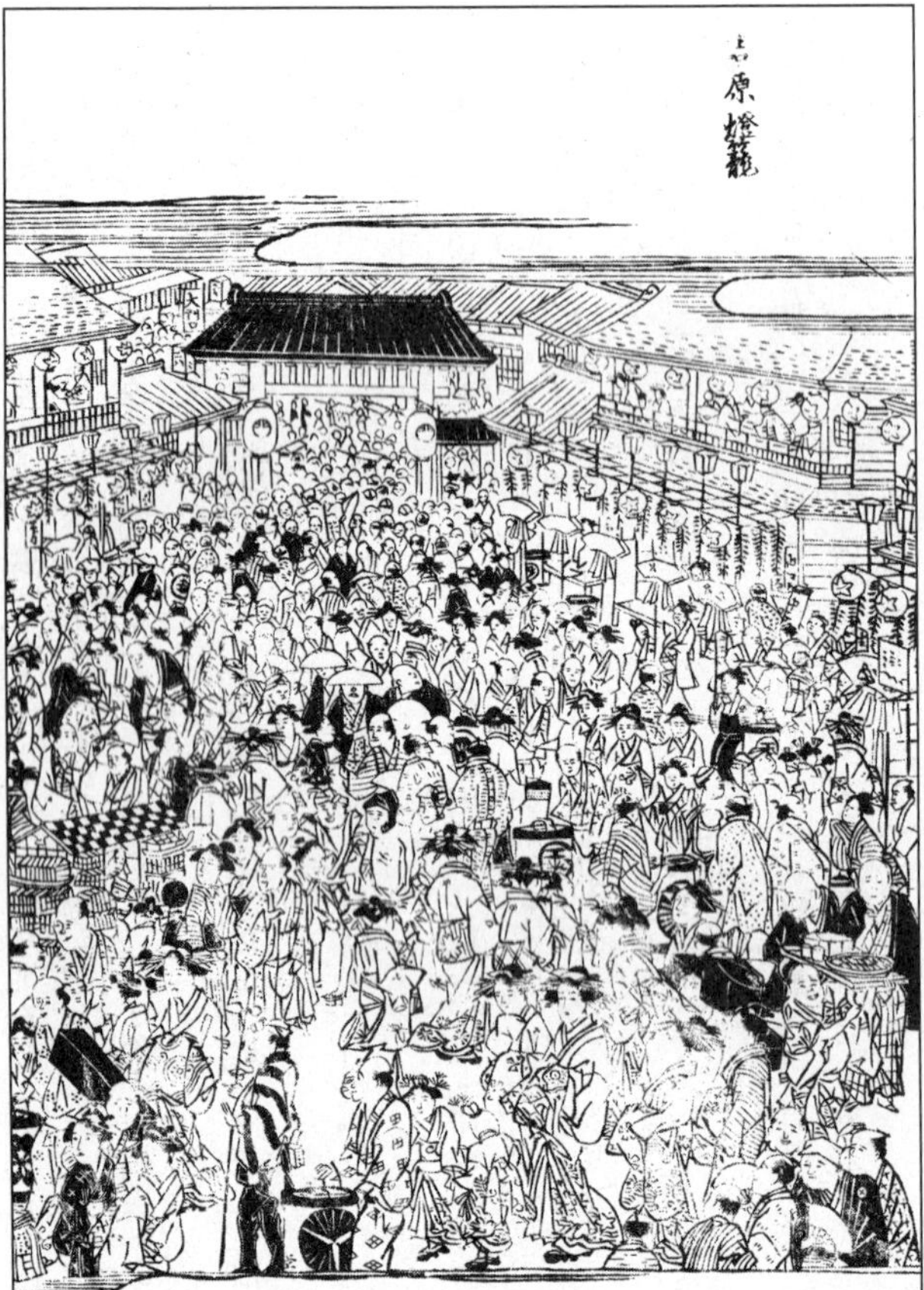
よし原燈籠

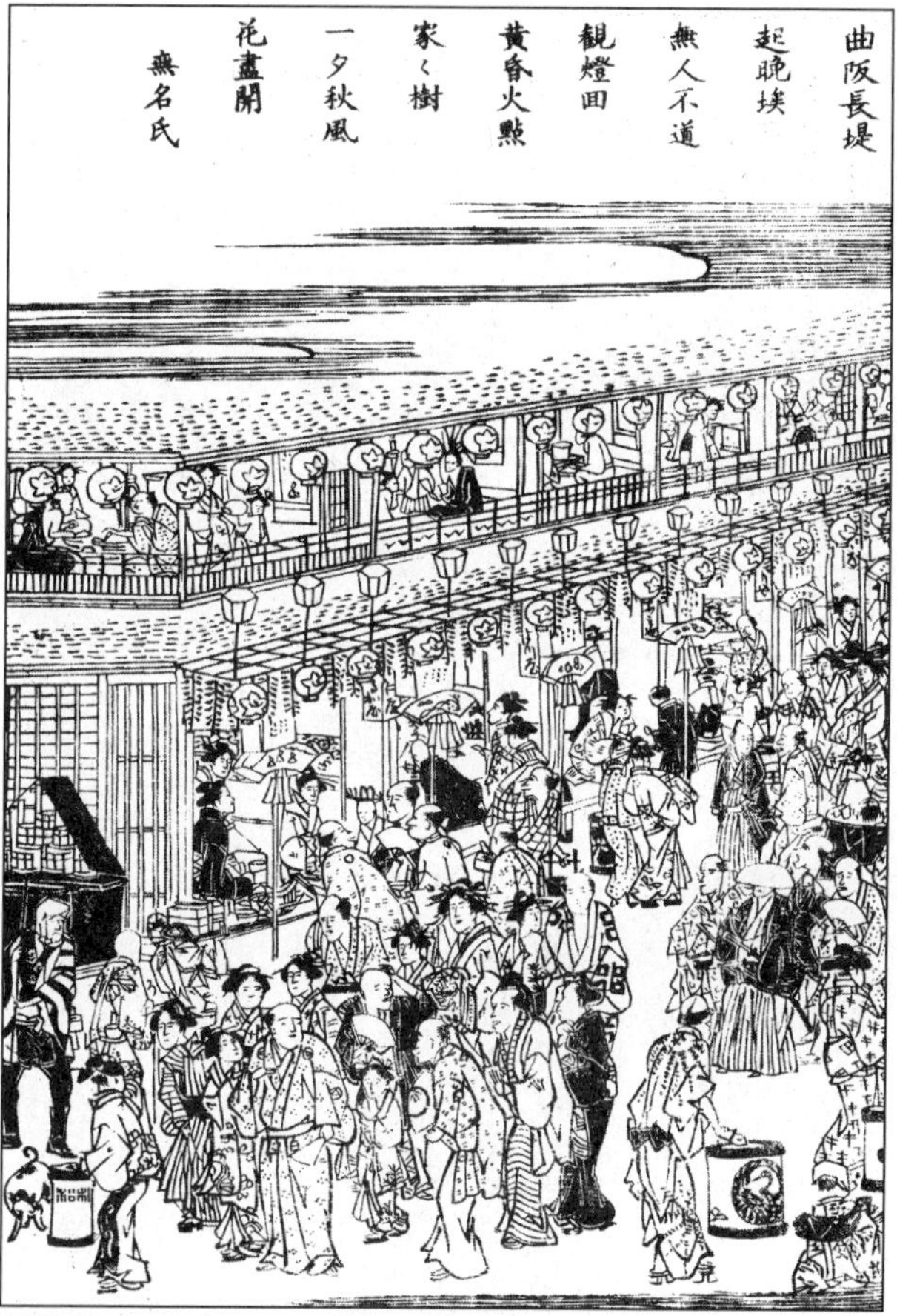
曲阪長堤
起晩埃
無人不道
観燈回
黄昏火點
家々樹
一夕秋風
花盡開
無名氏

吉原灯籠

十六日

○閻魔《えんま》参りがあり、閻魔の斎日という。参詣の場所は正月十六日の項に記す通りである。
○東叡山（輪蔵も開く）、増上寺、浅草寺が山門を開き、人々に登楼を許す。
○品川〔品川区〕東海寺、高輪〔港区〕泉岳寺（正月のようである）、同東禅寺（朝の内）が山門を開く。
○商家で使用人の後の藪入《やぶい》りがある。正月十六日に同じく、主人の暇《いとま》を得て随意に歩き廻《まわ》る。
○今日から二十二日まで、本所〔墨田区〕押上の最教寺で、虫払いで日蓮上人筆の旗曼荼羅《まんだら》を拝させる。弘安四年辛巳《かのとみ》〔一二八一〕五月、鎌倉将軍惟康《これやす》親王が曼荼羅の威徳によって蒙古《もうこ》〔モンゴル〕の夷賊《いぞく》の退治をした所である。境内七面堂に掛けて拝させる。
○小日向《こびなた》〔文京区〕龍興寺にて五百羅漢の掛物《かけもの》を掛ける事、正月十六日のようである。
○湯島〔文京区〕霊雲寺にて什宝虫払いがある。名筆仏画、両界曼荼羅、その他掛物が多い。
○同麟祥院《りんしょういん》、従二位春日局《かすがのつぼね》の影像を拝させる。正月十六日のようである。
○深川〔江東区〕寺町海福寺にて施餓鬼がある。

（七月十六日　押上真盛寺閻魔参り）

○小梅〔墨田区〕常泉寺にて虫払いがあり、祖師真筆の題目などを拝させる。
○川口〔埼玉県川口市〕善光寺で阿弥陀《あみだ》の開帳がある。
○目黒〔目黒区〕祐天寺で弥陀経千部が二十五日まで行い、音楽などがある。人々が毎日群参する。この間、霊宝を出して拝させる。開山祐天大僧正八十二歳等身の真影（木像）、同八十歳真影（画像）、同八十二歳臨終真影（画像）、同遺骨舎利、同舌根、剣難七太刀身代わり名号、狼牙《ろうが》落ちの名号、火中出現の名号、疱瘡守り名号、火車来現名号、火防ぎ守り、開山三十六歳で累女済度の真影、開山累済度の如法衣二十五条袈裟、伏鉦《ふせがね》並びに撞木《しゅもく》、応神天皇御作阿弥陀如来、中将姫感得阿弥陀如来、聖徳太子御筆名号、嵯峨光仏聖徳太子自然《じねん》行道舎利、雲越阿弥陀如来、悦峯禅師書簡、円光大師御自作真影、同筆紺紙金泥十念名号、一枚起請文《きしょうもん》、鎮西聖光上人筆、開山長悦の像（祐天僧正の像である）、蜀紅錦《しょっこうにしき》九条袈裟、藕糸《はすいと》五条袈裟、玄宗皇帝硯箱《すずりばこ》並びに駅路の鈴、開山本地身地蔵尊の像など、その他仏画・仏像の類《たぐい》が多い。
○奥沢村〔世田谷区〕浄真寺（九品仏）で什宝虫払いがあり、十八日まで拝を許す。霊宝が多い。ここに十分の一を記す。普《あまね》く世人の知る所である。芝枯大名号（幅九尺、長さ十三間）、聖徳太子御筆名号、弘法大師筆名号、同筆金泥光明名号、善導大師筆名号、中将姫作蓮糸名号、同筆称讃浄土経、文覚筆般若心経《はんにゃしんぎょう》、開山の杖、咸陽《かんよう》宮《きゅう》瓦硯、光明臥《ふ》せ鐘、珂憶《かおく》上人筆二河白道《にがびゃくどう》の図、同筆善導大師御影、同筆円光大師御影、沢庵《たくあん》和尚筆蹟、九品浄土大曼荼羅、珂憶上人筆名号、円光大師筆名号、亡者の文〔某侯の家士堤勘左衛門の先妻の死霊が後妻を悩ましたので、同藩の若奈某が当寺開山珂碩《かせき》上人に謁して救済を乞うた。上人は三日の間施餓鬼を行いなさった所、その夜今まで物を書かない妻女が筆を執って、悪業を免れる事を喜んで、若奈某へ書き残した文である〕、血の池の帷子《かたびら》（これは、本芝材木町の商家鳥羽屋某の妻が難産で死んだのが、同じ上人の応化によって成仏し、この帷子を残したという）などがある。四月三日の項でも述べた。

○吉原〔台東区〕京町二丁目旭《あさひ》如来の開帳がある。旭丸屋甚左衛門が奉仕する。参詣が多い。

十七日

○本郷〔文京区〕六丁目喜福寺にて施餓鬼がある。

十八日

○〔港区〕増上寺の開山忌があり、開山西誉《ゆうよ》上人聖聡大和尚の御忌によって法筵《ほうえん》を設けられる。今日巳の刻〔午前十時〕に大鐘を撞《つ》き、全山並びに近在末寺の衆僧が方丈から列を揃えて本堂へ出仕する。程なく開山堂から開山上人の木像を四方輿《しほうごし》にお据えして本堂へお移しする。途中で天蓋をかざして散花《さんげ》がある。住職は轅《ながえ》に乗って、衆僧・行者・童子・布衣《ほい》・素襖《すおう》・退紅・白張などの従者を連れられて参堂がある。音楽・読経・行道などの事が終わって、午の刻〔正午〕に退散する。この時に参詣の人々へ十念を授けられる。今日は人々が多く群集する。法会が終わってから山門を開き、人々は楼上へ登る事を許される。

○堀の内〔杉並区〕妙法寺で法華経千部があり、二十七日まで行う。この間、遠近の老若が日ごとに足を運ぶ。

○浅草〔台東区〕雷神門前の専堂坊で、観世音縁起と霊宝の虫払いがあって、拝を許す。

十九日

○青山〔港区〕鳳閣寺逆峯《ぎゃくほう》の神事があり、柴灯《さいとう》大護摩が行われる。練り供養があり、四月八日に準ずる。

二十日

○駒込〔文京区〕吉祥寺で施餓鬼を行う。

○牛込〔新宿区〕榎町済松寺の開山忌がある。

二十二日

○湯島〔文京区〕円満寺で施餓鬼を行う。

二十三日

○谷中〔台東区〕三崎《さんさき》法住寺（俗に新幡随院《しんばんずいいん》という）で施餓鬼を二十九日まで行う。参詣が多い。

○浅草〔台東区〕日輪寺で一遍上人の忌日法事を行う。八月であるが取り越して行う。

○下総国古間木《こまき》村〔千葉県流山市〕諏訪明神の祭礼がある。都下から参詣者が多い。

二十四日

○小石川〔文京区〕戸崎町喜運寺の地蔵参りがある。

○下谷〔台東区〕光岸寺で施餓鬼を行う。

二十五日

○浅草〔台東区〕本法寺で熊谷稲荷祭がある。

○亀戸〔江東区〕常光寺で施餓鬼を行う。常光寺は、江戸六阿弥陀の六番目の寺であ

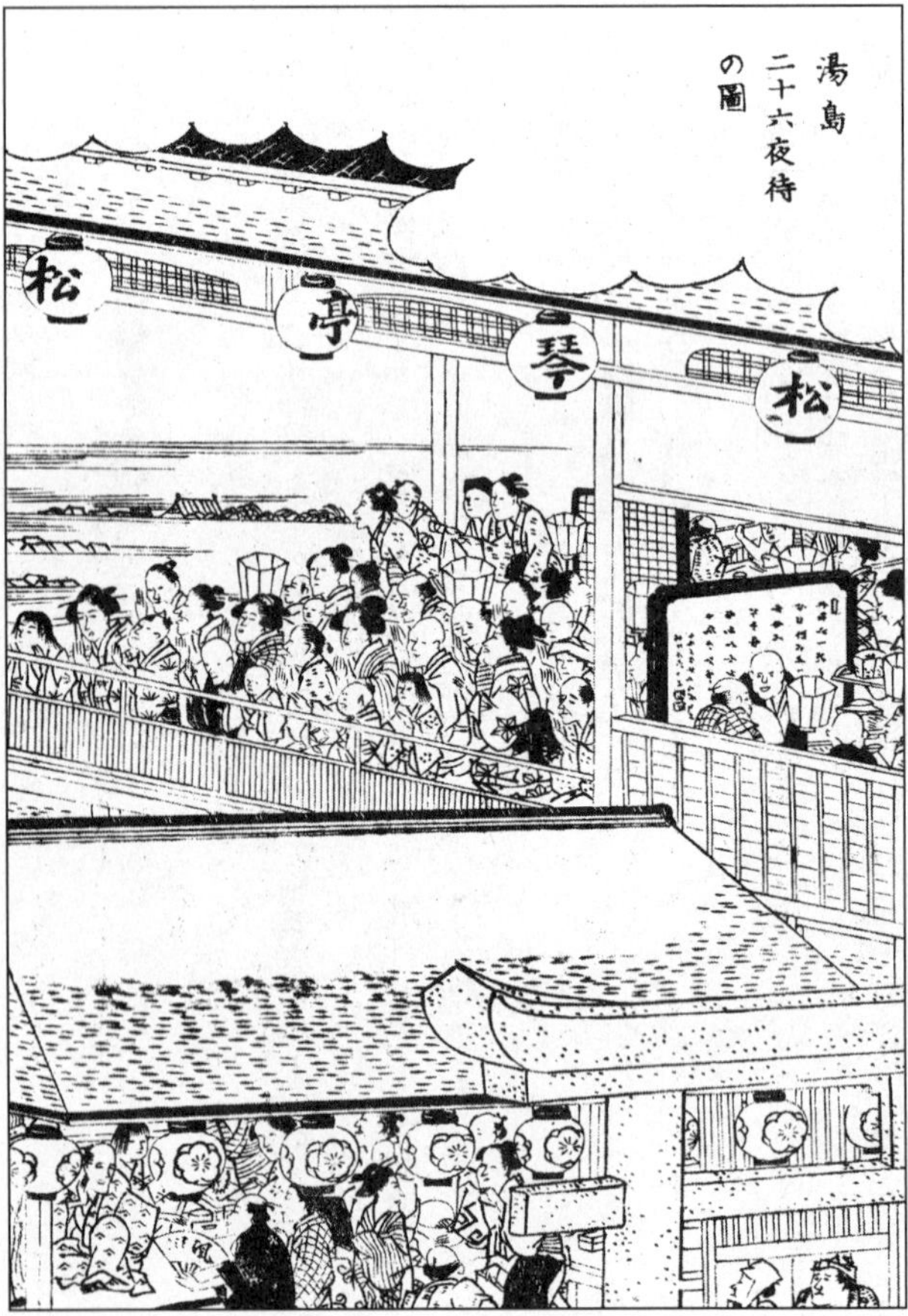
湯島二十六夜待の圖
松
亭
琴
松

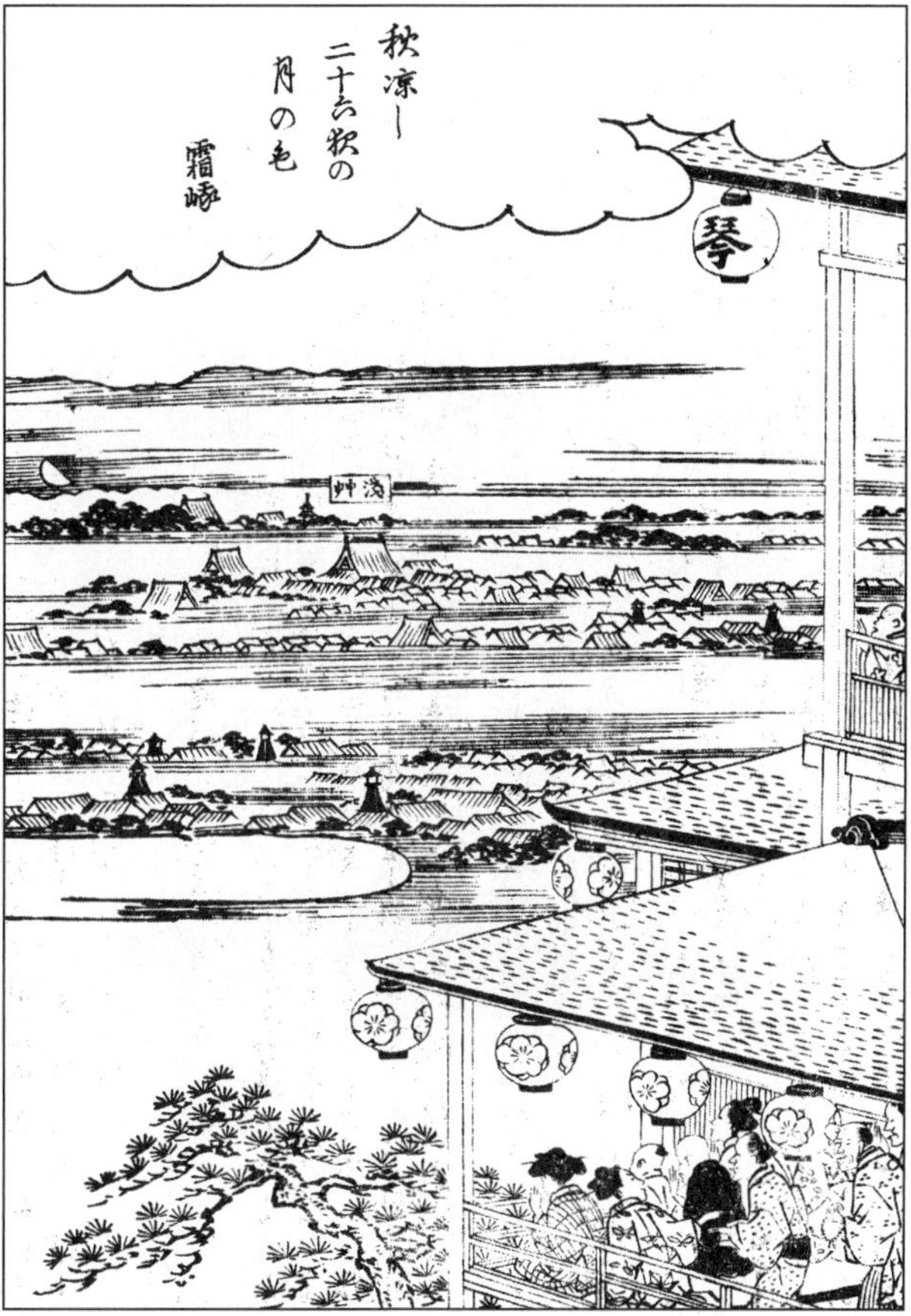

湯島二十六夜待の図

る。

二十六日

○二十六夜待《やまち》として高い所に登り、または海川の辺り、酒楼などで月の出を待つ。次に記す場所は、とりわけ群集が多く、宵から賑わっている。芝高輪〔港区〕と品川〔品川区〕の両所を、今夜の盛観の第一とする。江戸の人々は数日前から予約しておいて、品川・高輪の海亭で宴を設け、歌舞・吹弾《すいだん》〔音楽〕を催すので、都下の歌妓・幇間《たいこもち》・女伶〔芸妓〕の属《たぐい》が群れを成してこの地に集う。あるいは船を浮かべて飲宴する者も少なくなく、弦歌が水陸に賑わしい。他に、築地〔中央区〕海手、深川〔江東区〕洲崎《すさき》、〔文京区〕湯島天満宮境内、飯田町〔千代田区〕九段坂、日暮里〔荒川区〕諏訪の社辺などがある。目白〔豊島区〕不動尊境内は西南に向いて月を観るには不便だが、この辺りの者が集まる。天和二年〔一六八二〕編の『紫のひともと』の田安御門外をいう項に、正月・七月の二十六日の暁、ここで月の出を拝したことを述べている。今は七月だけで、正月二十六日夜は寒気に堪えられないので、拝する者が無い。信心ではないだろう。

○稲付村〔北区〕静勝寺《じょうしょうじ》で太田道灌入道の木像開扉がある。

○青山〔港区〕善光寺で大施餓鬼を行う。

○板橋〔板橋区〕日曜寺で愛染明王の開帳がある。

二十七日

○日暮里〔荒川区〕諏訪明神の祭礼がある。別当は浄光寺。子《ね》・寅《とら》・辰《たつ》・午《うま》・申《さる》・戌《いぬ》の隔年に花山車・練物などが出る。神輿は毎年産子の町を渡御する。前日から賑わっている。

○小石川〔文京区〕諏訪町の諏訪明神祭を二十六日から行う。

○浅草〔台東区〕諏訪町の諏訪明神祭がある。

二十八日

○高田〔新宿区〕亮朝院《りようちよういん》七面宮で施餓鬼を行う。百味供養がある。

漁猟《すなどり》

○秋鱚《きす》の場所は、大概春鱚に同じ。しかし場所によってまた相違がある。まずは内から釣り始めて、寒さに向かって沖へ出る。大抵八月中旬から朝夕に得るといっても、強いて定めがたい。秋鱚は佃の辺りで釣る人が多い。秋の末に鰈《かれい》・黒鯛《くろだい》などが掛かるのである。七月末から八月初めは、中川の大鯊《はぜ》が良い。中川の秋鱚は八月末の潮が良く、九月中旬を盛りとする。大鱚・鰈もある。また九月頃に鯒《こち》・塩さい〔潮際《しおさい》鰯《いわし》か〕などがある。せいご（中川七月節、永代七月中）、鯊《はぜ》（九月節、ささみよ、鉄ぼうず）、烏賊《いか》（八、九月頃）、あなご（八、九月頃に品川で闇夜に釣る）などもある。この道に詳しい人に尋ねるべし。

景物

月

○月は三秋〔七―九月〕の間が専らであろう。およそ月は水に映るのを賞する。それで水辺に遊ぶ人が多い。中でも隅田川の月夜の勝景は他所に勝れて、筆端の及ぶ所でない。隅田川、同綾瀬の辺り、真崎《まつさき》の辺り、三派《みつまた》、深川洲崎、立川、小奈木川、鉄炮洲、芝浦、高輪《たかなわ》、品川、不忍池《しのぼず》（湯島天神の月影が映じて佳景は言いようも無い）、中川、武蔵野、武蔵野は昔から月の名所で、今わずかに残るうち、立野だけが昔の名を存するが、その地は定かでない。今立野と称する所は、府中と国分寺との間、南北十八町の平地で農田となっている。国分寺から続いた山の端に、富士見塚というのがある。この所からの眺望は、田野が平々として際涯《さいがい》〔大地の果て〕が無く、園林・草樹は天に接し、おのずから懐古の感がある。今武蔵野の月を見るのはこの辺りであろうか。

○百草村《もぐさ》〔日野市〕松蓮禅寺は、府中から一里西にある。庭中の眺望は玉川〔多摩川〕の流れを見渡し、月夜の景が良い。寺僧に乞うて一宿すべきである。

木母寺に歌の会あり今日の月　其角

五本松にて

川上とこの川下や月の友　芭蕉

中川やはふり込んでも朧月《おぼろづき》　嵐雪

鯛は花は江戸に生れて今日の月　其角

虫聞き

○夏の末、秋の初めから。真崎《まつさき》、隅田川東岸、王子辺、道灌山、飛鳥山辺〔道灌山は松虫が多く、飛鳥山は鈴虫が多い〕、三河島辺、御茶の水、広尾の原、関口、根岸、浅草反圃《たんぼ》が知られる。ちなみに『年山紀聞』には「松虫・鈴虫は、各々声によって名付けた。色で言うと、黒いのは松虫、飴《あめ》色なのは鈴虫で、加茂の神官が虫撰《えら》みをして、禁裏・院中に奉る事が古くからそうであった。関東では取り違えて覚えている」とある。

寺島村百花園
秋の七艸

寺島村百花園　秋の七草

何処までも声逃水や虫の原　存義《ぞんぎ》

秋の七草

○七月中頃から。寺島村〔墨田区〕百花園は、故人鞠塢《きくう》〔佐原鞠塢〕の庵《いおり》である。生涯花を愛して、天保〔一八三〇―四四〕の初めに亡くなった。園中の草木およそ七百余種、四時〔四季〕開花が絶えることが無い。

○奥沢村〔世田谷区〕に梶原城塁の跡というのがある。この所に鷺草《さぎそう》が生ずる。昔鎌倉へ献ずるといって多くの鷺を船に入れ、この川へ積んで来たが、この船が覆って多くの鷺が水に溺れて死んだ。その翌年からこの草が生じた。それで花の形が白鷺に似ていると里の老人の説であることが『江戸砂子拾遺』にある。近年植木屋で多く養って、七月頃白花を開いたのを神仏の会日に商う。花の形は人々の知る所なので図にはしない。

○青山辺り〔港区〕に蛍灯籠と名付けて、毎年七月に至ると、両側の家ごとに小さい提灯《ちょうちん》・灯籠を竿《さお》の先に付けて出した。遙《はる》かに望むと、その様は蛍のように見える。この事は年久しくこのようである。由来のある事だという。

八月

朔日《ついたち》

○八朔《はっさく》の御祝儀として、五ツ時〔午前八時〕に〔諸侯が〕白帷子《かたびら》で御礼の登城をする。人々は佳節を祝う。今日を田実《たのみ》と言って、昔からの佳節とするが、江戸ではとりわけ祝うべき日である。天正十八年〔一五九〇〕八月一日、台駕《たいが》〔将軍の乗物〕が初めて江戸にお入りになった。こうして四海は昌平〔盛んで平和〕に帰し、万民が鼓腹《こふく》して〔平和を喜んで〕楽しむのではないか。神恩を誰が尊びお祝いしないだろうか。公〔幕府〕でも五度の佳節より、特別にお祝いになると聞こえている。

○元禄〔一六八八―一七〇四〕の頃、清原長須という人の編輯《へんしゅう》の中に、江城〔江戸城〕八朔の白帷子は、八月の節を白露《はくろ》というのに拠《よ》るかと言っている。

○雑司ヶ谷〔豊島区〕鬼子母神境内の鷺《さぎ》明神の祭礼がある。疱瘡《ほうそう》の守護神である。

○昌平橋通〔千代田区〕松平家御屋敷鎮守の善神王宮祭を十日まで行う。火難・雷難除《よ》け守り札が出る。

○今日吉原の遊女は一般《いちよう》に白小袖を着て仲《なか》の町《ちょう》へ出る。今日白無垢《しろむく》を着ることは、元禄の頃江戸町一丁目巴屋源右衛門の方の遊女高橋という太夫が、その頃瘧《おこり》を患ったが、なじみの客が来た時に、横になっていたときの〔寝巻である〕白無垢のままで揚屋入りした風情が艶《えん》であるのに、多くの客が思いを悩ませた。このことから毎年八朔には白無垢を着る事になったという。花街の行事は繁多で書き尽くせない。詳しくは『花街大全』〔『吉原大全』〕『年中行事』〔『青楼年中行事』〕などを見るべきである。

中丁《なかひのと》の日

○湯島〔文京区〕聖堂にて釈奠《せきてん》〔孔子と門人を祀《まつ》る儀式〕がある。二月のようである。

○〔台東区〕山之宿、小出信州侯御下屋敷で聖像を拝させる。

『新葉』

から人の昔の影を映しきて仰げば高き秋の夜の月　妙光寺内大臣

二の午の日

○小川町〔千代田区〕水道橋土手三崎稲荷社から疱瘡の薬を出す。ただし七月朔日から八月午の日まで切手を出す。二月初午の項に記した通りである。

彼岸

○秋分の初日から三日に当たる日を初日とする。七日の間、諸寺院の参詣が多い。

○六阿弥陀《あみだ》参り、札所観音参り、奥沢〔世田谷区〕九品仏《くほんぶつ》参りなどがあり、二月彼岸のようである。

同二日目

○湯島〔文京区〕円満寺で土砂加持を行う。

同中日

○〔港区〕増上寺、〔台東区〕浅草寺、山門を開き、登楼を許す。上野は今日は開かない。

○上野〔台東区〕清水観音堂で放生会《ほうじょうえ》がある。

○高輪《たかなわ》〔港区〕泉岳寺は二月のようである。

江近通溝水
城頭魚自肥
秋風吹一夕
處處釣鱸歸
南郭
八里半
○焼

（すずき釣り）

○田畑〔田端（北区）〕大龍寺で土砂加持があり、今日から三日の間行う。
○下渋谷〔港区〕長谷寺で施餓鬼《せがき》・放生会がある。

彼岸明けの日

○豊島川端〔北区〕専称院で川施餓鬼を行う。

二日

○中野〔中野区〕宝仙寺光明殿で土砂加持を行う。

三日

○谷中〔台東区〕三崎法住寺の開山忌がある。開山の了碩《りようせき》和尚の忌である。

四日

○今日大川中洲《なかす》の辺りで相州鎌倉〔神奈川県鎌倉市〕松葉が谷妙法寺の川施餓鬼を行う。一宗の門徒が船で多く出る。

六日

○〔品川区〕中延《なかのぶ》八幡宮で万巻陀羅尼《だらに》並びに説法がある。十五日まで行う。

十四日

○待つ宵という。明夜の陰晴ははかりがたいので、まず今宵《こよい》の月を賞するべき旨を古人も言っている。

○西久保〔港区〕館林侯の鎮守の龍神祭が今日・明日ある。

十五日

○看月《つきみ》があり、諸所が賑《にぎ》わう。家々で団子・造酒《みき》・薄《すすき》の花などを月に供する。清光の隈《くま》ない〔一点の陰りもない〕のが美しく、船を浮かべて月見をする者が多い。

○今夜の吉原の賑わいは大方でない。廓中《かくちゅう》の習いとして、遊女から馴染《なじみ》の客へ杯《さかずき》を送る。これは宝永〔一七〇四―一一〕の頃、角山口の太夫香久山《かぐやま》から始まったという。また待つ宵・既望《いざよい》も賑わう。

○元禄〔一六八八―一七〇四〕の頃までは、良夜に三派《みつまた》の月見と言って、船で大川へ出て楽しんだことがあった。この夜に限って、幕府の許しを得て花火を灯《とも》したという。享保〔一七一六―三六〕の頃に至っては、この事は少なかったことが『江戸砂子拾遺』に見える。

良夜墨水
看月
墨水連天澗秋
風二総開潮平
明月湧山近白
雲来病懶人情
變歸心酒態哀
窮愁書未就短
髪虞郷催
金華

玉葉集

ふけへや
ふけへぬ
月乃
隅田川
みやこより
えも
友と
うつる
なり

後二条

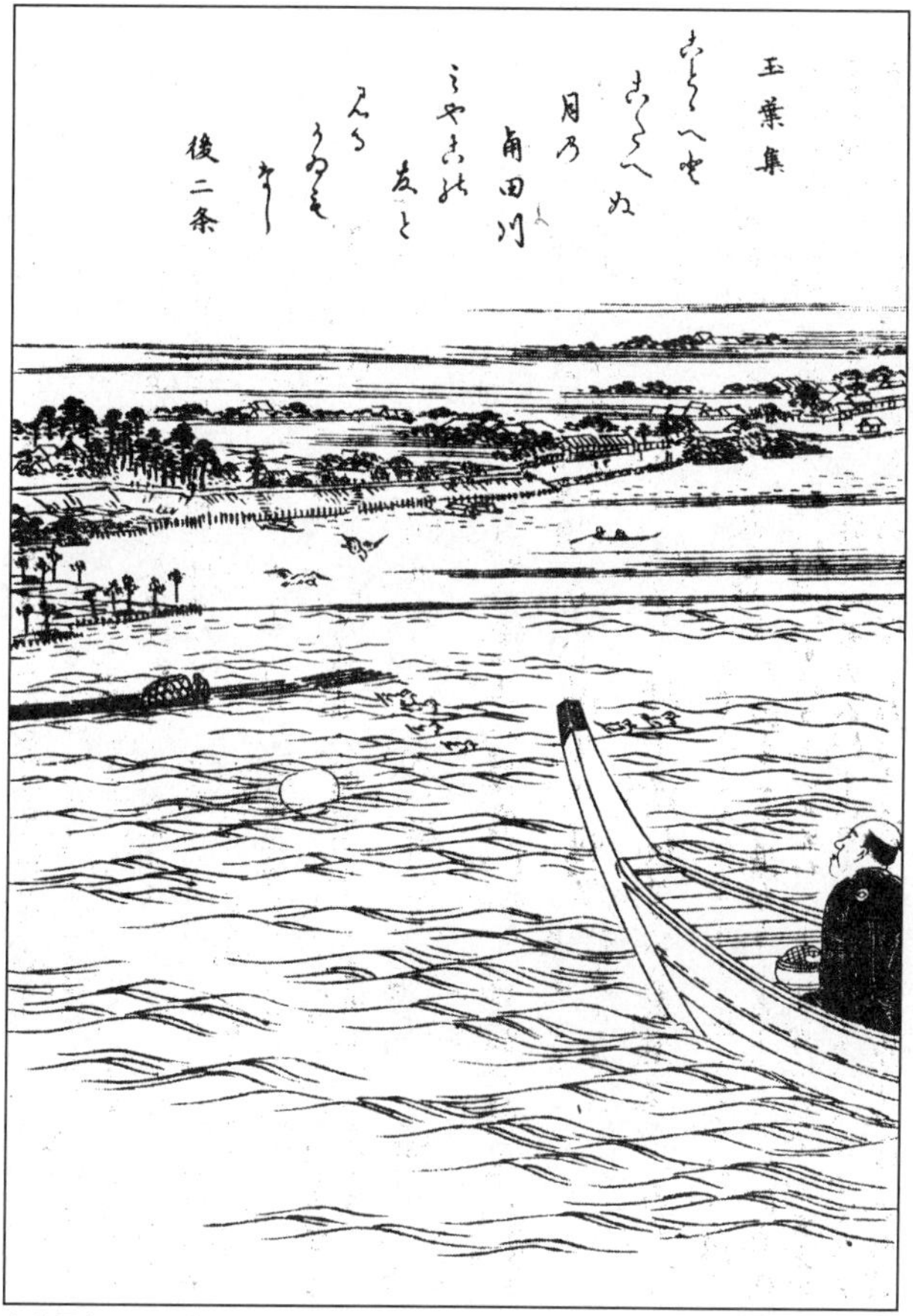

良夜墨水に月を看る

○以前までは麻布〔港区〕六本木芋洗坂《いもあらいざか》に青物屋があって、八月十五夜の前に市が立って芋を多く商っていたので芋洗坂と呼んだ。最近は坂の上に市が立っている。

名月やここ住吉の佃島　其角

名月や富士見ゆるかと駿河町　素龍《そりゆう》

○八幡宮祭礼がある。富賀岡《とみがおか》八幡宮で、別当は永代寺である。十四日から賑わう。当社の祭礼は寛永二十年癸未《みずのとひつじ》〔一六四三〕から始まる。昔は毎年流鏑馬《やぶさめ》があったという。文化四卯年〔一八〇七〕までは隔年に本所一の橋の御旅所へ神幸があって、同日に帰輿《きよ》した。産子《うぶこ》の町々からも山車《だし》・練物を多く出したが、同六巳年から故あってこの事を止めた。今は境内の額堂の向かいへ仮屋を構えて、神輿三基を遷《うつ》す。産子の町各町に幟《のぼり》・神酒《みき》所・提灯《ちょうちん》・飾り物があり、賑わいは昔に劣らないという。ただしここに記したのは、山車・練物を出す所の番組である。

［初番］霊巌寺門前、［一番］海辺大工町、［同］蛤町、［二番］清住《きよすみ》町、［三番］佐賀町、［四番］相川町、［五番］熊井町、［六番］富吉町、［七番］諸《もろ》町、［八番］大島町、［九番］中島町、［十番］北川町・奥川町、［十一番］黒江町、［十二番］元木場町、［十三番］木場町、［同］平野町・伊勢崎町。

永代橋へ向かう霊巌島番組。

［一番］北新堀町・箱崎町一・二丁目、［二番］大川端町、［三番］霊巌島銀町一・二丁目、［四番］同四日市町、［五番］同塩町、［六番］同浜町、［七番］南新堀一・二丁目、［八番］霊巌島町・長崎町一・二丁目、［九番］川口町・東湊町一・二丁目、以上合わせて三十五町である。

〔港区〕三田八幡宮の別当は無量院で、『武蔵風土記』に和銅二年己酉《つちのととり》〔七〇九〕八月十五日、初めて神礼を行うとある。旧社であることが知られる。当月十日に放生会を行う。産子の町、伊皿子《いさらご》町・同台町・芝田町一丁目から九丁目まで、同横新町・通新町など以上十三町である。番組は伊皿子町・同台町組み合わせて十二番である。

〔港区〕西ノ久保八幡宮の別当は普門院で、毎年神輿が産子の町を渡御し、西久保大通りへ御旅所を設けて十三日から御旅出がある。今日放生会を行う。町々から隔年、踊り・練物を出すのは、丑・卯・巳・未・酉・亥《い》の年である。神輿渡御の道筋と産子の町名は後輯《こうしゅう》〔未刊〕で詳《つまび》らかにしよう。

〔新宿区〕市谷八幡宮の別当は東円寺で、今日放生会がある。安永三年〔一七七四〕までは隔年神輿三基を出し、産子の町々から山車・練物を出したが、同年から中絶した。しかし毎年産子の町々で舞台を設け、踊りを催し、花山車などを造って、十四日から賑わっている。安永の番組は次の通りである。

［一番］市谷《たに》町、［二番］同本村町、［三番］同片町、［四番］同柳町、［五番］同

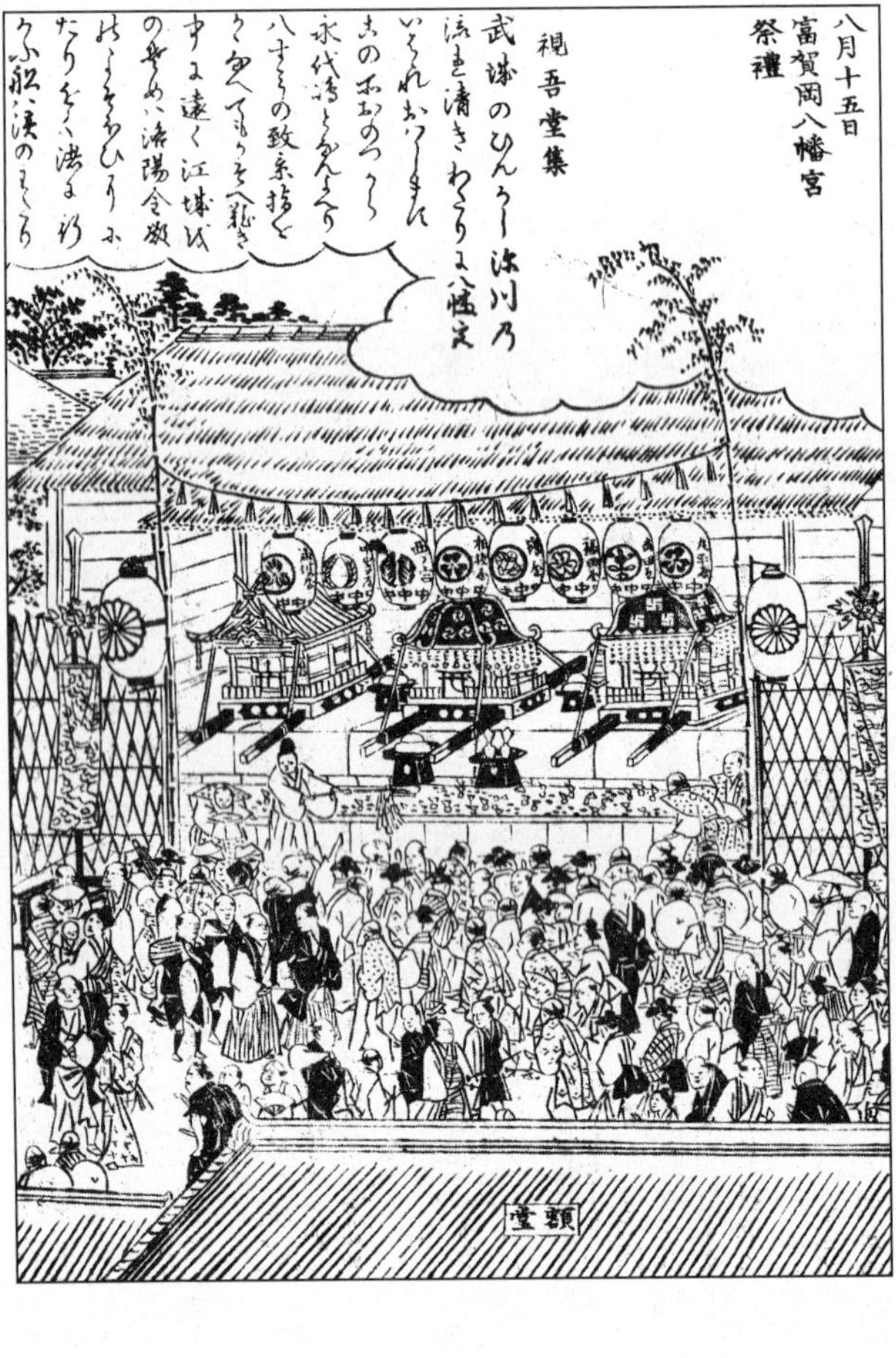
八月十五日
富賀岡八幡宮
祭禮
視吾堂集
額堂

八月十五日　富賀岡八幡宮祭礼

甲良《こうら》屋敷、〔六番〕同土取場町、〔七番〕同薬王寺門前、〔八番〕同南寺町、〔九番〕同安養寺門前、〔十番〕同田町二丁目、〔十一番〕同左内坂町、〔十二番〕同上寺町、〔十三番〕同田町上二丁目、〔十四番〕同下二丁目、〔十五番〕同三丁目、〔十六番〕同四丁目、〔十七番〕同七軒町、〔十八番〕同八幡前町、〔十九番〕同長延寺谷町、〔二十番〕同平山町、〔二十一番〕同女坂門前。以上二十一町である。

同じ年、神輿渡御の道筋は八幡町御堀端で供奉《ぐぶ》が相揃い、同四丁目通り、永田家屋敷の横町へ入り、七軒町・四谷御箪笥町《おたんすまち》・福寿院前へ出て、それから松平源次郎殿御物見前から蓮池の上を左へ廻り、谷町へ入り、本村町・田町四丁目裏通り・八幡町、近江屋という商家の店の前から市谷御門へ入り、三番町台から定御火消屋敷前を通り、牛込御門へ出て田町通り、左内坂・尾州公北長屋御添地を通り、薬王寺前町・南寺町・柳町・甲良屋敷・土取場・平山町・長延寺谷町、それから左内坂通りを経て帰輿があったという。

高田〔新宿区〕穴八幡宮の別当は放生寺で、宝暦九年〔一七五九〕までは隔年、神楽《かぐら》があり、坂の御旅所へ神幸があった。産子の町々からも花山車・踊り・練物を出したが、同年から中絶した。毎年放生会を行い、境内に放生池がある。宝暦九年の祭礼の番組は次の通りである。

〔一番〕牛込肴《さかな》町、〔二番〕同白銀町、〔三番〕同津久戸前町、〔四番〕同若宮町、

〔五番〕同袋町、〔六番〕同御箪笥町、〔七番〕同安養寺門前、〔八番〕同通寺町、〔九番〕同末寺町、〔十番〕同横寺町、〔十一番〕同正定院門前・長源寺門前、〔十二番〕同水道町、〔十三番〕同築地片町、〔十四番〕同馬場先片町、〔十五番〕同改代町、〔十六番〕同御納戸町、〔十七番〕同御細工町、〔十八番〕同中里町、〔十九番〕同中里村町、〔二十番〕同天神町、〔二十一番〕同弁天町、〔二十二番〕同供養塚町、〔二十三番〕同榎町、〔二十四番〕同原町一丁目、〔二十五番〕同二丁目、〔二十六番〕同三丁目、〔二十七番〕同若松町・破損町、〔二十八番〕同早稲田町、〔二十九番〕同馬場下横町、〔三十番〕同放生会寺門前、〔三十一番〕同馬場下町。以上三十三町である。

〔新宿区〕筑土《つくど》八幡宮の別当は無量寺で、産子の町々で踊りを催す。十四日から賑わっている。

〔新宿区〕若宮八幡宮の別当は普門院で、牛込にある。放生会を行い、境内で踊りを催す。

浅草〔台東区〕御蔵前八幡宮の別当は大護院である。

同福井町銀杏《いちょう》八幡宮の別当は覚吽《かくうん》院である。

〔台東区〕今戸八幡宮の別当は松林院で、今日放生会がある。宮戸川へ魚を放つ。産子の町々で神輿を渡御させる。

渋谷《しぶや》〔渋谷区〕金王《こんのう》八幡宮の別当は東福寺である。

田端〔北区〕八幡宮の別当は東覚寺である。
〔品川区〕鈴ヶ森八幡宮の別当は密厳院で、神主は森田氏である。
白金〔品川の誤り〕誕生八幡宮では、隔年にある。別当は高福院である。

○当月中頃から吉原町の俄《にわか》が始まる。踊り・練物など華美風流を凝らし、九月中旬に至るまで毎夜出す。にわかと称する根拠を知らない。しかし江戸吉原に限った名ではない。『花街大全』（『吉原大全』）に、この行事は九郎助《くろすけ》稲荷の祭礼に始まるという。また『むかしむかし物語』の付録に、「吉原の茶屋の桐屋伊兵衛という者が、歌舞妓役者の真似を好み、安永・天明〔一七七二—八九〕の頃であったろうか、ある日角《すみ》町中万字《なかまんじ》屋《や》に居た朋友《ほうゆう》を語らい、ふと思い付いて狂言を拵《こしら》え、仲の町を往返したところ、この日の遊客が挙《こぞ》って見物し、江戸中の噂となってから、次第に長じて、毎年の習わしとなった」と言っている。なお尋ねるべきである。

十七日

○麻布《あざぶ》〔港区〕一本松氷川明神の祭礼がある。別当は徳乗院。十五日神輿が宮下町の仮屋へ御旅出があり、今日産子の町々を廻って帰輿する。町々から踊り・練物・花山車などを出す。一本松は当社の神木で、別当が当日注連《しめ》を張る事が旧例である。また出輿の後、この松の元で別当が読経をする。

［一番］宮下町、［二番］本村仲町、［三番］本村上ノ町、［四番］一本松町、［五番］三軒家町、［六番］宮村町・新道町、［七番］南日ヶ窪町、付けたり、北日ヶ窪町、［八番］宮下町、付けたり、新網町一丁目・同二丁目。神輿・別当は社家、この社家は坂下町末広稲荷の社司中村氏が先例によって供奉する。

十九日

○下谷《したや》〔台東区〕坂本の小野照崎《おのてるさき》明神の祭礼がある。別当は嶺松院。神輿一基が毎年産子の町を巡る。産子の町々は十八日から賑わい、年によって花山車・踊りなどを出す。当社は小野篁卿《おののたかむらきょう》の霊社である。九月十九日は篁卿帰洛《きらく》の日であるとして祭礼を行ったが、天明四辰年〔一七八四〕の頃から八月に改めた。また九月十九日は当社遷宮の日であるともいう。

二十日

○牛島〔墨田区〕弘福寺の開山忌がある。開山の鉄牛和尚の忌によって法会を設ける。参詣の者へ普茶《ふちゃ》を出す。

○武蔵野の駒牽《こまひき》古事は今はない。『年中行事歌合』にも出て、古い世の例《ためし》である。武蔵の国から秩父《ちちぶ》の御馬二十疋《ひき》、上野の御馬四十疋、立野の御馬十五疋を毎年奉った

後撰集
秋霧の
立田の
をくれい
駒のりて
君をあひ
見し
忠房

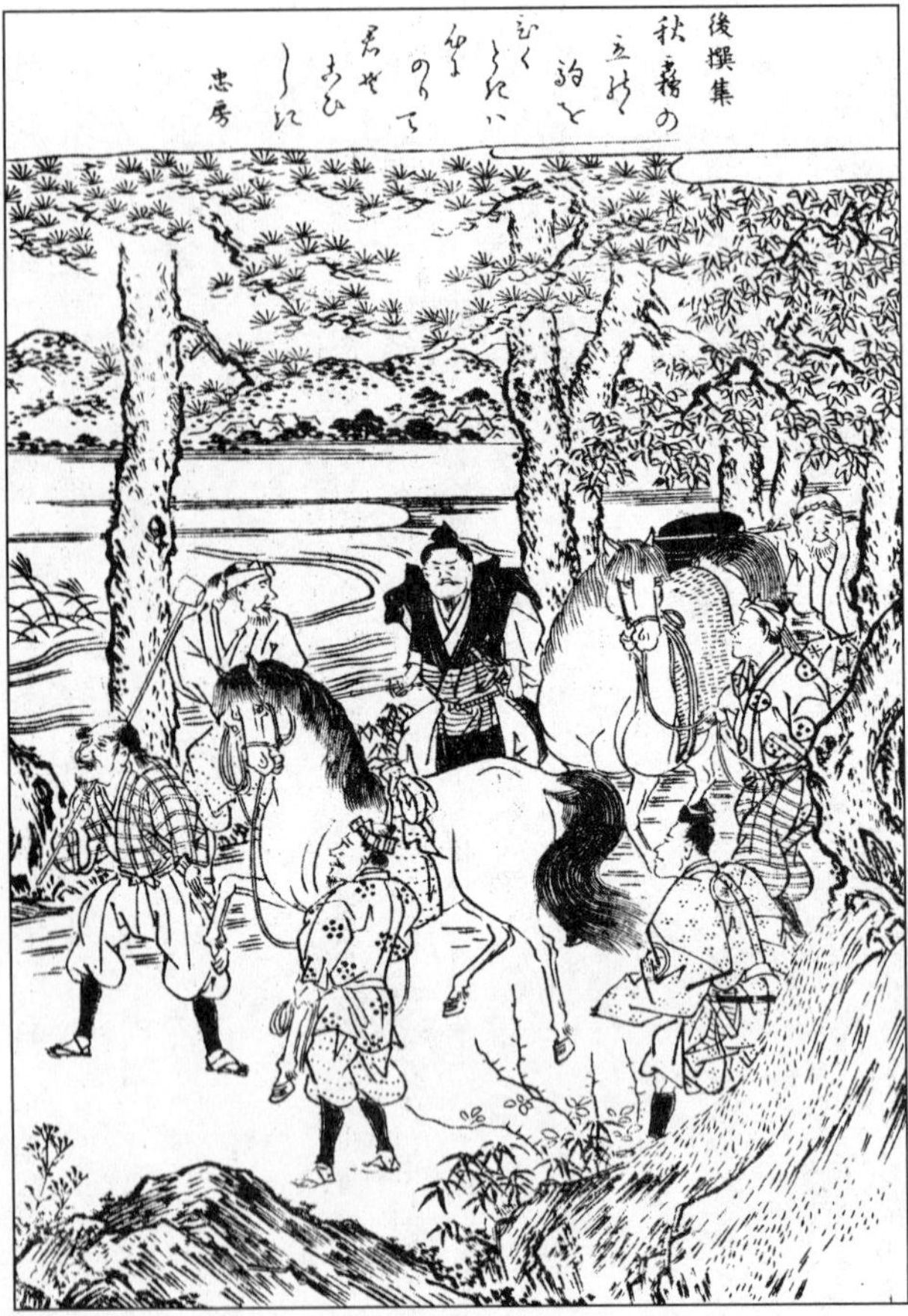

武蔵野　駒牽古事

とか。『拾芥抄《しゅうがいしょう》』には八月二十日に小野御馬を牽《ひ》き、二十五日には立野の馬を牽いたとある。

『年中行事歌合』

武蔵野を分けこし駒の幾日《いくか》経て今日紫の庭に出づらむ　頓阿《とんあ》

二十四日

○〔江東区〕亀戸天満宮の祭礼がある。子・寅・辰・午・申・戌の年、隔年にある。当月十八日から二十五日まで斎《ものいみ》がある。今日、竪川通り北松代町御旅所（四ツ目・五ツ目の間）へ神幸の儀式があったが、近年はこの事が無い。当社は寛文二年（一六六二）社地を賜り、同三年神殿経営があった。この年八月神輿などの規式を太宰《だざい》府《ふ》の例に倣って、初めて本所の地を巡行したという。別当は菅原氏。

神輿行列次第

先催太鼓（白張三人）、猿田彦、塩水桶（白張一人）、榊《さかき》（同八人）、唐櫃《からびつ》、神馬《しんめ》（口取り白張四人）、神馬役（布衣《ほい》一人）、日鉾《ひぼこ》（白張四人）、社家騎馬（直衣《のうし》三人）、練物（産子町中行列）、数鎗、社家騎馬（直衣三人）、四神幡（白張十六人）、社家騎馬（直衣三人）、十六万幣（布衣十六人）、三十番神幣（布衣三十人）、社家騎馬（直衣三人）、火水鉾（白張二人）、神巫《かんなぎ》（二人）、白杖引（素袍《すおう》八人）、社家騎馬（天国御太刀負直衣一人）、社家騎馬（菅家系図負直衣一人）、御弓（浄衣《じょうえ》二人）、唐鞍《からぐら》（白張五人）、御先追（駒形持布衣二人）、青幣（布衣一人）、白幣（布衣一人）、随身（八人）、御沓柳筥《くつやないばこ》持（布衣一人）、楽人（狩衣《かりぎぬ》八人）、唐櫃二棹《さお》（白張四人）、祝詞《のりと》役（狩衣二人）、絹翳《さしば》二本（白張二人）、神輿（駕輿丁《かよちょう》二十人）、檜笠《ひがさ》一本（白張一人）、菅翳二本（白張二人）、神几二（白張二人）、唐櫃二棹（白張四人）、大紋（八人）、金紋挟筥《はさみばこ》（白張四人）、薙刀《なぎなた》（素袍一人）、袋傘（白張一人）、郎党（十人）、小舎人《こどねり》（三人）、狩衣（三人、告文《つげぶみ》鉾太刀）、牛副《うしぞえ》（白張二人）、別当は乗車、雑色《ぞうしき》（六人）、沓（白張一人）、榻階《とうかい》（白張二人）、掛杖（白張二人）、長柄（白張一人）、金紋挟筥（白張二人）、副牛牛飼（白張二人）、騎馬祭礼役人。

祭礼町々番組

［一番］本所相生《あいおい》町一丁目、［二番］同二丁目、［三番］同三丁目、［四番］亀戸町、［五番］柳島町、［六番］深川北松代町一丁目・二丁目、［七番］同三丁目・四丁目、［八番］本所相生町四丁目・五丁目、［九番］松井町一丁目、［十番］同二丁目、［十一番］緑町一丁目、［十二番］同二丁目、［十三番］同三丁目、［十四番］同四丁目・五丁目、［十五番］花町、［十六番］徳右衛門町一丁目・二丁目、［十七番］菊川町一丁

目・二丁目・三丁目・四丁目、〔十八番〕林町一丁目・二丁目、〔十九番〕同三丁目・四丁目・五丁目、〔二十番〕柳原一丁目・二丁目・五丁目・六丁目、〔二十一番〕同三丁目・四丁目、〔二十二番〕同茅場町《かやば》一丁目・二丁目、〔二十三番〕同三丁目、以上三十九町である。各々山車・練物を出したのである。

『増補惣鹿子』に「享保〔一七一六—三六〕の初めまでは、隔年の神事の節、神輿が両国の東北、古代御上り場の地に暫《しばら》く止まり、供御を捧《ささ》げ、別当・社家による国家安全の御祈禱《きとう》神事があった。神輿を西向きにお据えするのは、この所から御城が西に当たるので、江城鎮護の心という。今その地は町家となって藤代町という。このため近年は一の橋でこの祭りがある」とある。藤代町は駒留場《こまどめば》と称する所である。

二十五日

○〔江東区〕亀戸天満宮祭礼の当日である。午の刻〔正午〕に奉幣、二十八首の神詠の披露がある。二月に同じ。

○〔台東区〕下谷《したや》の天満宮祭がある。五条天神（祭神、少彦名命《すくなびこなのみこと》）の相殿《あいでん》である。御連歌師の瀬川氏持ち。

○茅場町〔中央区〕山王御旅所内の天満宮祭礼がある。神主は諸井《もろい》氏。

二十八日

○駒込〔文京区〕目赤不動尊の開帳がある。

○両国〔墨田区〕茶屋見世物の夜店の終わりで花火がある。

　おのがきほひ夜更けてうすし花火船　旦水
　しめる羽織を裾にまく露　浮萍

○彼岸から三十日ほど過ぎて、近在の新酒の船が江戸へ着く。下総〔千葉県・茨城県〕・常陸〔茨城県〕・上野《こうずけ》〔群馬県〕・武州〔東京都・埼玉県・神奈川県〕などの物である。

○浅草海苔《のり》は江戸の名産で、諸国へ送る事が多い。今は品川〔品川区〕から大森〔大田区〕の海岸で採る。秋の彼岸頃に麁朶《そだ》〔海苔を付着させる竹や木の棒〕を立てて、春彼岸の後まで採る。寒中に採る物を絶品とする。昔浅草の地は元亀・天正〔一五七〇―九二〕の頃までは、路《みち》の傍らの漁家・農家の者が、この地の海浜に出て海苔を採り、干し広げて鬻《ひさ》いだことから、浅草海苔の名がある。その頃までは、江戸の市街の東南の方は海であったという。慶長〔一五九六―一六一五〕の頃から繁昌の地となったので、洲を均《なら》して岸を築き、枝川を埋め、浅草川が次第に狭くなったので、海苔を産することはなくなった。今品川で産するのは、貞享・元禄〔一六八四―一七〇四〕の頃からという。品川の海浜で牡蠣《かき》を養殖した垣に海苔を生じたことから思いつき、篠竹《しのだけ》や雑木の枝などを海中に立てたところ、毎年海苔の生ずることが多くなっていき、後は品川・浜川・三軒家〔いずれも品川区〕から大森・羽根田〔ともに大田区〕に及び、比々策《ひびさく》（海苔を採る木をひびという）として海苔を採るために、木の小枝を海中へ立て出すことが一、二里に及んでいる。それによって彼《か》の地の漁村でこれを採り、干して浅草へ送る。葛西《かさい》〔江戸川区〕からも紫・黒色の二品を産する。共に浅草に出して商うと言っても、風味はいたく劣っている。今浅草に問屋と称する者が両三軒残っているのも、旧名を失わない徴《しるし》であろう。今は大森などにこれを商う家が数軒ある。京伝〔山東京伝〕の『奇跡考』〔『近世奇跡考』〕には、近い頃まで品川から生海苔を取り寄せて、浅草で製したことを記してある。なお考えるべきだろう。この季節から囲っておいて四季ともにある。また生海苔《なまのり》をも賞翫《しょうがん》する。

行く水や何にとどまる海苔の味　其角
海苔すすぐ水の名にすめ都鳥　同

景物

萩

○立秋より三十日目頃から。亀戸〔江東区〕龍眼寺は、世に萩寺という。庭中の池辺にある。白いのは少ない。他に、同天満宮境内、三囲《みめぐり》社内、〔墨田区〕受地秋葉社前池辺、寺島〔墨田区〕蓮花寺、同百花園、浅草〔台東区〕奥山人麿社辺、下谷〔台東区〕正灯寺、浅草清水寺、同東光院が知られる。前板『花鳥暦』〔順水庵天由著、安政五年（一八五八）刊〕に雁を出して名所を記したが、どこと指して言うべきでないのでここには漏らした。

花野

○隅田川堤、豊島《としま》〔北区〕、麻布〔港区〕広尾原、落合〔新宿区〕鼠山辺、代々木《よよぎ》野〔渋谷区〕が知られる。

九　月

朔日《ついたち》

○今日から八日まで、人々は袷衣《あわせ》を着る。

○本所〔墨田区〕柳島妙見宮の開帳がある。

○同所押上普賢菩薩の開帳があり、千巻普賢品を行う。

三日

○南品川〔品川区〕海徳寺の淡島祭がある。

四日

○中目黒〔目黒区〕長泉律院の開山忌がある。開山の増上寺前大僧正、成誉大玄和尚の忌である。

七日

○大塚〔文京区〕護国寺鎮守の今宮祭が六日からある。

九日

○重陽の御祝儀として、諸侯（花色小袖を着る）が御登城になる。人々は佳節を祝す。菊花酒を節物《せつぶつ》とする。

○人々は今日から綿入れ衣《ぎぬ》を着する。

○〔千代田区〕神田明神の産子《うぶこ》の町々が今夜から軒提灯《のきぢょうちん》を出す。今日から街に大幟《おおのぼり》を立てる。

○三田〔港区〕春日明神の祭礼がある。別当は神宮寺。

○目黒〔目黒区〕大鳥明神の祭礼があり、相撲興行がある。別当は大聖院。

○高田〔新宿区〕水稲荷の祭礼があり、二十五座神楽を興行する。別当は宝泉寺。

○南品川〔品川区〕貴船明神祭がある。

○真間《まま》〔千葉県市川市〕（下総）弘法寺《ぐほうじ》で法華経千部があり、十八日まで行う。

十日

○小石川〔文京区〕氷川明神の祭礼がある。丑・卯・巳・未・酉・亥年の隔年に産子の町から山車《だし》・練物を出したが、近来中絶した。明日は神楽がある。別当は極楽水宗慶寺。

〔一番〕小石川原町。〔二番〕同所七軒町。〔三番〕同戸崎町・同祥雲寺門前・同法伝寺門前・同喜運寺門前。〔四番〕同前橋戸町・同向橋戸町。〔五番〕同御掃除町。〔六番〕同柳町・同下富坂町東側・同伝通院《でんづういん》門前。〔七番〕善仁寺門前。〔八番〕同大原町。〔九番〕同宮下町・同五軒町。〔十番〕同久保町。〔十一番〕同清水谷町・同御《お》箪笥《たんす》町・同智香寺門前。〔十二番〕同光岳寺門前・同智光寺門前。〔十三番〕巣鴨原町一丁目・小石川火之番町。〔十四番〕巣鴨原町二丁目。〔十五番〕巣鴨仲町。〔十六番〕同御駕籠町《かごちょう》。〔十七番〕小石川坂下戸崎町。〔十八番〕同伝通院前表町・同白壁町・同陸尺《ろくしゃく》町。〔十九番〕同上富坂町。〔二十番〕同金杉水道町・同仲町。〔二十一番〕同宗慶寺門前。以上三十五町である。

○高輪《たかなわ》〔港区〕常照寺稲荷の祭礼がある。

○板橋〔板橋区〕氷川の祭礼がある。

○葛西金町《かさいかなまち》〔葛飾《かつしか》区〕香取明神祭がある。

○今日から人々は足袋《たび》を穿《は》き、三月晦日《みそか》に至る。昔から定まった例《ためし》ではないという。

十一日

○今日から〔港区〕飯倉神明宮祭がある。芝神明という。十六日の項にある。

○〔台東区〕下谷《したや》稲荷で二十五座神楽と湯花興行がある。

○今日・明日、高輪〔港区〕高山稲荷の祭礼がある。同所安泰寺持ち。

十二日

○日蓮上人御難の餅の日である。文永八年〔一二七一〕九月十二日、上人相州龍の口〔神奈川県藤沢市〕で難を避けなさった日である。宗門の徒は胡麻《ごま》の餅を供する。昨日・今日、相州片瀬龍口寺《りゅうこうじ》へ江戸並びに近在から詣でる者が多い。

○牛込〔新宿区〕横寺町の円福寺の御難会は夜に入る。その他諸寺院で行う。

○三芝居顔見《かおみせ》の世界、三座ともに茶屋・芝居木戸口または太夫元の宅に提灯を出す。その夜太夫元へ立役・座頭《ざがしら》・女形・狂言作者・頭取・帳元だけが集って顔見世の趣向を語る。もっとも他聞を避けるという。

十三日

○看月《つきみ》、後の月宴《つきみ》という。衣被《きぬかつぎ》（皮を剝《む》かない芋）・栗・枝豆・薄《すすき》の花など月に供する。

九月十一日より二十一日まで　芝神明宮祭礼

船中月見が多い。〔千代田区〕神田明神祭礼の道筋、武家・町屋では、看棚《さんじき》を構え、提灯を出す。
○〔江東区〕亀戸天満宮にて月宴和歌連歌興行がある。
○深川〔江東区〕六間堀神明宮祭がある。別当は猿江泉養寺。歩射《ぶしゃ》祭という。正月・五月のようであるが、当月はとりわけ賑《にぎ》わい、十一日から参詣が多い。
○堀の内〔杉並区〕妙法寺で祖師開帳がある。
○浅草〔台東区〕土富店《どぶだな》長遠寺で祖師開帳がある。
○雑司ヶ谷〔豊島区〕宝城寺で祖師内拝がある。
○高田〔新宿区〕本松寺で願満祖師〔の開帳がある〕。千巻陀羅尼《だらに》を行う。

十四日

○神田〔千代田区〕祭礼の前日で（俗に夜宮、ねりという）、祭礼の勢揃えがある。行列を揃えて近辺を練り歩く。これを見ようとして遠近の人々が街に満ちる。今日道筋の武家・町家などでは賓客を迎えて饗応《きょうおう》し、明けるのを待つ。街の賑わいは筆紙に及びがたい。社殿の前にも参詣者が群集する。祭礼にあずかる町々は、軒提灯を掛け、大幟を街に立て、酒樽《さかだる》・蒸籠《せいろう》を積み、神酒《みき》所などを補修する。
○今日未の刻〔午後二時〕、神主（束帯）、社家（狩衣）・布衣・白丁などの従者を連れて、本社で祝詞《のっと》を奏し、神楽の興行がある。

○浅草〔台東区〕日輪寺は、昔は当社の預かりであったが、後に今の神主の芝崎氏の領地になったという。この辺りは全て芝崎村といったので、日輪寺を昔は芝崎道場と言い、また神職も〔芝崎を〕姓とした。このため隔年の祭礼の前夜の丑の半刻〔午前二時〕から、日輪寺の衆僧を連れて社殿の前で弥陀経《みだきょう》一部を読誦する。それが終わってから神輿《みこし》を出すのが恒例で、今もそうである。

○湯島〔文京区〕麟祥院《りんしょういん》にて春日局《かすがのつぼね》御忌法会がある。人々は拝を許されない。

十五日

○〔千代田区〕神田明神の祭礼がある。神主は芝崎氏。丑・卯・巳・未・酉・亥年の隔年にある。昔は当社は神田橋御門の内にあった。毎年竹橋から神輿が出て、乗船で小舟町神田屋庄右衛門という者の宅前からお上りになり、陸地通行があったことが、大田南畝《なんぽ》の『武江披沙《ひしゃ》〔武江披抄〕』に見える。その後天和年中〔一六八一―八四〕から隔年になったという。また御城内へ入る事は、元禄元辰年〔一六八八〕から始まったという。およそ江戸の祭礼は、六月十五日の山王の御祭礼を第一とし、当社がこれに次ぐ。そのため合わせて両祭礼と称する。

今日往来は人留めで、みだりに通行を許さない。脇小路は柵を結い、諸侯からは長《なが》

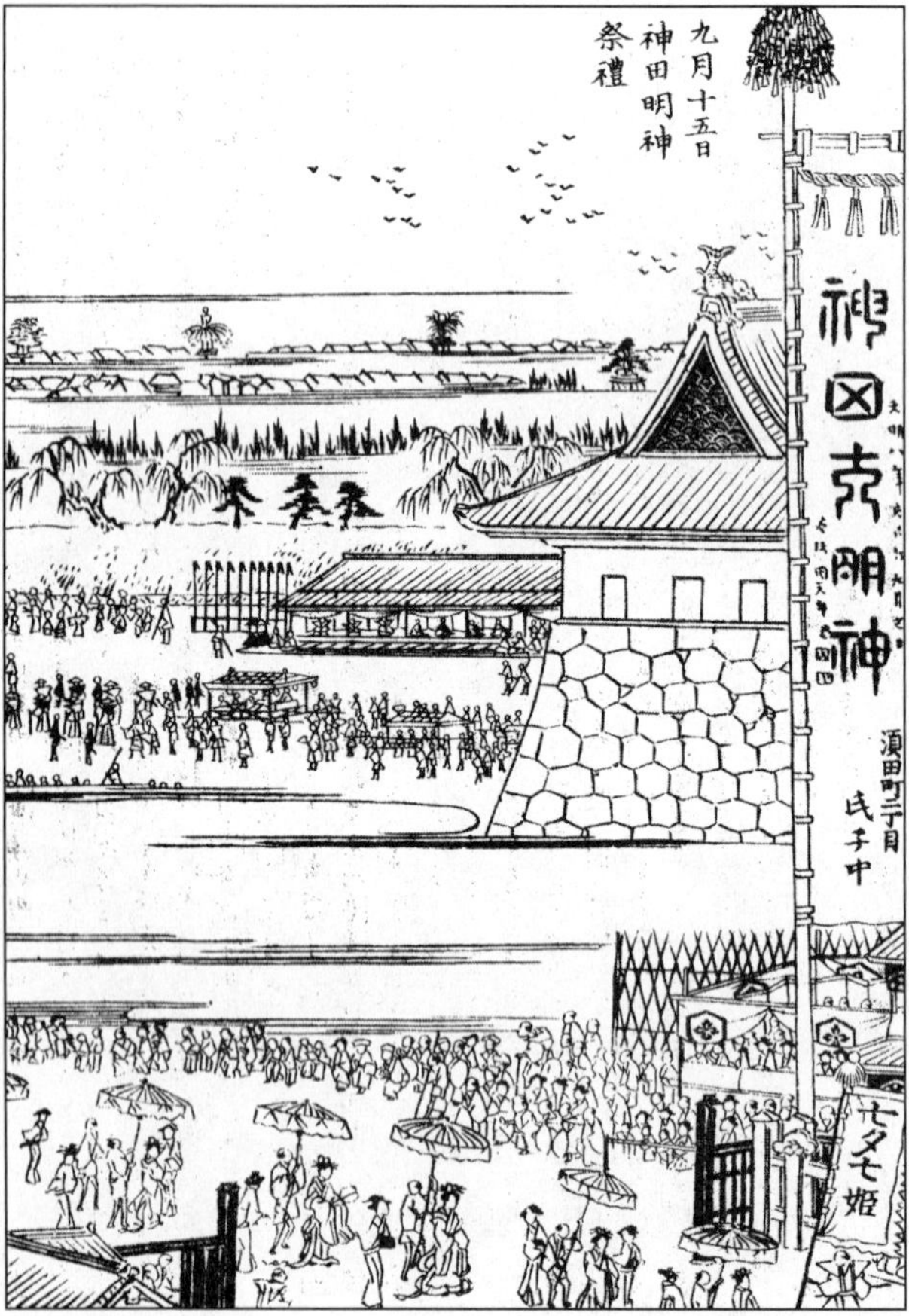
九月十五日
神田明神
祭禮
須田町二丁目
氏子中
七夕七姫

九月十五日　神田明神祭礼

柄鎗《えやり》を出され、神馬《しんめ》を牽《ひ》かせられる。供奉《ぐぶ》の行粧《よそおい》はもっとも厳格である。産子の町数は六十町、番数三十六番。各々山車《だし》・練物に善美を尽くし、壮麗は鄙人《ひじん》〔田舎者〕の目を驚かせる。山車の内で例年違《たが》えずに出す物は、一番の鶏、二番の猿、三番の翁《おきな》人形、四番の和布《め》苅《かり》龍神、六番の花籠、八番の関羽・周倉《しゅうそう》人形、九番の熊坂《くまさか》人形、十番の僧正坊《じょうぼう》・牛若人形、十三番の二見浦、十六番の素戔嗚尊《すさのおのみこと》（龍神・管弦・練物）並びに猩々《しょうじょう》、十八番の稲穂に蝶《ちょう》、二十番の龍神、二十三番の大国神、二十四番の鶴が岡放生会《ほうじょうえ》、二十七番の三条小鍛冶《こかじ》小狐、三十番の雉子《きじ》、三十一番の武内宿禰《たけのうちのすくね》人形、三十二番の仁田四郎《にたんのしろう》人形、三十五番の恵比寿神などである。その他にも毎年出る物があり、山車はいずれも牛車で曳《ひ》く。この他に踊り・練物・曳き物が数多く出る。

行列並びに番組次第

太鼓、御幣、榊、社家騎馬、神馬、社家騎馬、長柄、小籏《こばた》十本。

［一番］大伝馬町。［二番］南伝馬町。［御雇祭］太神楽がある、本材木町四丁分・弥左衛門町・新肴町。［三番］神田旅籠町《はたごちょう》一丁目。［四番］同二丁目。［五番］鍋町。［六番］通新石町。［七番］須田町一丁目。［八番］同二丁目。［九番］連雀町。［十番］三河町一丁目。［十一番］豊島町。［同］湯島町。［同］金沢町。

○神輿一の宮行列、長柄鎗、社家騎馬、太鼓、獅子頭《ししがしら》二、田楽、社家騎馬、御鉾《みほこ》、社着、大拍子、神輿、神几、社家騎馬。
家騎馬、神馬、社家騎馬、御太刀、社家騎馬、長柄鎗、伶人《れいじん》（鼻高面）、御幣、素袍《すおう》

○二の宮行列、伶人（鼻高面）、御幣、素袍着、大拍子、神輿、神几、社家騎馬、白張素袍、神主轅《ながえ》、社家騎馬、長柄鎗、突棒《つくぼう》、以上。

［十二番］岩井町。［十三番］橋本町一丁目。［十四番］同二丁目。［十五番］佐久間町一丁目・二丁目。［十六番］同三丁目・四丁目、富松町。［十七番］久右衛門町一丁目・二丁目。［十八番］多町《たちよう》一丁目。［十九番］同二丁目。［二十番］永富町四丁分。［二十一番］竪大工町。［二十二番］蠟燭《ろうそく》町・関口町。［二十三番］明神西町。［二十四番］新銀町。［二十五番］新石町一丁目。［二十六番］新革屋町。［二十七番］鍛冶町一丁目・二丁目。［二十八番］元乗物町。［二十九番］横大工町。［三十番］雉子町。［三十一番］三河町四丁目。［三十二番］明神下御台所町。［三十三番］皆川町二丁目・三丁目。［三十四番］塗師《ぬし》町。［三十五番］白壁町。［三十六番］松田町。

○神輿二基ともに、古来は三十六番の後に渡御したが、天明三卯年（一七八三）に神主の願いによって、十一番と十二番の間に渡御する事となった。

当日桜の馬場を繰り出し所と定める。未明に御茶の水河岸通り昌平坂を上って右の本郷竹町へ向かって曲がり、本郷通りへ出て、本社の前湯島の坂を下り、旅籠町それ

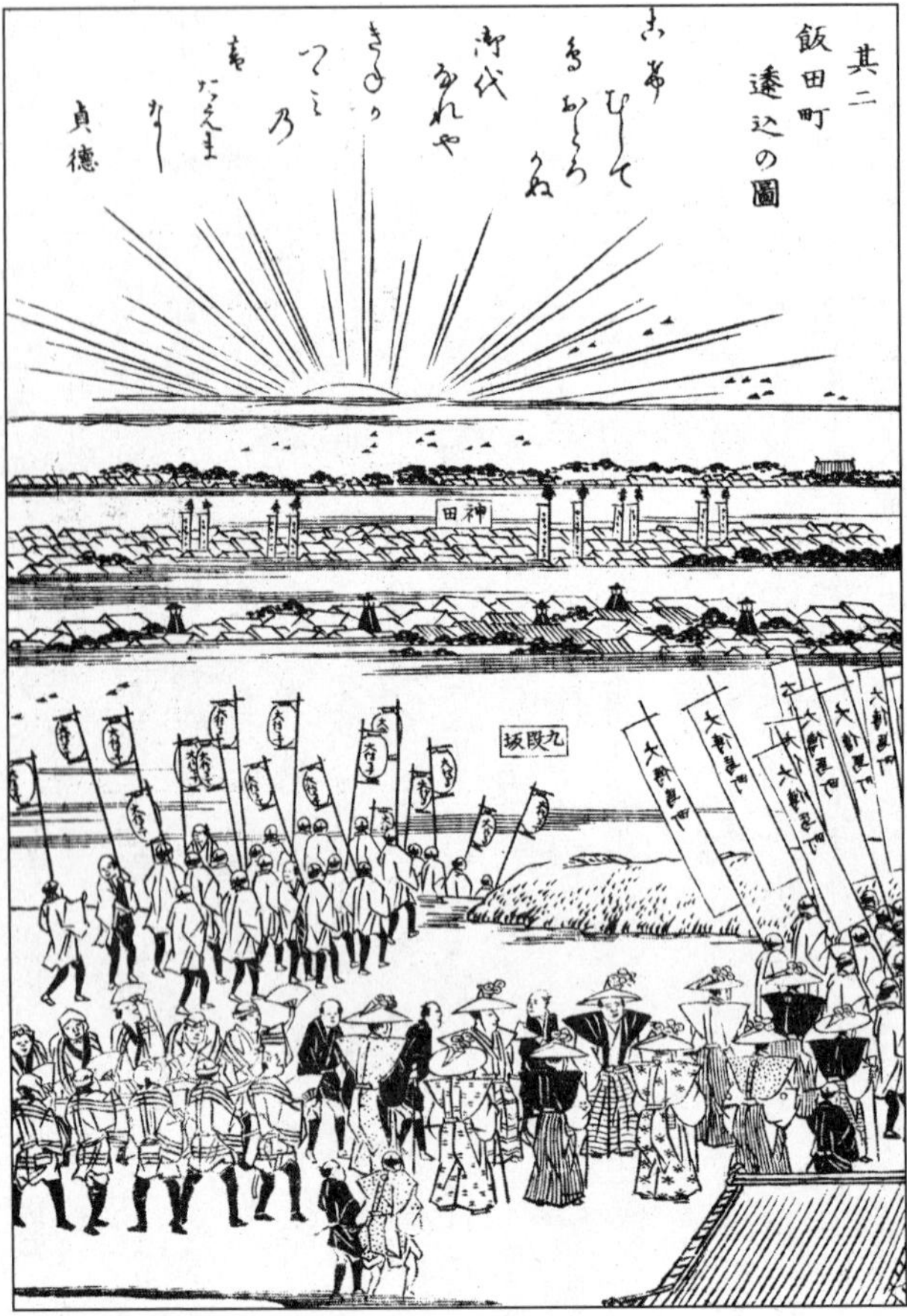
其二
飯田町
逢込の圖
貞徳
神田
九段坂

その二　飯田町邌(ねり)込みの図

から仲町と加賀原の間を筋違《すじかい》御門へ入り（この旅籠町の内、一祭おきに道筋に少しの違いがある）、須田町、鍋町から西へ曲がり、同西横町、横大工町、三河町三丁目を経て左へ曲がる。三河町一丁目の河岸、神田橋御堀端通（古来は神田橋から入る）、本多家御屋敷に沿って護持院原北側を過ぎ、それから飯田町魚板《まないた》橋を渡り、中坂を登り、田安御門から御曲輪《くるわ》内へ入る。竹橋御門を出て、一ッ橋御館前へ出る。神輿は御館の内へ入って奉幣がある。当社の旧地だったからである。それから大手前酒井家、小笠原家御屋敷に沿って、松平越州侯御屋敷前から常盤橋を出る頃は夕方に及んで、各々群れを乱して退散する。神輿だけは行列を揃え、本町通り、石町《こくちょう》、鉄炮《てっぽう》町、大伝馬町、堀留町、小網町、小舟町河岸から、瀬戸物町、伊勢町河岸、本船町、小田原町河岸から日本橋を渡り、通一丁目から京橋まで至る。それから北詰め東の河岸、炭町・本材木町七丁目から一丁目河岸まで至り、四日市から日本橋へ出て、室町一丁目から通り町、筋違、昌平橋を渡り、湯島の河岸から聖堂脇の坂を上って本社へ還輿する。この夜産子《うぶこ》の各家から軒提灯を外し、竹の先に付けて路次を供奉することが多く、神輿の勇ましさに目を驚かせる。

花すすき大名衆を祭かな　嵐雪
こも包み新酒の神田神祭　李卿《りけい》

寛文二年壬寅〔一六六二〕九月江東吟藁　　平岩仙桂作

繁華なり男女の集ひ　随喜して神田を仰ぐ　高下の雕甍《ちょうぼう》〔屋根〕は竦《そび》え、収排の朱闥《しゅたつ》〔入口の朱門〕は鮮やかなり　銭を擲《ほう》って強《し》ひて福を願ひ　幣を擎《ささ》げて且つ全を求む　聞説《きくならく》親王の蹟と　厳霊幾年を経る

○同社神事能は今は無い。享保〔一七一六―三六〕の頃までは、祭の年の十六日（また十八日ともいう）に興行した。あるいは日は定まっていないともいう。その頃は観世・金春《こんぱる》・宝生・金剛の四座から出て、江戸中に桟敷割《さじきわり》があって、人々がここに集まったが、その頃から絶えた。

『北条五代記』巻四に「坂〔逢坂《おうさか》〕より東に国が多い。（中略）しかるに能の祭は江戸神田明神に限る。それはどうしてかというと、神田明神の御託宣に、わが国に能が始まる事は、地神五代の天照御神《あまてらすおおみかみ》の時、天の岩戸の前では八百万《やおよろず》の神が遊び、朝倉がえし神楽歌を奏しなさって以来始まった。これによって能式三番という事が出て来た。翁太夫は天照太神、千歳は春日《かすが》大明神、三番申《さるがく》雅久は住吉大明神でいらっしゃる。これが神代の学びである。我が氏子がどのような祭・祈禱《きとう》をしても、能の舞楽には及ばないとあってから、毎年九月十六日に神事能がある。そんな所に上杉修理大夫藤原朝《とも》興《おき》は武蔵の国主として江戸の城にいらっしゃる。大永四甲申《きのえさる》の年〔一五二四〕、北条

左京大夫氏綱《うじつな》が江戸城を攻め落とし、上杉を亡ぼし武州を治められる。これによって中の年の神事能は無くて、次の年に神事能がある。これを吉例であると氏綱の仰せがあって以来、中一年を隔て三年目ごとに神事能がある。京の八幡《やわた》に暮松《くれまつ》という舞楽に堪能《たんのう》の者があり、この人が下って江戸を居住として、三年に一度の神事能を勤め今に絶えない（下略）」とある。おそらく、この暮松太夫から宝生太夫へ伝わって、およそ百年ほど代々勤めたが、また宝生太夫から喜多十太夫を頼み、これを勤めさせた。しかしただ一年で享保〔一七一六―三六〕から絶えた。惜しむべきである。

○神田蔭祭《かげまつり》は、隔年祭礼の休みの年にある。産子の町々で蔭祭と称して軒提灯を出し、神酒所の大幟を立て、酒樽・蒸籠などを積むのは祭年のようである。また種々の飾り物などがある。十四日から見物の往来は絶え間なく、本社の参詣が多い。また町々へ山車の人形を飾るのである。

○〔墨田区〕牛ノ御前の王子権現祭礼がある。別当は最勝寺。丑・卯・巳・未・酉・亥年の隔年に行う。牛島の総鎮守である。文政十亥年〔一八二七〕までは神輿二基。十三日から北本所石原新町の御旅所へ神幸があって、今日帰輿する。産子の町数が多いので、三日の間神輿が渡御したが、同年からは無くなった。山車・練物は安永八年〔一七七九〕から出る事が無い。

〔一番〕本所花町。〔二番〕同長崎町。〔三番〕同吉田町・同新坂町。〔四番〕同吉田町・同吉岡町二丁目。〔五番〕同亀沢町。〔六番〕南本所元町・本所尾上町。〔七番〕同横網町。〔八番〕同石原町。〔九番〕同外手町。〔十番〕同荒井町。〔十一番〕南本所出村町・北本所出村町・中ノ郷代地町。〔十二番〕南本所番場町・北本所番場町。〔十三番〕北本所表町。〔十四・十五番〕中ノ郷竹町。〔十六番〕本所元町・同八軒町。〔十七番〕同原庭町。〔十八番〕同瓦町。〔十九番〕同横川町。〔二十番〕小梅代地町。〔二十一番〕本所松倉町。〔二十二番〕本所新町。〔二十三番〕同三笠町。〔二十四番〕同長岡町、番組の他、須崎村・押上村・小梅村。以上三十一町三村である。

○下谷〔台東区〕金杉《かなすぎ》村三島明神の祭礼がある。神輿一基が渡御する。御旅所は金杉の通りにある。五月は村の祭り、当月は町の祭りである。

○浅草〔台東区〕諏訪町三島明神で神楽がある。

○千住〔荒川区〕小塚原飛鳥《こづかはらあすか》明神の祭礼がある。別当は神翁寺。天王の相殿である。

○寺島村〔墨田区〕白鬚《しらひげ》明神祭がある。

○千住掃部宿《かもんしゆく》鎮守氷川明神の祭礼を昨今行う。山車・練物・踊りなどが出る。神輿二基を巡らす。

○牛込〔新宿区〕筑土《つくど》明神の祭礼がある。別当は成就院。子・寅・辰・午・申・戌の隔年にある。元飯田町は当社の産子で昨今賑わっている。

○音羽町〔文京区〕八丁目田中八幡宮の祭礼がある。別当は西蔵院。当社は小日向の生土神《うぶすな》で十四日から行う。花山車・踊りなどを催して、殊の外の賑わいである。
○千住〔荒川区〕二丁目氷川稲荷祭がある。
○〔北区〕平塚明神祭礼がある。別当は城官寺。
○柏木村〔新宿区〕鎧《よろい》明神祭がある。
○〔品川区〕南品川神明宮祭がある。貴船相殿。
○三田〔港区〕小山神明宮祭がある。
○〔台東区〕今戸八幡宮で二十五座神楽がある。
○柳島〔墨田区〕妙見宮開帳がある。
○新鳥越〔台東区〕安盛寺で妙見宮の内拝があり、千巻陀羅尼を行う。
○白金〔港区〕妙見宮星祭がある。
○山谷《さんや》〔台東区〕正法寺毘沙門《びしゃもん》祭りで開帳があり、千巻陀羅尼を行う。

十六日

○〔港区〕飯倉神明宮の祭礼がある（世に芝神明という）。十一日から二十一日まで参詣者が群集する。別当は金剛院、神主は西東《さいとう》氏。今日祭礼の当日で、奉幣・御祓《おはらい》・神楽がある。境内で土生姜《しょうが》を多数商う。それで世に生姜祭という。また「ちぎ箱」と言って小判形の曲物《まげもの》に藤の花を丹《たん》・緑青《ろくしょう》・胡粉《ごふん》などで描いた物に飴《あめ》を入れて売る。

社記に「人皇二十九〔二十八〕代宣化《せんか》天皇の御宇《ぎょう》〔五三六―三九〕に諸国郡県に屯倉《みやけ》を設けて穀を運び移し、民の洪水・旱《ひでり》をお救いになった。その穀倉があったので、俗称して飯倉領と号する。これによって土民はここで飯を扱う器を専ら作る。臼・杵《きね》・木鉢・餅器などである。千器《ちぎ》は昔藤蔓《ふじづる》で編んで器とし、餅を盛るのによって餅器の上略〔もちきの「も」が略された〕である」とある。また「一条院御宇寛弘二年〔一〇〇五〕九月二十一日、両宮御鎮座の時、生姜・魚鱗《ぎょりん》などを供御に供え、また醴酒《あまざけ》を作り、その品々を千器に盛って奉ったので、今なおその例によってこの品々を商う」といっている。中古までは手遊びの臼・杵・木鉢などを商ったことを『江戸砂子』その他の草紙に載せているが、今はこれを商わない。醴酒は産子の家々で製しておいて、来客に勧めるのを習わしとする。ちぎ箱の事は岩瀬某〔山東京伝〕の『近世奇跡考』に説がある。煩雑なので漏らした。生姜の事は『江戸神略記』に「姜は穢悪《えお》を去って神明に通ずると『本朝医方伝』に見えているから、故が無いのではない」とある。この生姜を商う者は、片目が見えない者を撰《えら》んで商わせるのである。俗に「目腐れ市」とも言う。また『世話野記草』という俗書に「芝神明に水がある。目を病む者が目を洗えば平癒する。九月中旬は祭礼で人が多く参る。その中に目病《めやみ》が多いので、神明の目腐れ祭という」とも言っている。祭礼の間、産子の町々で提灯・幟などを多く出す。産子の町々は次の通りである。神明町・宇田川町・柴井町・露月《ろげつ》町・源助町・浜松町四丁・芝湊町・金杉十一町・松本町二丁・新門前二丁・新網町二丁・西応寺町・土手跡町・片門前二丁・中門前三丁・七軒町・芝三島町・新銭座町・兼房町・桜田備前町・同久保町・同太左衛門町・同善右衛門町・築地同朋町・麻布新網町二丁・同網代町・神田三島町・芝富山町などである。芝口三丁目は昔は当社の産子であったが、今は山王の産子となっている。武家屋敷は東の海手から芝口海手、北は愛宕下《あたごした》辺り、西は芝切通し辺りから、南は本芝・三田の辺りまでが産子である。

負けた負けたその拍手《かしわで》の生姜市　其角

○本所〔墨田区〕押上徳性寺の神明祭がある。

○〔渋谷区〕千駄ヶ谷の神明祭がある。神主は小川氏。

○〔台東区〕橋場朝日神明宮の祭礼がある。神主は鈴木氏。十四日から参詣が多い。芝に同じく生姜・ちぎ筥《ばこ》などを商う。江戸の神明宮では近世はどれもこのようである。

○〔文京区〕駒込神明宮の祭礼がある。別当は大泉院。神楽がある。産子は駒込富士前町・同江岸寺《こうがんじ》門前・同吉祥寺門前・同片町・同動坂《どうざか》・同上富士前町・同七軒町・同妙義坂下町・同浅嘉《あさか》町・伝通院領富士前町、以上十町である。『むかしむかし物語』という書の付録に「当社の祭は、享保・元文〔一七一六―四一〕の頃までは隔年怠り無く渡り祭礼があった。この祭に鹿島踊りという物が恒例で出ていた。また山車一本に警固として若者どもが女の衣服を着して陣羽織をし、女の腰帯を帯の下にまとい、竹杖の頭を袱紗《ふくさ》で包み、車に付けて歩行した。この祭に限らず、白山・氷川・赤城の渡りでも祭礼の警固は同様であった」とある。神明の祭礼は宝暦九卯年〔一七五九〕から絶えて無い。

○〔中央区〕新川太神宮祭を今日・明日行う。

○四谷〔新宿区〕真成院聖天宮で神楽がある（汐干観音の内）。

○〔千代田区〕神田社礼参り、祭礼が無事に済んだ賽《かえりもうし》として、産子の者または祭にあずかった者は、今日祭礼の衣裳《いしよう》をそのまま着て、高位高官の装束、武者勇士の出《い》で立ち、唐人姿、猩師、伊達《だて》、警固、その他種々の出で立ちにて参詣する。それで見物が社殿の前に満ちる。

十七日

○浅草〔台東区〕新堀松平西福寺の御宮参詣がある。

○浅草三社御相殿で太々御神楽の興行がある。

○麻布〔港区〕一本松氷川明神で神楽がある。

○大森〔大田区〕貴船明神祭がある。
○小日向〔文京区〕上水端氷川明神の祭礼、神楽がある。別当は日輪寺。
○谷中〔台東区〕妙福寺で日親上人像の開帳がある。

十八日

○雑司ヶ谷〔豊島区〕鬼子母神堂で万巻陀羅尼を行う。
○本所〔墨田区〕出村本仏寺の鬼子母神の内拝がある。昨日・今日当寺にて日蓮上人会式を行う。
○荻新田〔江東区〕小奈木川上妙寺の鬼子母神祭で開帳がある。
○下谷〔台東区〕灯明寺赤城《あかぎ》明神祭がある。
○牛込〔新宿区〕御簞笥町南蔵院の弁天祭を、亥・丑・卯・巳・未・酉年の隔年に行う。
○下谷〔台東区〕通新町秋葉権現祭がある。別当は真正寺。神楽がある。
○浅草〔台東区〕榧《かや》寺の秋葉祭がある。
○巣鴨〔豊島区〕本村にて十羅刹女《じゅうらせつにょ》祭事がある。
○今夜から大塚（護国寺の西）〔文京区〕本浄寺七面宮の祭礼、夜中に説法がある。翌十九日は陀羅尼を行う。児《ち》供《ご》養がある。

十九日

○牛込〔新宿区〕赤城明神の祭礼がある。別当は等覚寺。子・寅・辰・午・申・戌の年の隔年に練物を出したが、最近は年をおいて出す。十八日・十九日には例年神楽がある。当社の産子の内で祭礼の時に、榎町に大きな獅子頭《ししがしら》二つを飾る（五尺余りある）。寺町には関羽の人形を飾る事は毎年変わらない。祭礼の番組は次の通りである。

〔一番〕牛込横寺町。〔二番〕同　肴町《さかなちょう》・同袋町。〔三番〕同長源寺門前・正定蔵門前。〔四番〕同通寺町・安養寺門前。〔五番〕同末寺町。〔六番〕同御箪笥町。〔七番〕同払方町。〔八番〕同御細工町。〔九番〕同天神町。〔十・十一番〕同中里町・同中里村町。〔十二番〕同榎町。〔十三番〕同弁天町。〔十四番〕同供養塚町。〔十五番〕同早稲田町。〔十六・十七・十八番〕同原町一丁目・二丁目・三丁目。〔十九番〕同改代町。〔二十番〕同築地片町。〔二十一番〕同五軒町。〔二十二番〕同水道町。〔二十三番〕同馬場先片町。〔二十四番〕同天徳院門前。〔二十五番〕同改代町分。〔二十六番〕同等覚寺門前。以上二十八町である。神輿二基、別当乗輿。行列略す。

○道筋は神楽坂の上、通寺町を練り込み所とする。それから真っ直ぐに南へ、神楽坂通り、軽子坂上へ曲がり、左へ折れ曲がり、中山侯御屋敷、五軒町、馬場先片町から東へ、武家地、水道町、東西古川町辺、改代町、築地片町から本社の前、また通寺町へ出て、直進して北へ、早稲田町、馬場下町、越前侯御屋敷、根来町、原町、大久保東町、月桂寺前から合羽坂を下り、市谷八幡宮前、左内坂、武家地、馬場に沿って東へ折れ曲がり、山伏町を右へ、御細工町、御徒士《かち》町、御納戸町、払方町、同所西南を廻《まわ》り、元の御細工町から御箪笥町、横寺町から通寺町へ出、元の所で終わる。以上あらましを記した。

○〔台東区〕浅草田圃《たんぼ》幸龍寺柏原明神祭で開帳がある。千巻陀羅尼を行う。

○白金〔港区〕三鈷《さんこ》坂氷川祭礼がある。別当は報恩寺。

○〔杉並区〕大宮八幡宮神楽がある。

○本所、大島村〔江東区深川〕小奈木川通勝智院で稲荷の祭礼がある。

○浅草新町《しんちょう》白山《しらやま》権現の祭りがある。

○〔神奈川県川崎市〕川崎山王宮で角力《すもう》興行がある。この辺りは九月十九日を重陽の佳節としている。

○七面宮の祭礼がある。押上〔墨田区〕最教寺、深川〔江東区〕浄心寺（開帳あり）、高田〔新宿区〕亮朝院《りょうちょういん》（千巻陀羅尼、開帳あり）、日暮里〔荒川区〕延命院（十八日の夜、千巻陀羅尼、通夜説法がある）、大窪〔新宿区〕法善寺（本尊開扉、十三日から今日まで誦経・説法などがあり参詣が多い）、芝金杉〔港区〕円珠寺（千巻陀羅尼修行）が知られる。
○羽田〔大田区〕弁財天の祭礼がある。要島《かなめじま》という川崎の東にある。別当は龍王密院。

二十日

○待乳山《まつち》〔台東区〕聖天宮の祭礼がある。別当は本龍院。今日聖天町・同横町・金龍山下瓦町などの町々へ御輿が渡御する。参詣群集して賑わっている。安永三年年〔一七七四〕本祭があった。
○浅草〔台東区〕荒沢堂相殿にて聖天宮祭がある。
○その他、所々にて聖天宮の祭礼がある。
○萱場町〔中央区〕薬師如来の開帳がある。
○白金〔港区〕猿町雉子宮の祭礼がある。別当は宝塔寺。神楽、湯花興行がある。

二十一日

○小石川〔文京区〕白山《はくさん》権現祭礼がある。神主は中井氏。寛文〔一六六一―七三〕の頃から祭礼が始まり、昔は毎年あったことが『紫の一本』に載っている。安永三年年〔一七七四〕までは、子・寅・辰・午・申・戌年の隔年に産子の町々から踊り・練物・花山車などを出したが、同年から中絶した。しかし神輿は毎年出て参詣が群集する事は昔に変わらない。各町で幟・提灯などを出して、二十日から賑わっている。

小石川戸崎町、祥雲寺門前、法伝寺門前、喜運寺門前、坂下町、小石川柳町、同御掃除町、同伝通院表裏門前、同陸尺町、同白壁町、同富坂町、同金杉水道町、駒込片町、丸山新町、浄心寺門前、駒込追分町、同肴店町、同九軒屋敷、駒込浅嘉町、同高林寺門前、天栄寺門前、小石川指《さす》ヶ谷《や》町一丁目・二丁目、同原町、同指ヶ谷町、南片町、小石川浄円寺門前、同蓮花寺門前、同千川屋敷、同白山前町などである。山車・付け祭を出した頃は、本郷一丁目から六丁目までの町々から出した。ただし本郷は産子でない。

○〔文京区〕根津権現の祭礼がある。別当は昌泉院。神主は伊吹氏。世に宝永祭という。宝永〔一七〇四―一一〕の頃までは御庭祭として行ったが、同三年丙戌《ひのえいぬ》に当社御造営があり、明四年亥九月二十一日に駒込片町から祭りを出し、これから隔年となった。正徳二年〔一七一二〕に至って幕府から命じられて山王御祭礼の格に倣い、同四年九月に江戸の町から初めて祭りを巡らし、駒込辺りまでの祭りとなっている。今日その後行われていない。今はこの辺りから駒込辺りまでの祭りとなっている。山車・練物で美麗を尽くしたが、神輿三基・獅子頭・榊《さかき》などが惣門《そうもん》の通り、宮永町まで渡御する。二十日からの賑わいである。

○正徳四年の番組並びに道筋は、今は用がないからここに記さない。同年街に商った番付は、『曲亭漫筆』という草紙にある。
○青山〔港区〕原宿町《はらじゆく》熊野権現の祭礼がある。別当は浄性院。産子の町々が年によって山車・練物を出す。番組は次の通りである。［一番］青山御炉路《おろじ》町・北原宿町。［二番］南原宿町。［三番］久保町・熊野横町。［四番］久保町表町。［五番］久保片町。［六番］五十人町。［七・八・九・十番］浅川町。［十一・十二番］若松町・六軒町。［十三番］御手大工町。以上十一町である。
○下谷〔台東区〕千束《せんぞく》稲荷祭礼がある。龍泉寺持ち、花山車・幟・提灯など出す。積み物などがあって賑わっている。
○麻布〔港区〕龍土《りゅうど》神明宮祭が最近行われている。別当は長泉寺。
○角筈《つのはず》村〔新宿区〕十二所権現の祭礼がある。本郷村成願寺持ち。誤って十二そうという。
○弘法大師参りがある。河崎〔神奈川県川崎市〕、西新井〔足立区〕など、その他三月のようである。
○谷中〔台東区〕三崎妙円寺で会式《えしき》がある。千巻陀羅尼を行う。

二十二日

○深川〔江東区〕猿江妙寿寺の稲荷祭礼があり、千巻陀羅尼を行う。開帳がある。神輿を社前へ出す。
○谷中〔台東区〕大円寺の瘡守《かさもり》稲荷の内拝があり、千巻陀羅尼修行並びに説法がある。
○千住〔荒川区〕大橋向こう橋戸町鎮守稲荷の祭礼がある。
○麻布〔港区〕六本木芋洗坂下の朝日稲荷で神楽がある。
○今日から十一月二十八日まで、浅草〔台東区〕八軒寺町本法寺の熊谷稲荷社から切手を出し、十二月朔日から守り札を出す。門戸・柱などに貼っておく時は、火災・盗難を避けるという。今日千巻陀羅尼がある。
○浅草〔台東区〕七軒寺町の法養寺の熊谷稲荷祭がある。正月・五月のようである。
○御蔵前〔台東区〕池田家御屋敷鎮守瑜伽《ゆが》山《さん》権現の祭礼が今日・明日ある。
○麻布〔港区〕桜田霞山の稲荷祭がある。
○久保町〔港区〕霞山の稲荷祭がある。
○浅草〔台東区〕報恩寺にて引上会《いんじょうえ》を二十八日まで行う。親鸞《しんらん》上人御忌の取り越しである。

二十三日

○〔渋谷区〕代々木《よよぎ》八幡宮の祭礼がある。別当は福仙寺。
○今日・明日鈴ヶ森〔品川区〕で厄神祭がある。正月・五月のようである。

○浅草〔台東区〕観音堂で二十三夜（勢至菩薩）の餅を投げる。
○赤坂新町〔港区〕専修寺で勢至菩薩の開帳がある。

二十四日

○押上〔墨田区〕普賢菩薩の開帳がある。十部経執事、祭礼がある。
○雑司ヶ谷〔豊島区〕宝城寺で千巻陀羅尼並びに説法がある。
○浅草〔台東区〕大川橋手前の六地蔵で石灯籠念仏がある。

二十五日

○成子《なるこ》村〔新宿区〕天満宮の祭礼がある。円照寺持ち。
○小石川〔文京区〕原町天満宮で神楽がある。
○麻布〔港区〕広尾稲荷社祭があり、神楽がある。
○品川〔品川区〕新宿法禅寺で円光大師御忌法会を二十四日から行い、参詣が多い。
○楊弓結改《ようきゆうけつかい》の惣会〔遊戯用の小弓の大会〕がある。五月に同じ。

二十六日

○渋谷〔渋谷区〕宮益《みやます》町（坂の下り口）御嶽《みたけ》山権現の祭礼がある。執事は学宝院。

○麴町〔千代田区〕平河天満宮で十五座神楽がある。
○小石川〔文京区〕伝通院の開山忌を、今日・明日開山堂で行う。開山の了誉上人忌で、今夜通夜がある。二十七日巳の刻〔午前十時〕満散。
○今日から二十八日まで目黒〔目黒区〕長泉律院で仏名会《ぶつみようえ》〔日々の罪業を懺悔《ざんげ》し、消滅させる法要〕がある。

二十七日

○〔渋谷区〕千駄ヶ谷八幡宮の祭礼がある。別当は瑞円寺。
○諏訪谷村《すわや》〔新宿区〕諏訪明神の祭礼がある。別当は玄国寺。高田の先である。
○今日・明日目黒〔目黒区〕正覚寺にて鬼子母神祭があり、千巻陀羅尼が行われる。
○南品川〔品川区〕妙国寺で仁王尊の祭礼を、今日・明日行う。千巻陀羅尼、音楽、児供養《ちご》がある。
○〔品川区〕戸越村《とごし》の八幡宮祭、相撲興行がある。別当は行慶寺。当社境内の石を疱《ほう》瘡《そう》の守りとする。

二十八日

○〔目黒区〕目黒不動尊の祭礼があり、当月中は参詣が多い。二十七日・二十八日の

染井看菊

両日に特に群集する。二十七日夜から本堂での籠もりがある。道すがらの茶店・酒《しゆ》肆《し》で菊の花壇を造って、行く人の足を止める。

○〔豊島区〕高田氷川社で二十五座神楽がある。

○駒込〔文京区〕願行寺で大山同木による不動尊の開帳がある。

○牛込〔新宿区〕原町報恩寺の不動開帳がある。

○入谷〔台東区〕喜宝院鬼子母神で千巻陀羅尼がある。

○佃島〔中央区〕取り越し法会がある。島中残らず一向宗西派〔浄土真宗本願寺派〕である。今日島の内の築地本願寺の出張で報恩講を行う。

二十九日

○渋谷〔渋谷区〕氷川明神の祭礼、角力興行がある。別当は宝泉寺。

景物

菊

○立冬より四、五日目頃。巣鴨・染井〔豊島区〕辺りの植木屋園中、寺島村〔墨田区〕百花園。その他、本所辺り・四谷・青山辺りの植木屋庭中に多い。当地は菊の盛りが全て長いという。

○文化〔一八〇四―一八〕の末、巣鴨の里に菊の花で人物・鳥獣でも何でも様々な形を造る事が流行《はや》り出し、江戸の人々が毎日群集して、道すがら酒肆・茶店を連ね、道も通れないほど賑わった頃、父と共にこの辺りを歩いたのも幼い頃の事で、今では二十年の昔のこととなった。その後二、三年でこの事は絶えた。しかし常の様子の花壇は今に変わらず毎年盛んである。『紫のひともと』に「今江戸に白い菊の輪は少なく、黄金の目貫《めぬき》のようで、色が変わって白いのをむれい菊と言って流行るのはこの野から出たか」とある。むれい野は高井戸の辺りである。この辺りはまた瓜《うり》の名物があって、夏に都下に出す。

巻之四　冬之部

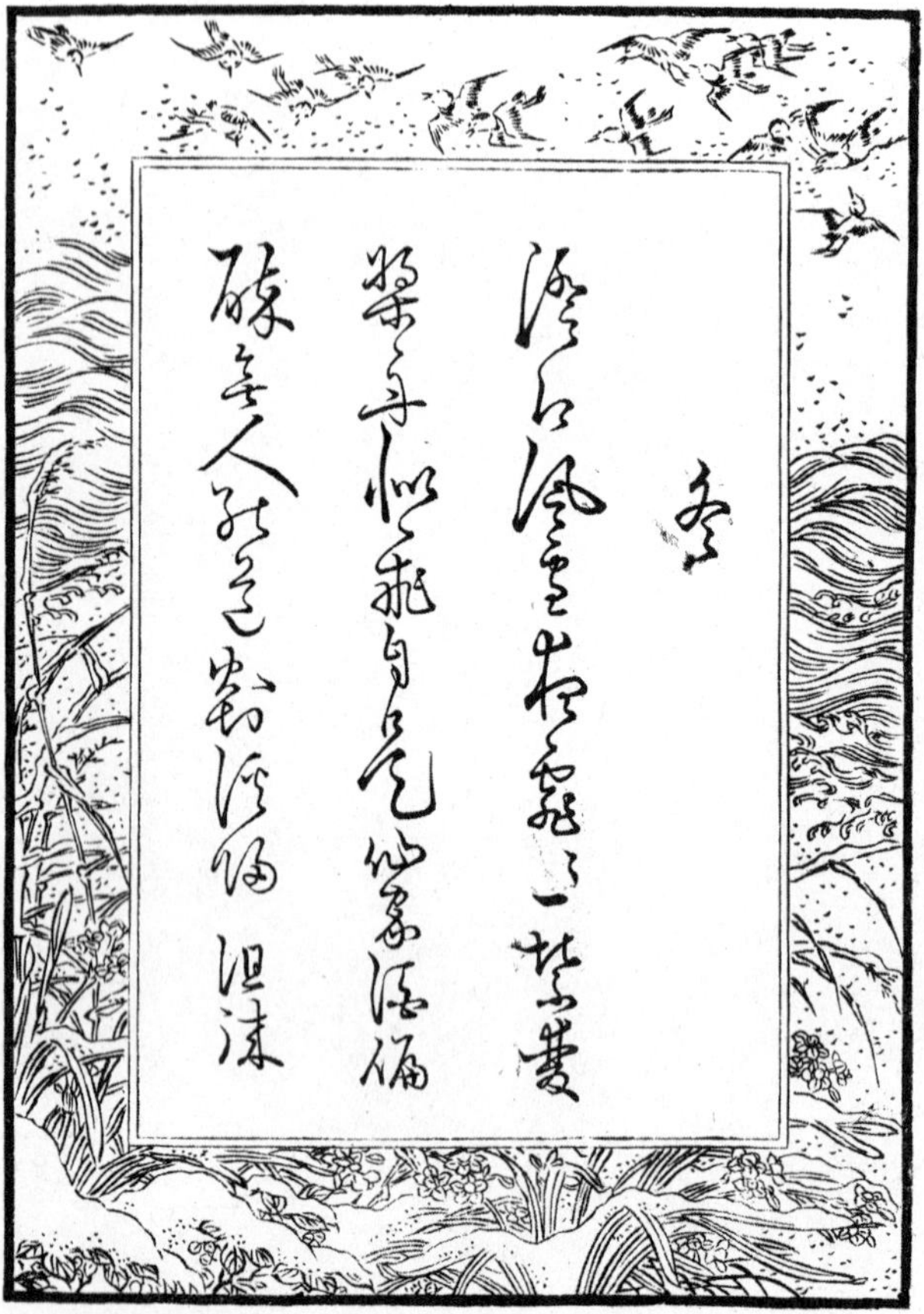

冬　澄江の風雪夜霏々(ひひ)たり　一葉の双槳に舟は飛ぶに似たり　自ら是れ仙家の酒に偏へに酔ふ　人の能く剡溪(えんけい)より帰ると道(い)ふ無し　徂徠

十月

朔日《ついたち》

○目黒〔目黒区〕祐天寺にて開山忌がある。開山の祐天大僧正、二世の祐海上人のために法筵を設ける所である。開山の入寂は七月十五日であって、今日は忌日でない。午《うま》の刻〔正午〕、弥陀仏《みだぶつ》の像、開山の像、祐海上人の像をそれぞれ輿《こし》に移し、本堂から音楽で境内を巡行し、住職は歩行《かち》で十念を授ける〔南無阿弥陀仏を十遍唱える〕。そして弥陀仏の像は弥陀堂へ安置し、住持の礼拝がある。両上人の像は元のように本堂へ帰坐《きざ》する。

○今日から四日まで、品川〔品川区〕東海寺の本殿に久隅守景《くすみもりかげ》の筆の十六善神の画像を掛ける。

○炉《ろ》開きとして人々が茶会を催し、親戚・朋友を饗《もてな》す。またこの頃から口切〔新茶〕

○初旬から会式《えしき》の造花を街で商う。
の茶会を催す。

上亥《かみい》の日

○玄猪《げんちょ》の御祝儀として、諸侯は申の中刻〔午後四時〕に御登城になり、大手《おおて》御門並びに桜田御門で御篝《かがり》を焚《た》かれる。人々は餅を作って時食《じしょく》とする。武家では公の例に倣って、白赤の餅を家臣に下賜する。町家では牡丹餅《ぼたもち》などを作る。また中亥《なかい》も祝う。
○炉開き・脚炉《こたつ》開き。
○摩利支天参りがある。上野町〔台東区〕徳大寺は、上中下の亥の日はともに参詣が多い。
○猿江〔江東区〕日先《ひのさき》社の祭礼がある。二十五座神楽、湯花興行がある。

日不定

○一向宗の報恩講取《と》り越《こ》しがある。十一月は両本願寺などに開山忌があるので、末寺あるいは在家の門徒は取り越して法事をする。それで俗に呼んでお取り越しという。

（初時雨）

二日

○〔台東区〕東叡山〔寛永寺〕の開山忌として、開山慈眼大師〔天海〕の御忌を行う。辰《たつ》の刻〔午前八時〕御本坊から御門主が御輚《おながえ》で慈眼堂へお渡りになる。全山の院主の惣出仕があって、法華八講修行、行道《ぎょうどう》、散花《さんげ》などがある。伶人《れいじん》が音楽を奏し、巳《み》の半刻〔午前十時〕に法会が終わる。これを俗にお練りといい、人々が群集する。今日は文殊楼（山門）を開き、登楼を許す。当月は両大師が例年御本坊へ遷座で、御執事がある。

『春台文集』初冬東叡山文殊楼に登る
高楼雲を架して起こる　登眺して幽襟敞《たか》し　地は湧く千花塔　山は栄ゆ七宝林
耳辺に墜葉鳴り　目下に遊禽過ぐ　彼岸房陵《ぼうりょう》近く　遥源渤海《ぼっかい》深し　簾《すだれ》を捲《ま》けば空翠《くうすい》入り　檻《てすり》に倚《よ》れば早寒侵す　挙趾《きょし》三界を超え　遊魂五陰を遣る　酒醒めて再酔し難く　詩就《な》りて閑吟《かんぎん》せんと欲す　杳眇《ようびょう》たり煙霞の裏　徒《いたず》らに生ず不住の心

四日

○浅草〔台東区〕幡随院《ばんずいいん》の開山忌を、今日・明日行う。開山の智誉上人白道和尚は正月五日の入寂《にゅうじゃく》である。今日取り越して法会を行う。

五日

○〔江東区〕亀戸天満宮で残菊《ざんきく》の宴がある。

○禅家の諸寺院で達磨《だるま》忌がある。

六日

○今日から十五日に至るまで、浄土宗寺院で十日十夜《じゅうにちじゅうや》法要を行う。この間、説法・別時念仏などがあって、参詣が多い。今日を十夜紐解《ひもとき》という。十四日には籠もりなどがある。この間に俗家でも法事をする。

増上寺（十四日は檀林《だんりん》〔学寮〕からも出るが、この日は庶人は拝することが出来ない）、本所〔墨田区〕回向院《えこういん》、深川〔江東区〕本誓寺、三崎〔台東区〕法住寺、南品川〔品川区〕願行寺、青山〔港区〕善光寺（尼寺）、奥沢〔世田谷区〕浄真寺（九品仏《くほんぶつ》）、〔台東区〕浅草寺念仏堂、千住〔足立区〕勝専寺、行徳〔千葉県市川市〕徳願寺が知られる。

十日十夜法要は白川女院の宮中で初めて行われた。その後、後花園院永享二年〔一四三〇〕に武将足利義教《よしのり》公の執権の伊勢守《いせのかみ》平朝臣貞経《さだつね》の子息の兵庫頭貞国《ひょうごのかみさだくに》、法名真蓮《せいれん》が深く弥陀の誓願に帰依し、洛東の鈴声山真正極楽寺真如堂《れいしょうざんしんしょうごくらくじ》（天台宗）の本尊の霊夢を得て、この法会を中興した。明応四年〔一四九五〕品川願行寺の開山観誉祐崇上人が勅《ちょく》に応じて京都に入り、十夜法会を浄土宗で執り行う事を許され、鎌倉の光明寺に帰って初めて行った。これが浄土宗の諸寺院で修行することの初めである。今も光明寺の十夜法会には江戸並びに近在から参詣に来る人が多い。

○麴町〔千代田区〕心法寺で弥陀経千部を十四日まで行う。

○雑司ヶ谷〔豊島区〕法明寺で会式の花市があり、今日並びに七日・八日に市が立つ。

菊鶏頭切り尽くしけり御命講　はせを

○小石川〔文京区〕一行院で徳本上人の忌日法事がある。和尚は文政元年〔一八一八〕の冬、当寺に入って入寂《にゅうじゃく》があった。近世の碩徳《せきとく》で世人の広く知る所である。

七日

○浅草〔台東区〕土富店《どぶだな》の長遠寺《ちょうおんじ》の会式を六日から行う。両日祖師開帳がある。

○本所〔墨田区〕表町本久寺の会式を今日・明日行う。

○奥沢〔世田谷区〕浄真寺にて開山珂碩《かせき》上人の忌がある。

○雑司ヶ谷〔豊島区〕法明寺にて会式があり、経揃え〔不詳〕がある。

八日

○法華宗寺院にて御影講《おめいこう》法会がある。法恩会また会式という。当月十三日は宗祖日蓮上人の忌日であるため法会を設ける。今日から十三日まで行う。俗にお命講というのは、御影講が転訛《てんか》したのである。白梅園鷺水《ろすい》〔青木鷺水〕編の『誹諧新式』に、「みえいこうというべきなのを春の弘法大師の忌を御影供というと紛れるので、ミエの反メだから、めいこうというのであろう。それを俗に誤り、御の字をさえ添えておめいこうという。おめは重言である。みあかしをおみあかしという類《たぐ》いである」とある。○法会の間、一宗の寺院は仏壇を輝かし、造花を挿し、その寺の装飾は目を驚かせる。参詣の者は月末まで出る。在家でも宗門の徒は会式と称して、祖師に供養し、客を迎える。祖師に供する所の五彩に色取った餅をこまくら餅という。こまくら餅は鎌倉餅の謬誤《びゅうご》である。縁起があるが煩雑なので略す。

餅染めてこれぞ信あり御命講　尚白

雑司ヶ谷〔豊島区〕法明寺の法会中には、開帳がある。音楽・遶《ねり》供養〔諸菩薩の仮装をして練り歩く〕などの法会は厳重である。十二日の頃から支院の飾り物がある。大行院を第一とする。毎年種々の機巧《からくり》をする。どれも宗祖の一代記によってその様を作っている。境内に見世物・軽業などが出て、二十三日まで人々が群集し、その繁昌

雑司谷法明寺
會式詣
圖する所ハ
鬼子母神の
祠并欅の杜
より法明寺
二王門を望む
の景なり
蓮宮法會競
呈奇傀儡場
開擲繍帷僧
侶不知閑擬
在弄将祖業
付児嬉
柳湾
法明寺

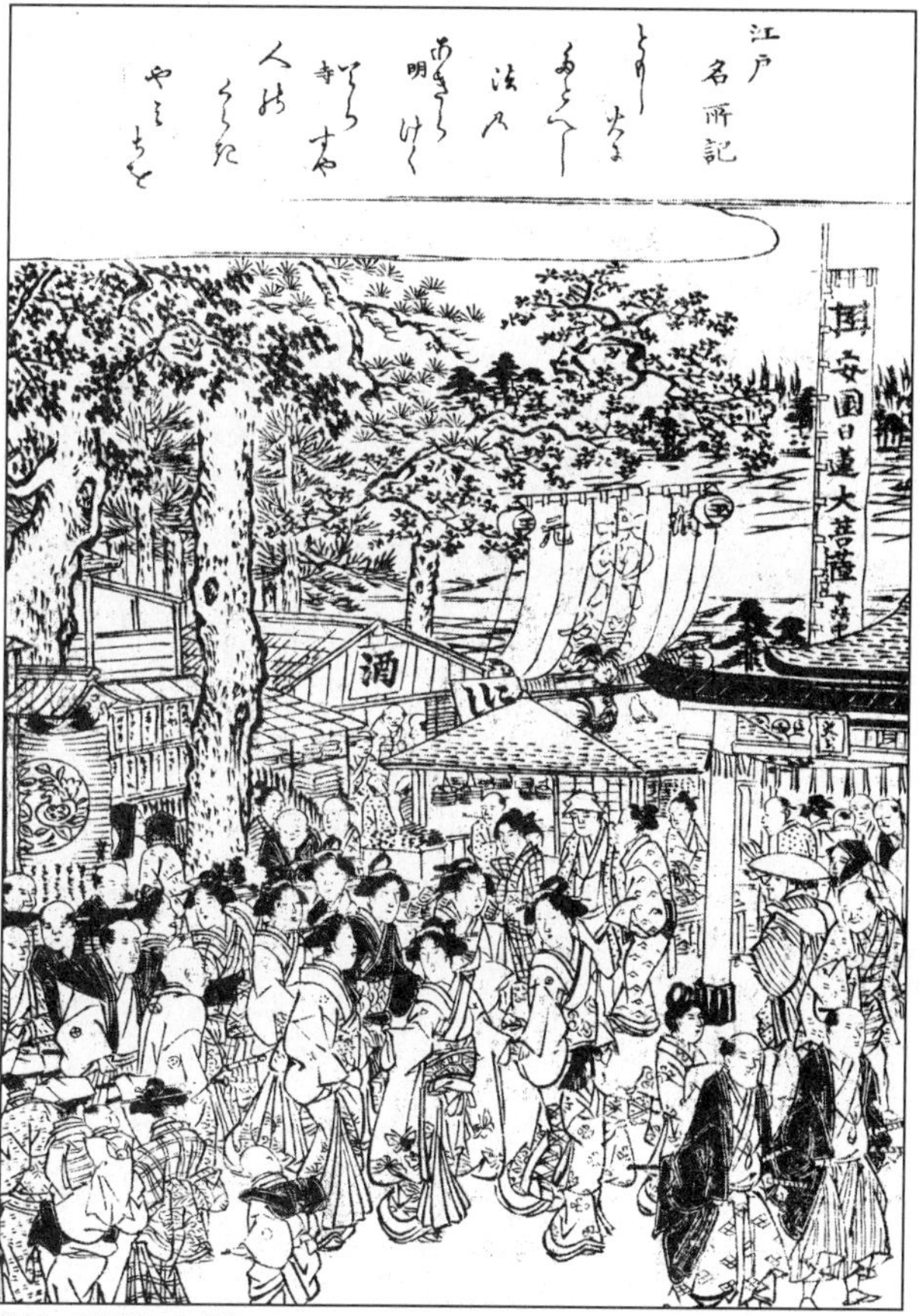

雑司ヶ谷法明寺会式詣で

は大方ではない。鬼子母神の境内には、茶店・料理屋が軒を連ね、行客《こうかく》を停めて酔を勧める。川口屋の飴《あめ》・麦藁《むぎわら》細工の角兵衛獅子《かくべえじし》・風車などを土産とする。寺中でその他飾り物をする寺院は、観乗院・玄浄院・蓮光院・真浄院・知足院（以上支院である）・清立院・宝城寺（十八日に会式がある）でも会式を行い、飾り物がある。

○今日同所で鬼子母神の更衣《ころもがえ》がある。堀の内〔杉並区〕妙法寺は、当月中は参詣が稲麻のように多く、宝前の供物は山のようである。会式中に開帳がある。法会の次第は次の通り。［八日］寿量品《じゅりょうぼん》（若干）。［九日］妙経《みょうぎょう》（一から四まで）。［十日］読誦（五から八まで）。［十一日］貝葉転《ばいようてん》（一から四まで）。［十二日］挙全典（五から六まで）、日中三礼出楽（五常楽）、法味（如寿量（如来寿量品））、呪讃《じゅさん》、双鉢、伽陀《かだ》、惣《そう》礼《れい》、音楽（羅陵王《らりょうおう》）、真読（久遠偈《くおんげ》）、散花（開経偈）、法華八講、論儀、讃歎経《さんたんきょう》、祈禱（陀羅尼《だらに》品）、玄題、円頓章《えんどんしょう》、還楽（酒胡子《しゅこし》）。［十三日］妙典（七から八まで）、正午三宝礼出楽（武徳楽）、読経（本迹枢要《ほんじゃくすうよう》）、梵唄《ぼんばい》、銅鈸《どうはつ》、訓読（宝塔偈）、対揚、惣拝、音楽（賀殿）、献香花（児童）、訓読（神力《じんりき》品）、祈禱（惣持《そうじ》品若干）、普賢《ふげん》呪、玄題円頓章、還楽（太平楽）、以上。

十日

○〔文京区〕湯島天満宮の祭礼がある。別当は喜見院。今日は当社勧請《かんじょう》の日であると

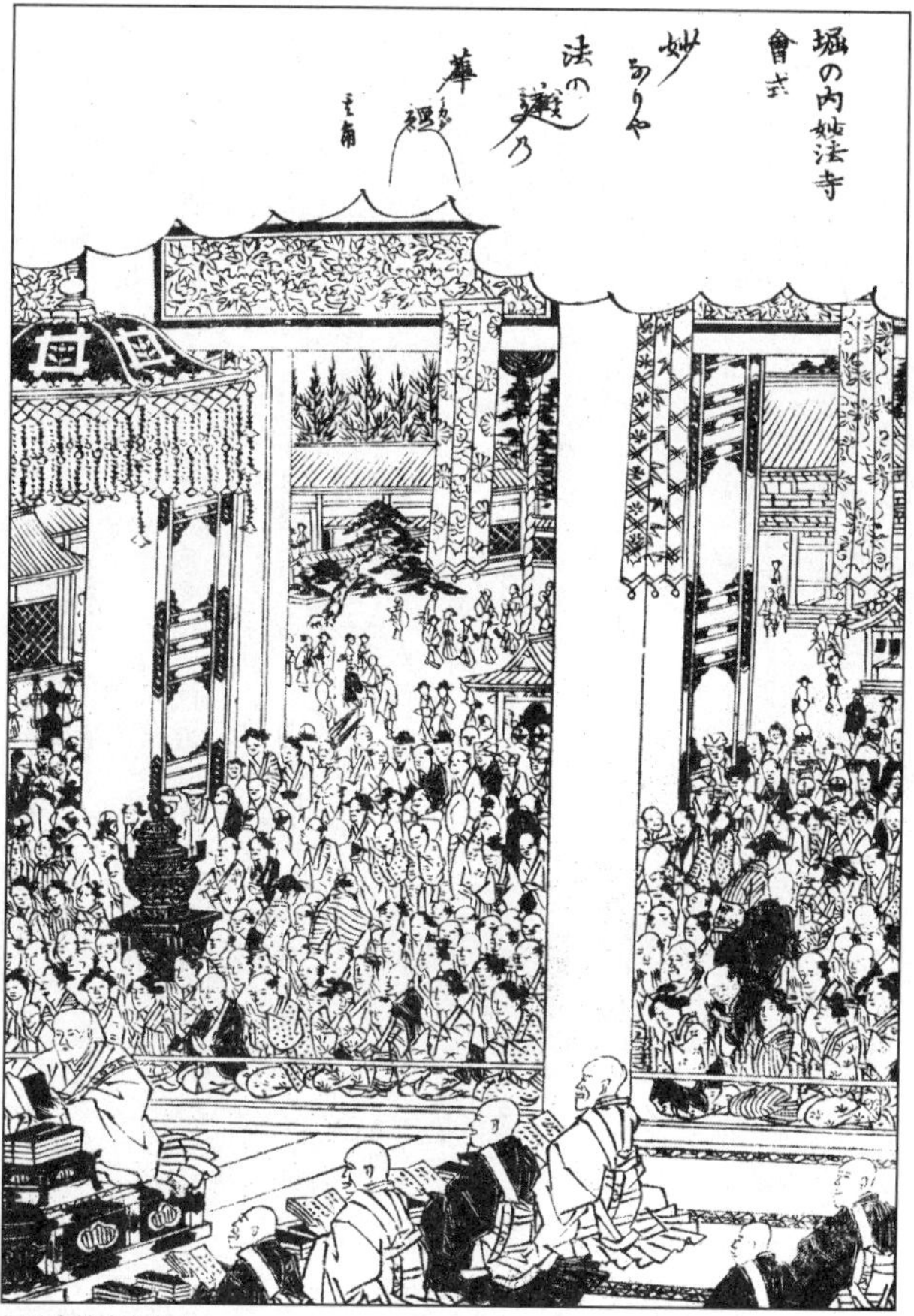

堀の内妙法寺会式

いう。九日から賑わっているのは二月十日と同様である。別当から砥餅《ともち》と名付けて、餅を砥石のように四角に断って神供とし、後に産子《うぶこ》の家々へ配る。当社の地守神が戸隠明神《とがくし》であるからだという。

○虎の御門外〔港区〕京極家御屋敷で金毘羅《こんぴら》祭礼がある。その他所々の金毘羅祭がある。

○矢口村〔大田区〕新田明神の祭礼がある。別当は真福寺。

○〔目黒区〕目黒金毘羅社の祭礼がある。別当は高幢寺《こうとうじ》。

○〔大田区〕池上本門寺で会式《えしき》があり、今日から十三日まで行う。十二日・十三日に開扉がある。十二日の夜は通夜の人が多く、夜中に説法がある。十三日・十四日には門前に笊《ざる》・籠の市が立つ。当寺は宗祖上人〔日蓮〕の入寂があった霊跡で、大伽《が》藍《らん》である。今日は祖師の御更衣《おころもがえ》がある。

○浅草〔台東区〕源空寺で十夜法会があり、一日に行う。

十二日

○法華宗御影供《おめいこう》がある。今日・明日に行われる寺院は、深川〔江東区〕浄心寺〔開帳あり〕、谷中〔台東区〕瑞林寺〔寺中に飾り物があって参詣が多い〕、本所〔墨田区〕法恩寺〔開帳あり〕、青山〔港区〕仙寿院〔開帳あり〕、丸山〔文京区〕本妙寺、下総《しもうさ》真間（千葉県市川市）弘法寺《ぐほうじ》（江戸から参詣が多い）、その他谷中（台東区）・牛込（新宿区）の辺りは、とりわけ法華宗の寺院が多く、各々会式を行う。谷中天王寺が感応寺であった時、以前までは法華宗で、会式では人々が群集をなしていたことが、寛文（一六六一―七三）の頃の記に見える。

○本所（墨田区）表町の本久寺にて祖師更衣《ころもがえ》がある。

○十五日まで総州中山（千葉県市川市）妙法華経寺で会式を行う。江戸並びに近鄙《きんぴ》から参詣者が多い。当寺は宗祖上人の最初の転法輪《てんぽうりん》の道場である。

十三日

○今日は御影供当日である。品川（品川区）妙国寺（祖師開帳あり）、丸山（文京区）浄心寺（朝の内開帳がある）、大塚（文京区）本伝寺（会式が十五日まで行われる）、浅草（台東区）土富店《どぶだな》長遠寺（祖師開帳がある）、牛込（新宿区）原町（願満祖師の開帳と会式がある）、高田（新宿区）亮朝院《りようちよういん》（飾り物がある）、赤坂（港区）今井谷（祖師開帳と会式がある）、小梅村（墨田区）常泉寺（祖師開帳と会式がある）が知られる。

○日蓮宗谷中（台東区）領玄寺は、桜があって十月に花が咲く。このため会式桜という。当寺は甲州（山梨県）身延山《みのぶさん》の隠居寺である。身延三十三世日亨上人が自ら植えた所で、宝暦三 癸酉《みずのととり》 年（一七五三）十一月二十二日、上人三十三回忌の折に初めて花が咲いたという。今に至って毎年十月に花が咲き、春にも花が咲くのはまた他の木に同じ。亭師桜《きょうしざくら》ともいう。池上〔大田区〕本門寺にもこれに等しい桜があって、当寺と変わらない。この頃に花が咲く。
○この頃から三座芝居の役者の入れ替わりの編号《やくわり》〔配役表〕を売り歩く。

十四日

○深川〔江東区〕霊巌寺で十夜法要を未《ひつじ》の刻〔午後二時〕に行う。
○目黒〔目黒区〕祐天寺で十夜を行い、今夜から通夜がある。
○十夜法会の寺院（六日の項にある）は十五日満散で、今夜から通夜がある。
○本所〔墨田区〕回向院で放生会《ほうじょうえ》がある。

十五日

○小塚原〔荒川区〕熊野権現の祭礼がある。別当は新宮寺。
○亀戸〔江東区〕常光寺で十夜法会がある。六阿弥陀の六番目である。
○三座芝居舞納《まいおさめ》がある。これを千秋楽という。大概当月中旬である。年によって中通りの役者・芝居がかりの者・素人が打ち交って狂言をする。その後、座の者が揃って座付き〔挨拶の口上〕がある。

谷中嶺玄寺会式桜

十六日

○今日・明日、雑司ヶ谷〔豊島区〕感応寺で会式があり、今日通夜を行う。十七日には音楽・児供養《ちご》・説法がある。

十七日

○受地村〔墨田区〕秋葉権現で八千枚大護摩供を行う。

○三芝居はなし初《ぞめ》がある。また、はやし初とも寄り初ともいう。三座ともに入れ替わり、俳優を提灯《ちょうちん》で送り迎える事があって大変賑わう。同夜に座中一同が芝居三階に会して酒宴をし、狂言作者は恵方に向かって新狂言の名題を読み、二枚目の役者が役割を読む。後に狂言作者が出て受け取りの幕を話す。また雑煮餅で祝う。その他にも恒例があるという。また当月の末は、京・大坂から下りの役者が当地に着く。これを乗り込みという。夜中の賑わいは言葉ではよく表せない。

十九日

○今夜大伝馬町〔中央区〕一丁目・二丁目・通旅籠町に商家の夷講《えびすこう》の市が立つ。正月十九日のようである。

○高田〔新宿区〕亮朝院七面宮《しちめんぐう》題目講と開帳がある。二十三日には説法がある。

二十日

○商家では恵比寿講《えびすこう》があり、正月二十日のようである。
○〔台東区〕浅草寺西の宮稲荷境内の恵比寿開帳がある。
○三座芝居入れ替わりがあり、役者の紋看板を出す。この看板に大中小があり、紋に紺青・朱・緑青の彩色で区別がある。また並べ方にも次第があって、その位を争うという。

二十二日

○上野〔台東区〕御本坊の大師堂に慈恵《じえ》大師の謚号《おくりごう》を掛けて御法事がある。全山総出仕で法会を行う。人々は拝することができる。

二十三日

○雑司ヶ谷〔豊島区〕宝城寺にて説法がある。

商家愛比壽講
史邦

商家愛比寿（えびす）講

二十四日

○麻布〔港区〕善福寺で報恩講の引上法会《いんじょう》を、二十八日まで行う。親鸞《しんらん》上人の報恩講の取り越しである。この間読経・説法・音楽がある。西派の門徒は毎日参詣する。当寺の什宝《じゅうほう》を拝させる。また蔵王堂開山像の開扉がある。

二十五日

○三座芝居大名題《おおなだい》看板を出す。中村座では猿若狂言の人形を仕切場《しきりば》という所に飾る。他の二座の芝居では、三番叟《さんばそう》の人形を飾る。

○今日・明日、本所〔墨田区〕法恩寺で摩利支天祭がある。

晦日

○亀戸〔江東区〕神衣祭《かんみそ》がある。酉の刻〔午後六時〕に神灯を滅し、ただ一灯を掲げて、冬の御衣《おんぞ》を献上する。四月に同じ。

○三芝居の町内で茶屋飾り物がある。今日から霜月の顔見世狂言の始まるまで、各家の庇《ひさし》の上から大屋根・軒に至るまで、種々の風流な造り物を飾り、夜に至ると灯燭《とうしょく》を輝かす。贔屓《ひいき》連から引幕・水引・幟《のぼり》などを多数贈り、酒樽《さかだる》・甑桶《せいろう》・米・炭俵に至るまで山のように積み物とし、目覚ましいまで賑わう。当月半ば頃から新狂言の番付を売り歩く。江戸中で前後を争って買い求める。茶屋からは出入りの家々へ配る。
○勧進相撲は春冬二度あり、おおかた十月下旬から始まる。晴天十日の間の興行がある。見物の人々は未明から集まり、孟冬〔初冬〕の一盛事である。三月の項に記したとおりである。

景物

白膠木《ぬるでのもみじ》

○立冬より六、七日目。溜池《ためいけ》〔港区〕の洲《す》、三田〔港区〕小山ノ坂の辺りで、楓《かえで》に先だって紅葉する。一時の壮観である。

紅楓《もみじ》

○立冬より七、八日目頃から。〔台東区〕東叡山（清水堂の脇、車坂上）、谷中〔台東区〕天王寺、滝野川〔北区〕、〔文京区〕根津権現境内（風景が良い）、品川〔品川区〕東海寺（他よりは少し早い方である）、高田〔新宿区〕穴八幡宮境内、大塚〔文京区〕護国寺山内、大久保〔新宿区〕西向天満宮境内、角筈《つのはず》十二所権現社辺り（池のほとりで多景がある）、目黒〔目黒区〕祐天寺、〔港区〕増上寺弁天池辺りが知られる。
○同十日目の頃から。鮫洲《さめず》〔品川区〕海晏寺《かいあんじ》は、最明寺時頼入道〔北条時頼〕の植え

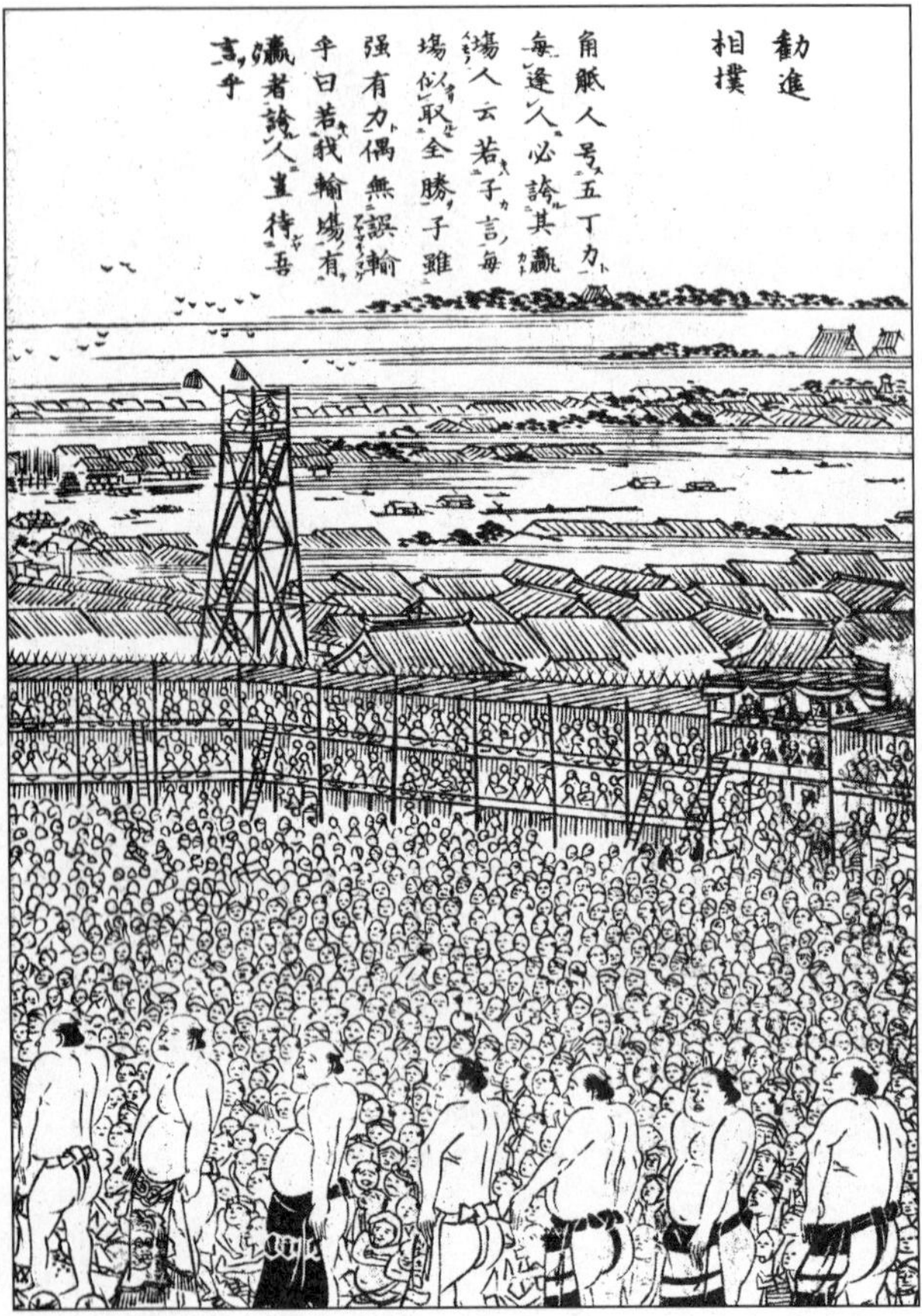
勧進
相撲
角觝人号五丁力
毎逢人必誇其贏
場人云若子言毎
場似取全勝子雖
强有力偶無誤輸
乎曰若我輸場有
贏者誇人豈待吾
言乎

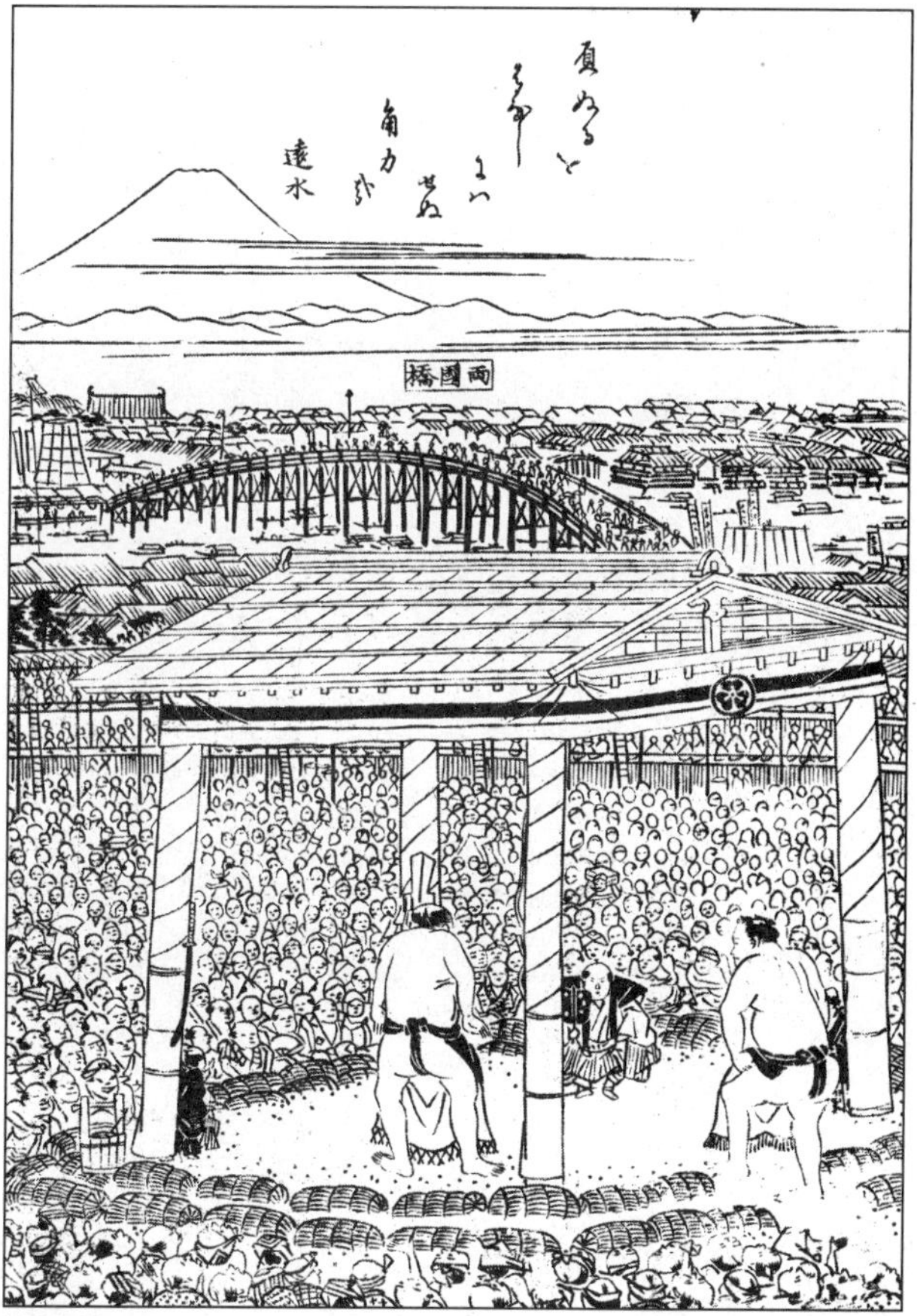

勧進相撲

置かれた所という。古くからの名所で詩歌が多い。山中の楓樹《ふうじゅ》はどれも古木で、庭中はまた趣きがある。紅葉の頃、都下の風流人がここに集まる。『江戸砂子』の当寺の紅葉を記したくだりに、蛇腹紅葉・千貫紅葉・花紅葉・浅黄《あさぎ》紅葉・韮梅紅葉・猩々《しょうじょう》紅葉などの名がある。

○同十五、六日目頃から。目黒〔目黒区〕滝泉寺は、近年少ない。

○下谷〔台東区〕正灯寺は、昔楓樹の名所で、都下の人々の遊賞の勝地であった。その頃はもみじとだけ言えば当寺の事と心得たほど賑わったことが、以前の諸書に見えているが、今は過半は枯れて名所を失った。

○目黒〔目黒区〕行人坂《ぎょうにんざか》は、昔から楓《かえで》の名所で、以前から夕日が岡という。今は枯れて名だけが残る。

○当国は平原で山が無い。そのため霜が遅く、紅葉はとりわけ諸国よりも遅い方と言う。

○真間〔千葉県市川市〕の楓は弘法寺本堂の前にある。今は古木となり形だけが残る。この楓の葉の内に、獅子口といって重なった葉があり、他の楓に異なる物があるという。二葉の楓というのもこれによるか。

○染井〔豊島区〕の植木屋〔伊兵衛・五三郎〕の百種の楓は、歌仙楓ともいう。前歌仙三十六種、後歌仙三十六種、新種二十八種、以上百種となる。よって百人一首とも

東海寺林泉看楓

いう。この伊兵衛の先祖で隠居して樹久と言った者が、元文丁巳の年〔一七三七〕に『歌仙楓〔歌仙百色紅葉集〕』といった書を著し、悉《ことごと》く図を載せて詳しい（名目が煩雑なので略す）。その書に「もみじの品は、貞享・元禄〔一六八四―一七〇四〕の頃は、八汐《やしお》・十二単衣《ひとえ》・野村などと言って、その数は数十種に足らなかった。その後実生の〔発芽において〕変わりが出て六々の品に分かれた。品数がおかしいと言って歌仙楓と名付けたのに、世上に流行り弄びとなった。なお毎年変葉が出来、また唐土《もろこし》〔中国〕から渡って来たからもみじ、あるいは諸国から葉変りといって来る物を集め植えて、百種に満ちている」とある。

○盆栽《はちうえ》の草木をこの月に室に収め、仲春〔二月〕に取り出す。おおよそ山丹《さんたん》〔姫百合《ひめゆり》〕・花紫・万年青《おもと》・茉莉《まつり》・蘇鉄《そてつ》・覇王樹《さぼてん》・阿檀《あだん》・麒麟角《きりんかく》の類《たぐい》で、寒さを恐れるものを分けて室へ入れるのが早く、室には唐室《とうむろ》・塗垂《ぬりたれ》・あんどうむろ・穴ぐらなどがある。種類によって区別があるだろう。室咲きの福寿草・梅は九月の末からある。

十一月

朔日《ついたち》

○三座芝居顔見世《かおみせ》狂言興行があり、臘月《ろうげつ》〔十二月〕十二、三日頃に至って終わる。十月晦日《みそか》の暁八ツ〔午前二時〕明けから、太夫元・若太夫が吉例の三番叟《さんばそう》を勤める。終わって前夜の人々を入れ替える。さて七ツ時〔午前四時〕から、前狂言・脇狂言、色子・子役、大勢の大踊りがあり、終わって後、新狂言顔見世の始まりである。全て芝居に関係する者は、大晦日に同じく十月晦日に事を極め、十一月朔日を元朝と心得ている。

顔見せや一番太鼓二番鶏　老鼠

顔見せや曇らぬ鏡諸見物　牡谷

芝居顔見世の圖

あらし きよ の
さむ 舞
ら 臺
や の
庭

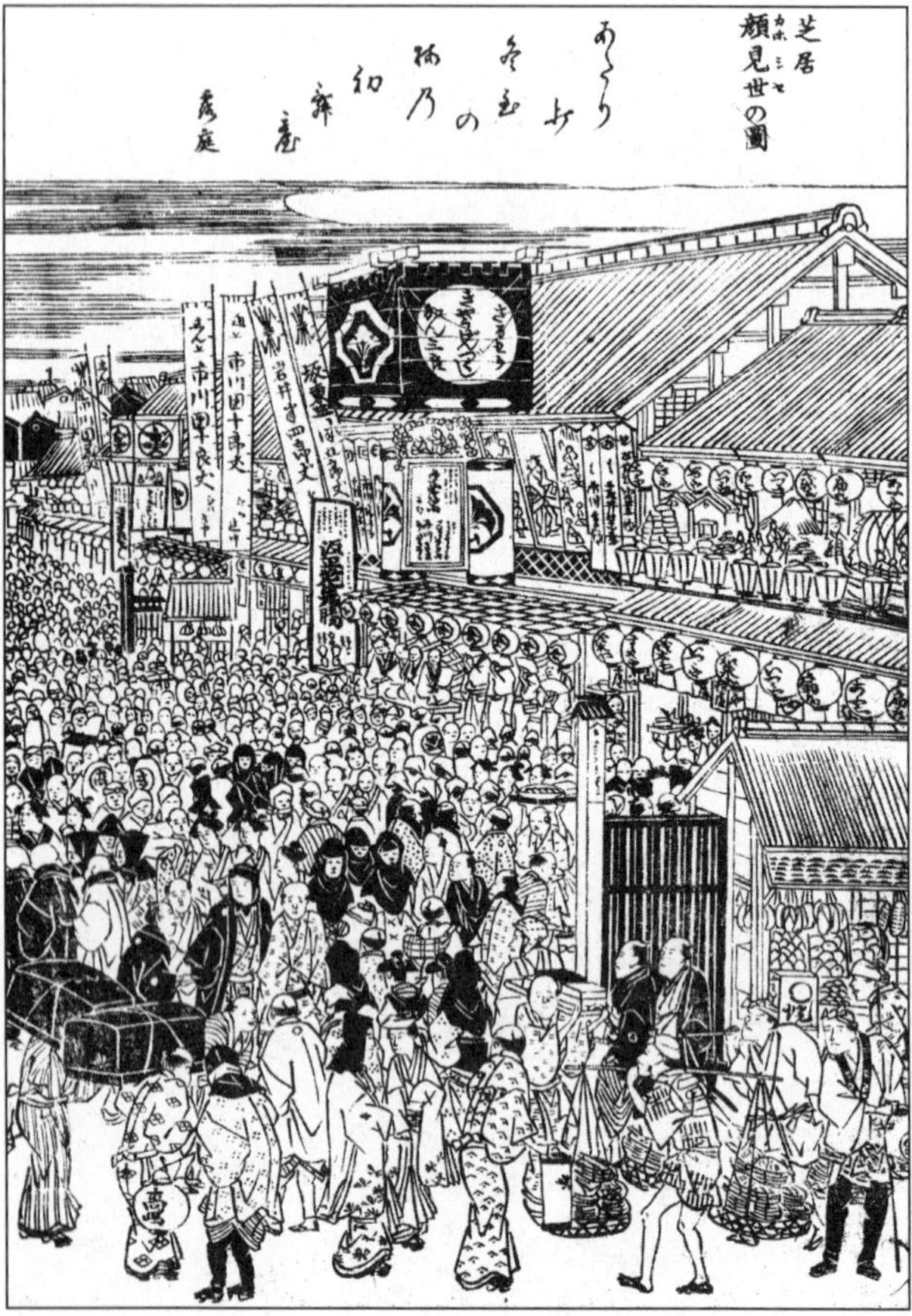

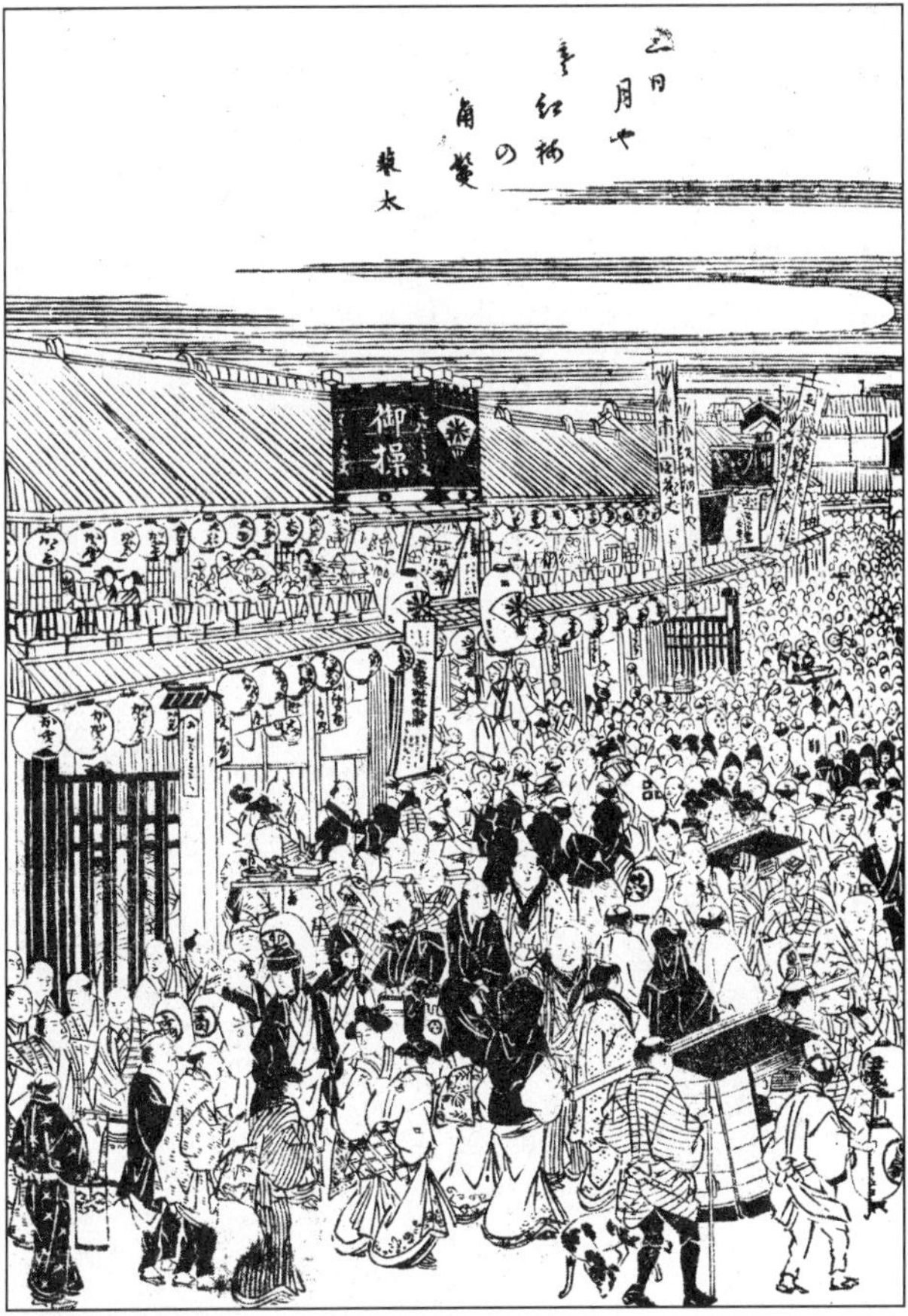

芝居顔見世の図

『五元集』顔見せ市川三升を祝す　其角

みつますやおよそ氷らぬ水の筋

顔見せや方十町は正月気　魚路

顔見せやこの二丁まち明けの春　遊女巴人

○今日から四日まで、〔北区〕王子権現で法華八講がある。

初子《はつね》の日

○子祭《ねまつり》がある。毎月と言っても当月は子の月であるので、初子の日・子の刻〔午前〇時〕にもっぱら大国神を祀る。これを子祭という。赤飯などを供する。

○本所〔墨田区〕亀沢町の大黒天の開帳がある。

○麻布〔港区〕一本松大法寺の大黒参りがある。

○青山〔港区〕立法寺《りゅうほうじ》の大黒参り、説法がある。

○その他所々の大黒参りがあるが、甲子《きのえね》の項に記した通りである。

○〔港区〕増上寺蓮池側の清林院にて、子《ね》の聖権現祭があり、開帳がある。三月に同じ。

○今夜太神楽《だいかぐら》が来る。

酉の日

○酉《とり》の祭《まち》、酉のまちは酉の祭の縮語である。酉の町と書いたのは根拠が無い。また酉の市とも言う。二の酉・三の酉ともに参詣がある。両所とも開運の守護神であるという。

○葛西《かさい》花又村〔足立区〕の鷲《おおとり》大明神社、別当は正覚院で、俗に大とりという。参詣の者は鶏を納める。祭りが終わると浅草寺観音の堂の前に放つ。境内で竹把《くまで》・粟餅《あわもち》・芋魁《いもがしら》を商う。江戸から三里ある。

○下谷《したや》〔台東区〕田圃《たんぼ》鷲大明神社は、別当は長国寺。俗にしん鳥という。今日開帳があり、最近参詣者の群集が甚だしい。当社の賑《にぎ》わっている事は、天保壬辰《みずのえたつ》〔一八三二〕からおよそ五十余年以前からの事だという。粟餅・いもがしらを商う事は葛西に同じ。熊手はとりわけ大きい物を商う。以前は青竹の茶筌《ちゃせん》を売っていたという。

　　春を待つことの初めや酉の市　　其角

○千住〔足立区〕二丁目勝専寺に葛西と同体の鷲大明神があって、今日参詣を許す。俗に中酉という。

○浅草〔台東区〕鳥越社にて神楽がある。近年から始まった。

浅草田圃《タンボ》
酉の市
はるをまつことのはじめや酉の市
其角

浅草田圃酉の市

冬至

○星祭《ほしまつり》がある。柳島〔墨田区〕妙見宮（音楽）、深川〔江東区〕浄心寺妙見宮（開帳あり）、新鳥越〔台東区〕安盛寺《あんじようじ》妙見宮（内拝、千巻陀羅尼《だらに》を行う）、山崎町〔台東区〕蓮花寺妙見宮、浅草地内〔台東区〕（学善院霊符社、寿命院妙見宮）、谷中〔台東区〕瑞林寺中本妙院妙見宮、伊皿子《いさらご》〔港区〕福昌寺妙見宮、白金〔港区〕妙円寺妙見堂（開帳あり）、浅草〔台東区〕八軒寺町本法寺熊谷稲荷社、坂本〔台東区〕小野照崎《おのてるさき》明神社、深川〔江東区〕猿江日先社（湯花興行がある）、亀戸〔江東区〕香取太神宮、〔港区〕三田八幡宮、麻布〔港区〕一本松氷川社、小石川〔文京区〕白山《はくさん》良善院（霊符社）、飯田町〔千代田区〕世継稲荷社、橋場〔台東区〕妙高寺妙見宮が知られる。その他、諸所の習合の社や町道場などで修しない所はない。各々星祭の札を出す。

○待乳山《まつちやま》〔台東区〕の聖天宮にて浴油供がある。

○今夜太神楽が来る。

○今日は人々が餅を作り、家人・使用人にも与えて、新年が来るのを祝う。また来年の略暦を封じて守りとする。

○今日銭湯風呂屋で柚湯《ゆずゆ》を焚《た》く。

寒の入り

○人々は寒の見舞。
○音曲をなす者は寒声・寒弾き〔寒稽古〕をする。
○今日餅を食べる。寒餅という。
○寒中水行《みずぎょう》（ただし冬の内も出る）寒念仏がある。
○神仏への裸参り、特に中の郷〔墨田区〕太子堂へ作事の諸職人が夜中に参詣する。

駒形に往来嬉しや寒念仏　三園

寒中丑《うし》の日

○丑紅《うしべに》と称して女子が紅を求める〔寒中丑の日に買う紅は口内の荒れを防ぐという〕。
○人々鰻《うなぎ》を食べる。
○当月から越後〔新潟県〕・信濃〔長野県〕・上総〔千葉県〕などの者が江戸へ出て奉公する。これを冬奉公人という。越後・信濃は雪国で冬の生活手段が無い。そのためその間江戸へ出て奉公する。俗に椋鳥《むくどり》という。多く群がって出るという意味である。

三日

○今日から六日まで、麻布〔港区〕善福寺で開山忌がある。開山の了海上人は蔵王権現に祀《まつ》って、境内の別堂に安置する。麻布権現ともいう。今日の開山忌では、右の堂で開山自作の木像を浴する。俗にお湯引き、また御身拭いという。この間阿弥陀経を読誦する。五日の夜、近辺の者は笹に団子・蜜柑《みかん》を付けて納める。それを境内に撒《ま》いて人々に拾わせる。

四日

○谷中〔台東区〕安立寺《あんりゆうじ》で茶人川上不白《ふはく》の忌がある。

五日

○牛込〔新宿区〕三十人町常泉寺にて題目講がある。

八日

○鞴祭《ふいごまつり》がある。稲荷を祀る行事である。世に火焼《ほたけ》という。鍛冶《かじ》・鋳物師・飾師・白銀《しろがね》細工、その他吹革《ふいごう》を使う職人の家でこれを祀る。今日早朝に二階の窓から往還へ蜜柑を投げる。

餅蜜《み》柑《かん》吹革《ふいご》祭やつかみ取り　下風

○谷中〔台東区〕金嶺寺《こんれいじ》にて金山《かなやま》権現祭がある。鍛冶方棟梁《とうりょう》高井某祈願の社である。

○水道橋〔千代田区〕三崎《みさき》稲荷の御火焚きを、七日・八日に行い、鎮火祭の守り札を出す。今朝蜜柑を投げる。十二座神楽がある。

十二日

○三芝居春狂言の世界〔上演する狂言の類型を選定する〕がある。顔見世の世界に同じ。

十五日

○嬰児宮参《えいじみやまいり》、髪置《かみおき》（三歳男女）、袴着《はかまぎ》（五歳男子）、帯解《おびとき》（七歳女子）などの祝いがある。当月初めの頃から下旬まで。ただし十五日を専らとする。分限に応じて各々新たに衣服を調え、産土神へ参詣し、親戚の家々を廻り、その夜親類・知己《ちき》を迎えて宴を設ける。女児の祝いには白髪また襷《たすき》がけと称して、麻苧《あさお》真《ま》綿《わた》に末広・松梅の作り花を五彩の水引で飾り結び、担がせて生土《うぶすな》神に詣でる旨が『江戸砂子』に見える。これは近年市中では少ない。

○永田馬場〔千代田区〕山王宮、同萱場《かやば》町御旅所、〔千代田区〕神田明神社、〔港区〕芝

神明宮、〔江東区〕深川八幡宮、〔新宿区〕市谷八幡宮、〔港区〕赤坂氷川社、〔文京区〕湯島天満宮、〔台東区〕浅草三社権現などがとりわけ多い。いずれも今日神楽があって賑わう。

袴着は娘の子にも袴かな　其角

十六日

○南本所〔墨田区〕番場町秋葉権現の祭礼がある。遠州秋葉山の旅宿である。別当は異玄庵という。参詣の者は小さい神幣を求めて、火除《ひよ》けの守りとする。

○当月は所々に秋葉祭がある。武家屋敷の鎮守にも多い。

十七日

○吉原〔台東区〕秋葉権現祭がある。今日・明日行う。柳閭《おおもん》を入った丁字街《ゆきあたり》で、常夜灯の前に仮屋を設けて賑わうことは甚だしい。

○二本榎〔港区〕広岳院八天狗《てんぐ》社の祭礼がある。庭中にある。

嬰児宮参り

二十二日

○一向宗寺院で報恩講があり、二十八日まで行う。開祖親鸞上人の忌日によって法会を設ける。俗に御講《おこう》といい、またお霜月という。二十八日まで読経・説法がある。昨今快晴であるのを、俗に御講日和《びより》という。

〔台東区〕東本願寺は、参詣の人々が晴れ曇りの分かちなく、東雲《しののめ》〔明け方〕の頃から寺前に群集し、惣門《そうもん》の開くのを待って間断なく本堂に詣でる。法会中座敷で聴衆に斎非時《ときひじ》〔食事〕を勧める。一向宗の老若は御講小袖と名付けて、新たに衣服を調えて参詣する。男は肩衣《かたぎぬ》の巾《はば》の狭いのを着し、女は薄物の黒い頭巾を被《かぶ》る。これを俗に角隠しという。同宗法会の寺院は数多《あまた》ある。左に一、二を記す。どれも参詣が多い。

下谷〔台東区〕唯念寺、浅草〔台東区〕阿部川町称念寺、同田圃《たんぼ》西徳寺〔什宝《じゅうほう》を出して人々に拝させる〕、小日向《こびなた》〔文京区〕上水端本法寺、霊南坂上〔港区〕澄泉寺が知られる。

二十三日

○川崎〔神奈川県川崎市〕山王宮の年の市がある。この辺りの賑わいである。

二十四日

○〔中央区〕西本願寺の報恩講を、二十八日まで行う。参詣群集する事は東本願寺に同じ。

二十五日

○〔江東区〕亀戸天満宮にて御火焚《おひたき》の神事がある。燎《にわび》〔篝火《かがりび》〕を焚く。

○湯島〔文京区〕霊雲寺にて結縁《けちえん》両界灌頂《かんじょう》を、隔年の今日・明日に行う。金胎《こんたい》両部の大曼荼羅《まんだら》を掛け、紅と白との手巾《てぬぐい》で両眼を覆って投花させる。大日如来に当たる時は大日如来の宝冠を戴《いただ》かせ、装束を改めて真言を授ける。その他は諸菩薩に当たるごとに真言を授けて守りを与える。江戸の人々並びに近鄙《きんぴ》から詣で来る人が多い。

○大師粥《がゆ》がある。天台智者大師の御忌である。く。これを大師粥という。およそ仏の教えを信ずる者に、この大師の末流でない者は少ない。浄土・法華・一向宗は皆天台から出た。そのため在家でも報恩を思う心であるという。

○田沢義章の『武蔵野地名考』の野火留《のびとめ》の里のくだりに「業平《なりひら》朝臣が女を具して隠れたのに、野火を見て女が詠んだ歌からその名を得たなどと言っている。これは『伊勢物語』によったのであろう。武蔵野の事を書いてあるのは寓言《ぐうげん》であろう。隅田川などと言うのも、元は駿河であったと聞くが、どうであろうか。それで今武蔵野の

東本願寺報恩講圖
通村卿

東本願寺報恩講図

里々で毎年十一月二十五日から三日の間、あるいは七日の内、みかりのうちと称して、団子を串に貫いて民戸に立てることがある。俗に中将だんごなどという。この時、茅《かや》を刈ることを禁ずる。在五中将をお慕いする余愛〔悲しみ〕が風俗となったのであろう」とある。

二十八日

○受地村〔墨田区〕秋葉権現の祭礼がある。別当は満願寺。二十七日夜に焼火《たきび》の神事、光明供十座十万遍を行う。二十八日には神楽の興行がある。

○南品川〔品川区〕千体荒神の祭礼がある。別当は海雲寺。二十七日から行い、護摩供がある。三月のようである。

○今日から節季候《せきぞろ》が出る。米山翁〔菊岡沾涼《せんりよう》〕が『世事談』に「節季候は筑前国観音寺の追儺《ついな》の姿を学ぶ」と言っている。元禄三年〔一六九〇〕刊の『人倫訓蒙図彙《じんりんきんもうずい》』に、「節季候は都鄙にある。都では十二月二十日から出る。節季であるので来る年の福と、また年の終わりまで何事もなく送り重ねたのを祝う心であろう」とある。

節季候を雀の笑ふ出立ちかな　芭蕉
節季候の来ては〔来れば〕風雅を〔も〕師走《しわす》かな　同

晦日

○浅草〔台東区〕本法寺熊谷稲荷の眷属祭《けんぞくまつり》がある。十二月朔日から火除けの神符を出す。

日不定

○新酒は、昔は九月に着船した。近年は次第に遅くなって十月頃となり、今は正月あるいは二月初旬に着く。摂州〔大阪府・兵庫県〕は伊丹・伝法・西の宮・池田・今津・大坂在・尼が崎・北在・灘目《なだめ》・大石・兵庫、その他泉州〔大阪府〕、勢州〔三重県〕、濃州〔岐阜県〕、尾州〔愛知県〕、三州〔愛知県〕などの国々から、新酒の船を江戸へ積み送り、品川沖に着く。早船で回船の問屋《といや》に報じ、同問屋から大茶船を出し、先を争ってこれを瀬取り〔海上での積み替え〕し、新川・新堀の酒問屋の銘々の河岸へ積んで来て、諸方へ運送する。その繁昌は言いようもない。

　喧嘩《けんか》して早うあやまる新酒かな　百吏
　打ち寄する浪ぞ新酒の安房上総《あわかずさ》　蓮之

○白魚《しらいお》。ある書に「江戸表の白魚は、昔尾州名古屋浦の白魚のお取り寄せがあって撤かせられた物が今に至って生じた」という。また同書に、「ある人がいう、春の末の頃、白魚の子を持ったのを多く捕り、そのままに乾《ほ》して納め置き、冬に至って汐の差し引きする磯の端へ垣を結い、土砂で堰《せき》を切って、その中へ汐の差し引きするようにし、波に取られないようにして、その白魚の干したのをそのまま浸して置けば、自然とその孕《はら》みはほころび出て孑孑《ぼうふり》の大きさになるのから、次第に長じて白魚の形をした時、その囲みを解くのである。元からそこに生じた物なので、他所《よそ》に流れ行かないでその水に生ずるのである。江戸表の白魚はこの方法で生じ始めたか」とある。この説は荒唐なようであるが、見当たったままここに挙げる。当月から春に至るまで、毎夜佃沖で四ツ手網で白魚を捕る篝火が多い。初春は海にいて、二月頃川へ上る。

白魚に価《あたい》あるこそ恨みなれ　　芭蕉
いさり消えてしらぬ火の佃魚白し　　全琴
白魚や文にかかる佃島　　拙候

○当月頃から三春〔一—三月〕の間、小児が紙鳶《いかのぼり》〔凧〕をあげて戯れとする。関東の方言ではたこという。

葛飾や江戸を離れぬいかのぼり　　其角

景物

看雪《ゆきみ》

○隅田川堤、三囲《みめぐり》〔墨田区〕、長命寺の辺〔墨田区〕、真崎《まつさき》〔台東区〕、真土《まつち》山〔台東区〕、上野〔台東区〕（山内すべて雪景が良い）、不忍《しのばず》池〔台東区〕、湯島台〔文京区〕、神田社地〔千代田区〕、御茶の水土手、日暮里〔荒川区〕諏訪社辺り（別当浄光寺を雪見寺という）、道灌《どうかん》山〔荒川区〕、飛鳥《あすか》山〔北区〕、王子辺〔北区〕、〔豊島区〕目白不動境内、牛天神社地〔文京区〕、赤坂溜池《ためいけ》〔港区〕、愛宕《あたご》山上〔港区〕（眺望がもっとも良い）、八景《やけい》坂〔大田区〕（俗に誤ってやげん坂という。大井と新薗《あらい》の間である。この地元から八景がある。佳景の地である）、吉原〔台東区〕が知られる。

初雪や遊ぶ身ながらまた遊ぶ　　遊女高尾
初雪やたれかまことも一ッ夜着　　同薄雲
いざさらば雪見に転ぶ所まで　　はせを

○雪をもって市街へ達磨《だるま》・布袋、その他色々の作り物をする。また雪転《ゆきこかし》の戯れなどは、

隅田川
看雪
澄江風雪夜
罪々一葉雙
繫舟似飛白
是仙家酒偏
醉無人詿道
剡溪歸
徂徠

隅田川看雪

諸国と変わらない。

千鳥《ちどり》

○霜月〔十一月〕末から臘月《ろうげつ》〔十二月〕初め頃まで、深川〔江東区〕洲崎《すさき》、今戸〔台東区〕橋場辺、品川〔品川区〕、中川〔江東区〕の海辺で見られる。寒夜に多い。

十二月

○朔日《ついたち》
乙子《おとご》朔日として人々が餅を作って祝う。『日本歳時記』に「いつの頃から始まったことであろうか、一年の間事無く朔日を悉《ことごと》く数えて来た事を祝う意であろう」とある。今日作る餅を乙子の餅という。また川浸《かわびたり》餅とも言う。水土《すいど》を祀《まつ》るの意味ともいう。この日餅を食べれば水難が無いという俗習によって、武家でもこの事がある。交代のときに海上の安全を祈る心であろう。船宿・船頭の家ではとりわけ祝う。
○今日から浅草〔台東区〕本法寺の熊谷稲荷社から守り札を出す。九月二十二日の項にある。

節分

○立春の前日である。今夜どの家でも煎豆《いりまめ》を散《う》ち、大戟《ひいらぎ》・鰯《いわし》の頭を戸外に挿《さ》す。豆を撒《ま》く男を年男という。今夜の豆を貯えて、初雷の日、家中でこれを服してまじないとする。また今夜煎豆を自分の年の数に一つ多く数えてこれを服す。俗に今夜を年越しという。

○〔江東区〕亀戸天満宮にて追儺《おにやらい》の神事がある。酉の刻〔午後六時〕、社前に篝《かがり》を焚《た》き、神楽を奏し、双角四目、青赤の二鬼に出《い》で立った者が、猿の皮を被《かぶ》って鹿角の杖を突き、社前に進み出る。巫《かんなぎ》が出て問答し、幣杖《へいじょう》で鬼を打つ。その他五人の巫が牛王杖を持って追い退ける。すべて当社の神事は、筑前〔福岡県〕太宰府の例に倣っているという。

○〔千代田区〕神田社で疫神斎《やくじんさい》を行う。本社の左の方に疫神塚を立て、祝詞《のりと》を捧《ささ》げ、疫神斎の札を出す。この札は後小松院様勅筆と言い伝える。

○雑司ヶ谷〔豊島区〕鬼子母神堂で追儺《ついな》がある。今夜院主・衆僧が内陣で陀羅尼品《だらにぼん》を読誦する。十三巻に至って番頭が尊前の供えの豆を拝殿の境の障子の穴から打ち出す。参詣の男女はこれを拾って守りとする。この豆を懐中にする時は、不時の怪我・過ちを除き、または疫病を避けると言って大いに尊信されている。

○柳島〔墨田区〕妙見宮で星祭がある。

亀戸天満宮追儺

○本郷〔文京区〕四丁目天満宮が節分の守り札を出す。
○〔台東区〕御蔵前八幡宮で神楽がある。
○浅草〔台東区〕幸龍寺清正公社から開運の守りを出す。
○下谷《したや》〔台東区〕五条天神宮で神事があり、酉の刻〔午後六時〕に追儺がある。白朮《おけら》餅《もち》を出す。これを服して邪気を避けるという。少彦名命《すくなびこなのみこと》の祭事である。
○〔台東区〕浅草寺観音にて節分会がある。宝前で一山の衆徒が般若心経《はんにゃしんぎょう》を来年の日数ほど読誦する。終わって豆を打ち、また外陣の左右の柱に高く台を構え、これに登って、節分祈禱《きとう》の守り札を撒き与える。人々は競い拾って堂中は混雑する。ただし申の刻〔午後四時〕に行う。この札に「節分」と印した所の「分」の一字を裂いて妊婦に服させると、安産であるという。また立春の札も出す。
○高輪《たかなわ》〔港区〕安泰寺の五福明神社から守り札を出す。
○諸神社は参詣が多い。
○今夜厄払いが来る。厄払いは元禄〔一六八八―一七〇四〕刊の『人倫訓蒙図彙《じんりんきんもうずい》』に、当時は節分の夜ばかりであって、世上の豆を撒く間、ただ二時〔四時間〕程歩いたとある。文化〔一八〇四―一八〕以降は、冬至・除夜・正月の年越ごとに来る。
○太神楽《だいかぐら》が出る。

八日

○正月事始め（俗にお事という）として、家々で笊《ざる》・目籠を竿《さお》の先に付けて屋上に出す。二月八日のようである。また今日を事納めとし、二月八日を事始めとするのは良くないとのことを『惣鹿子名所大全《そうがのこ》』ですでに言っている。しかし以前からもこう唱えて来たのであろうか。『芭蕉庵小文庫』に載る冬の句に、

　一両や相場の替る事納め　嵐竹
　身代《しんだい》も籠で知れけり事納め　史邦

○禅家の諸寺院で臘八《ろうはち》の法事がある。これは釈尊成道《しやくそんじようどう》の日である。
○この月薬師の縁日に詣でる者は少ない。俗にこの月に詣でると病患があるという。その根拠を知らない。

九日

○三田〔港区〕魚籃《ぎょらん》観音の煤《すす》払いで開帳がある（午の刻〔正午〕）。

日不定

○〔文京区〕湯島天満宮で煤払いと開帳がある。

○この節から煤竹《すすたけ》を売り歩く。荒神の絵馬も売り歩く。

十三日

○煤払いとして、人々の多くはこの日を用いる。大城〔江戸城〕の御煤払いの例《ためし》は、寛永十七年庚辰《かのえたつ》〔一六四〇〕十二月十三日に始まったと、前板の冊子〔『江戸名所図会』〕に見えている。家内に煤竹を入れ、煤餅を祝う。新宅に三年煤竹を入れないことは『東鑑《あずまかがみ》』に見える。

俳諧七部集の内『小文庫』の「煤掃之説《すすはき》」

曙《あけぼの》の空から物のはたはたと聞こえるのは畳を叩く音であろう。今日は師走の十三日、煤掃きのことぶきである。まことに雲井〔宮中〕の儀式、九重〔宮中〕の町の御法は嘉例《かれい》のある事で、ただ並々の人の煤掃く体こそがはなはだ面白い。各々門を閉ざし籠もって、奥の一間を屏風で囲い、火鉢に茶筌《ちゃせん》を掛けて、姥〔老女〕の帷子《かたびら》の上張り、爪先の見えている足袋《たび》も甚だ寒く、冬の日影の早く昼になりゆき、庭の隅に調度どもを取り散らした中に、持仏の後ろを向いたのが目立つのである。家の童が縁の破れ・簀《す》の子の下を覗き廻るのは、何を拾うのかと怪しい。味噌と呼ばれる大男が袋を被《かぶ》り蓑《みの》を着ているのも珍しく、米櫃《こめびつ》のサンを打ち付け、俎《まないた》を白くし、行灯《あんどん》を貼り替えて、田作り膾《なます》、浅漬けの香物《こうのもの》

〔漬物〕が花やかに、上下の膳を据え並べたのに、間も無く暮れて高鼾《たかいびき》となった。

煤掃きや暮れ行く宿の高いびき　芭蕉
なぐれて雪のかかるから竹　山店

○享保〔一七一六—三六〕の頃までは、古札納めという者が毎年十二月に武家・町家を「御払い納め、古札納め」と叫び歩いた。年中仏神の札・守りの溜《た》まったのを、銭を添えて右の者に与えたのである。この事は『惣鹿子』『江戸砂子拾遺』などにも見えるが、今は無い。
○〔目黒区〕目黒不動尊で煤払いと開帳がある。十二日の酉の刻〔午後六時〕から今日の巳の刻〔午前十時〕までである。
○〔台東区〕浅草寺観世音で煤払いと開帳がある。十二日には申の刻〔午後四時〕から仁王門を閉じて、後に開扉がある。講中の他は拝を許さない。今日は八ッ時〔午前二時〕頃から開帳がある。
○〔千代田区〕平河天満宮にて開帳がある。
○谷中〔台東区〕天王寺毘沙門《びしゃもん》で煤払い。開帳が未の刻〔午後二時〕過ぎにある。

商家
煤掃
何く方へ行て遊ばむすゝはらひ
峯白

清沈帰愚國朝詩
別裁
掃塵行　張自銘
掃塵練日臘三七細
竹長竿風捲疾歳々
荒村守敝廬家々浄
掃迎新吉掃遍尾椽
及四圍甑中之塵凝
不飛朝来坐曝茅簷
下垢面相逢猶苦飢
和漢風俗試

商家煤掃き

十四日
○今日・明日、〔江東区〕深川八幡宮の年の市がある。江戸の市の初めで、人々が群集する。商品は浅草の市に同じ。
○当月、伊勢両太神宮の御祓・大麻・新暦を添えて、御師《おし》から人々の家々へ配る。

十五日
○三芝居千秋楽がある。年内の舞い納めである。年によって遅速があるだろう。

十七日
○今日・明日、〔台東区〕浅草寺の年の市がある。今日宝前には修法が無い。堂の前で大黒天開運の守りを出す。当寺の境内は言うに及ばず、南は駒形から御蔵前通り・浅草御門まで、西は門跡前から下谷車坂町・上野黒門前に至るまで、寸地を漏らさず仮屋を補修し、新年の設《しつら》えとして、注連《しめ》飾りの具・庖厨《くりや》の雑器・破魔弓・手鞠《まり》・羽子板などの手遊び、その他種々の祝器を並べ商う声は巷《ちまた》にやかましく、都鄙《とひ》の人々がこれを求めるのを恒例とし、曇り晴れを嫌わず群集することは、更に昼夜の分かち無く、大路に人馬が頻《しき》りに行き交い、東西に道を分け兼ねて、縦横に目も配りがたい。また裏手の方は山之宿・砂利場に人が多数満ちている。この日の吉原の賑わいは言うまでもない。ある人が言うには「古老の説に、この市は雷神門の左の方、太神宮の摂社である蛭子《ひるこ》の宮の市である。昔は十二月九日・十日両日であったが、観世音の会日《えにち》には、参詣の老若が群集することは市の日に勝る。それでこの市を十七日・十八日に延ばした。今は観音の市になっている」と。そうであるか否かは知らない。またこの所に三・八の日に市が立つことがあったという。
○人形芝居、浄瑠璃太夫、三味線弾《ひき》・人形遣いの入れ替わりの看板を出す。

十九日

○〔台東区〕浅草寺雷神門前の蓑市《みのいち》がある。蓑を多く商う。三月のようである。

二十日

○二十一日との両日、〔千代田区〕神田明神社の年の市がある。浅草に続いて繁昌する。境内は隙間無く仮屋を連ね、三、四町ずつ四方へ商人が出る。

二十一日

○大師河原〔神奈川県川崎市〕平間寺《へいけんじ》の年の市がある。この辺りの賑わいである。

浅草寺
年の市
浅草寺前闠
市連
共求春器待
新年
街衢衚衕紅
麈起
絡繹猥摟人
践肩
蘭洲
大安賣

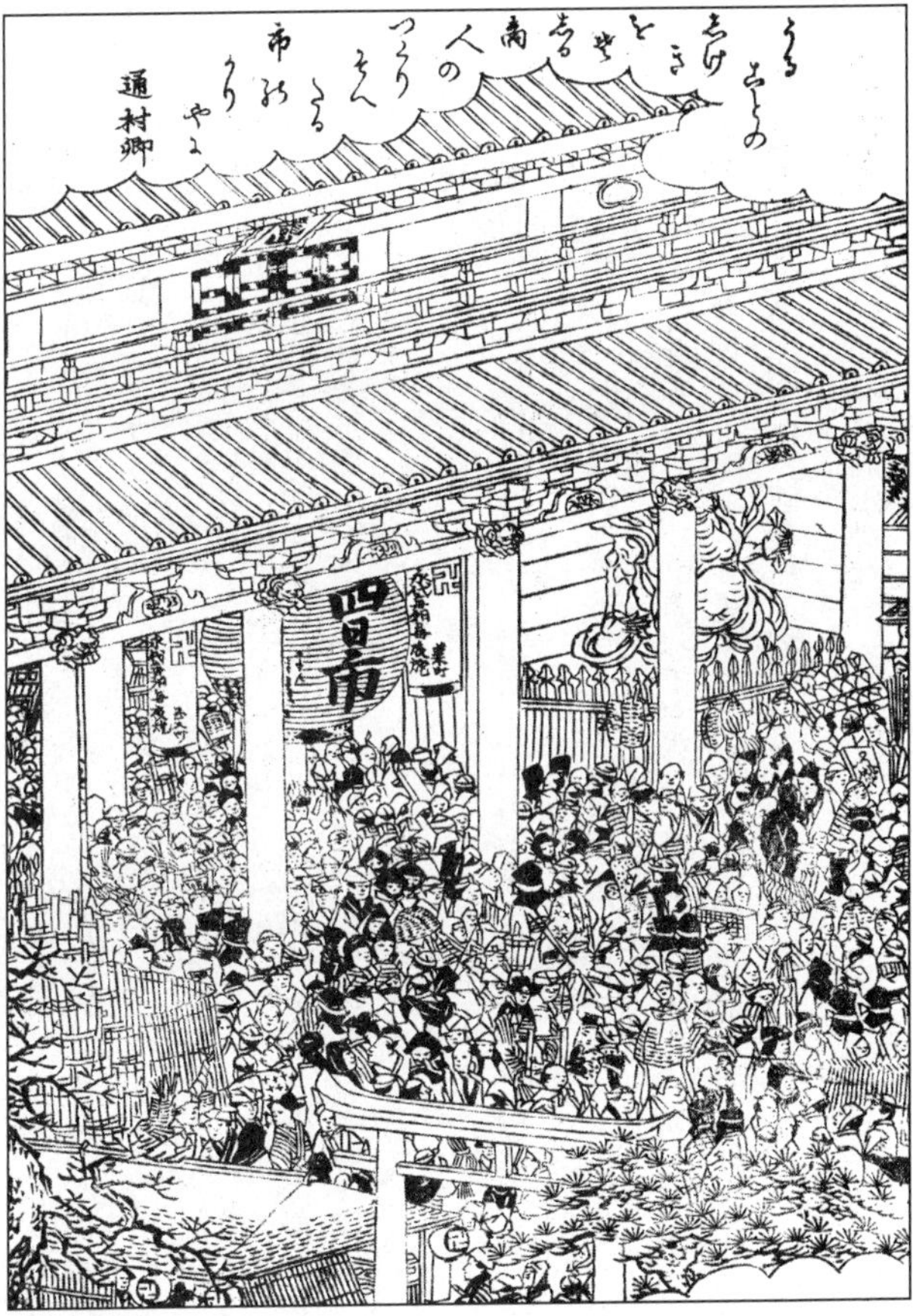

浅草寺年の市

二十三日

○二十三日との両日、〔港区〕芝神明宮の年の市がある。境内で注連飾りの具などを商うだけで、僅かな市である。

二十四日

○芝〔港区〕愛宕《あたご》権現の年の市がある。浅草に続いて大市である。遠近の商人がここに集まり、参詣の老若が集い、通り町は芝の辺りから日本橋まで賑わう。

二十五日

○今日・明日は、〔千代田区〕平河天満宮の年の市である。参詣者が多く、大市である。

○別歳《としわすれ》として、当月下旬に親戚・知己《ちき》を迎えて饗応《きょうおう》する事がある。一年の間事故無く過ごして新年を迎えるのを祝する意味であろう。

○歳暮賀として、当月下旬に友人・親戚が行き来し、また歳暮と名付けて餅・乾魚などを贈る。初生の嬰児《えいじ》へは破魔弓・羽子板などを贈る。

羽子板に破魔矢を願ふ師走かな　露沾《ろせん》

○十軒店《じっけんだな》・浅草茅町《かやちょう》、その他雛市《ひないち》の場所で破魔弓・羽子板・手鞠などを商う。

○この頃から辻々、河岸その他広場などに松竹を並べ、または仮屋を建てて注連飾りの具、歯朶《しだ》・譲葉《ゆずりは》・海老《えび》・餅栗《かちぐり》・乾柿《ほしがき》などを商う。除夜には夜通し市を立てる。また・腊魚《しおざかな》・鮭《さけ》・鱈《たら》などを商う小屋が街に多い。今川橋・通り町筋・筋違《すじかい》御門外〔いずれも千代田区〕・日本橋・四日市〔ともに中央区〕・下谷広小路〔台東区〕・麴町《こうじまち》五丁目〔千代田区〕などである。その他にも多い。

○春に至るまで梅・福寿草などの盆花を街で商う。室咲きの八重桜・藤の類《たぐい》もこの節から商う。

○来春売り初めの絵入り読本・草双紙・錦絵・双六《すごろく》の類を絵草紙屋で仕入れることがおびただしい。江戸名産の第一である。菊岡沾涼の『世事談』に「浅草御門同朋町〔台東区〕和泉屋権四郎という者、板行の浮世絵・役者絵を紅粉色にして享保〔一七一六—三六〕の初め頃からこれを売り、幼童の玩具として京都・大坂、諸国に渡る。これまた江戸一つの産となって江戸絵という」とある。

二十六日

○この節から餅搗《もちつ》きが街に賑わしい。その様子は上下によって異なるが、おおよそ市《し》

歳暮交加圖
江戸名所圖會

歳暮交加図

井《せい》の餅搗きは、餅を搗く者が四、五人ずつ組み合って、竈《かまど》・蒸籠《せいろ》・臼《うす》・杵《きね》・薪《まき》・何やかやの物を担い歩き、雇って餅を搗かせる人が糯米《もちごめ》を出して渡せば、すぐにその家の前で蒸し立て、街中狭しと搗き立てること勇ましく、昼夜の別も無い。俗にこれを賃餅または引きずりなどという。すべて下旬に親戚に餅を贈り、歳暮を賀する。これを餅配りという。塩魚・乾魚を添えるのである。

餅の手をはたいて出づる衣配り　木導《もくどう》
文筥《ふみばこ》の模様先《まず》見る衣配《きぬ》り　曾良
有明も三十日《みそか》にちかし餅の音　芭蕉

○稲付〔北区〕静勝寺で太田道灌入道の木像開扉がある。

二十八日

○人々の家で門松を立て、注連飾りをするのには、大方今日・明日を用いる。寺社も同じ。
○才蔵市は今は無い。最近までは下旬の夜に日本橋の南詰の四日市にあって、三河万歳が江戸に下って才蔵を雇ったという。才蔵は安房〔千葉県〕・上総〔千葉県〕または下総古河《こが》〔茨城県古河市〕の辺りから出る。太夫が才蔵の巧拙を選び、価を定めて雇い、正月になって出入りの各家を廻ったのである。
○薬研堀《やげんぼり》〔中央区〕不動尊の年の市がある。

晦日

○今日を年越という。また大晦日という。太神楽・厄払いが来る。
○諸神社の年越の祓がある。〔千代田区〕神田明神社、〔江東区〕亀戸天満宮で年越神事が通夜である。その他諸社である。
○柳島〔墨田区〕妙見宮の星祭がある。
○今夜〔北区〕王子稲荷の傍ら、衣裳榎《いしょうえのき》の本へ狐が多く集まる〔狐が身なりを整えるので衣裳榎という〕。関八州の命婦《みょうぶ》〔稲荷の眷属《けんぞく》である狐〕がここに集まり、官位を定めるとのことで、狐火がおびただしい。その狐火が山路を伝い、川辺を伝う様を見て、明年の豊凶を占うという。この事は年によって一度あることもあり、また二度、三度に及ぶ事もあって、刻限もまた定まっていない。別当の金輪寺では、以前から刻限を知っているという。○この官定めの時、関八州の狐が集まる内に、八官町〔中央区〕の穀豊稲荷は老足であるので、途中に休む所が無くては当所に来ることが出来ないとして、昔目赤不動〔文京区〕の別当へ霊夢があった。よって同所境内を毎年官定めの旅所と定めたことが言い伝えとしてある。

『江戸名所記』に載せる狂歌

狐火に王子田ばたのよしあしを知らんとここへこんりんしかな

年の一夜《ひとよ》王子の狐見に行かむ　素堂

○〔台東区〕浅草寺で臨正会《りんしょうえ》があり、正月六日まで年越《としごえ》を行う。元日からは修正会という。衆徒らが毎夕儺《おにやらい》の式法を勤める。正月元日の項に詳しい。

付録

江戸三十三所観音参り

古来の札所という。享保二十年（一七三五）刊の『江戸砂子拾遺』『続江戸砂子』に載せてある。詠歌は略す。

一番　金竜山浅草寺
二番　浅草駒形堂
三番　深川三十三間堂
四番　浅草清水寺
五番　下谷安楽寺
六番　上野清水堂
七番　湯島天神喜見院
八番　駒込寺町清林寺
九番　同浅嘉町定泉寺
十番　駒込正念寺
十一番　小石川指ヶ谷町円乗寺
十二番　小石川伝通院
十三番　築土無量寺
十四番　同八幡成就院
十五番　牛込寺町行元寺
十六番　市谷八幡東円寺
十七番　四谷北寺町浄雲寺
十八番　同南寺町真成院
十九番　赤坂清巌寺
二十番　西窪天徳寺
二十一番　芝増上寺
二十二番　飯倉順了寺
二十三番　麻布新町称念寺
二十四番　三田古川町龍翔寺
二十五番　魚籃浄閑寺
二十六番　三田済海寺
二十七番　伊皿子道往寺
二十八番　道往寺内一声剣
二十九番　高輪引接院
三十番　同如来寺
三十一番　二本榎黄梅院
三十二番　同坂中光雲寺
三十三番　目黒滝泉寺

同三十三所観音参り

同書前編『江戸砂子』にある。坂東三十三所の写しである。

一　番　湯島円満寺
二　番　同天神社地
三　番　小石川指ヶ谷町円乗寺
四　番　駒込まき町称念寺
五　番　駒込長専寺
六　番　同四軒寺町清林寺
七　番　同光源寺
八　番　千駄木世尊寺
九　番　日暮里養福寺
十　番　根津権現社地
十一番　忍岡稲荷内
十二番　不忍弁天境内
十三番　上野清水堂
十四番　下谷正法院
十五番　浅草新光明寺
十六番　同正樹院
十七番　同清水寺
十八番　同天嶽院
十九番　同日輪寺
二十番　誓願寺中九品院
二十一番　浅草寺中金蔵院
二十二番　浅草寺
二十三番　同自性院
二十四番　砂利場泉龍院
二十五番　浅草駒形堂
二十六番　本所回向院
二十七番　御舟蔵前西光寺
二十八番　深川本誓寺
二十九番　深川霊巌寺
三　十　番　同正覚寺
三十一番　同八幡社地
三十二番　同寺町増林寺
三十三番　同三十三間堂

山の手三十三所観音参り

『江戸砂子拾遺』に出る。本尊と作者も記してあるが、繁雑なので同書に譲ってここでは略す。

一　番　牛込寺町行元寺―三　番　築土無量寺―五　番　阿波殿町光岳寺
二　番　同松源寺―四　番　小石川西岸寺―六　番　大塚町大慈寺

七　番　大塚護国寺
八　番　目白坂養国寺
九　番　目白新長国寺
十　番　改代町長寿院
十一番　早稲田宗源寺
十二番　同宗清寺
十三番　下戸塚東福院
十四番　同観音寺
十五番　高田龍泉院

十六番　高田放生寺
十七番　馬場下西方寺
十八番　原町来迎寺
十九番　馬場下清源寺
二十番　七軒寺町千手院
二十一番　同宝龍寺
二十二番　市谷柳町光徳院
二十三番　四谷北寺町浄運寺
二十四番　同延寿院

二十五番　同安禅寺
二十六番　同南寺町顕性寺
二十七番　同真成院
二十八番　千日谷一行院
二十九番　赤坂元氷川隣龍泉寺
三十番　一ッ木清巌寺
三十一番　同浄土寺
三十二番　麹町心法寺
三十三番　市谷東円寺

右の山の手札所は、どれも享保十八癸丑《みずのとうし》年〔一七三三〕に建てた石碑があるので、同年の撰であろうか。なお尋ねるべし。

近世江戸三十三所観音参り

『江戸砂子拾遺』にある。断り書きは前に同じ。

一　番　浅草寺
二　番　姥ヶ池妙音院
三　番　真土山本龍院

十二番　同正念寺
十三番　大塚護国寺
十四番　高田金乗院

二十三番　渋谷長谷寺
二十四番　魚籃浄閑寺
二十五番　深川富吉町正源寺

四番 浅草駒形堂
五番 同新堀（天台）龍宝寺
六番 同北寺町日輪寺
七番 同清水寺
八番 下谷安楽寺
九番 上野清水堂
十番 谷中養福寺
十一番 駒込清林寺

十五番 下戸塚観音寺
十六番 目白新長国寺
十七番 牛込千手院
十八番 市谷柳町高徳院
十九番 四谷真輪寺
二十番 千駄ヶ谷聖輪寺
二十一番 青山教学院
二十二番 渋谷東福寺

二十六番 同三十三間堂
二十七番 本所回向院
二十八番 本所霊山寺
二十九番 亀戸善龍寺
三十番 同普門院
三十一番 柳島龍眼寺
三十二番 押上徳正寺
三十三番 同金性寺

同三十三所観音参り

西国の写しである。行程およそ三里に近い。ここに記すのは順路である。

一番 浅草田原町崇福寺 如意輪 ここから三丁
二十三番 新堀端永見寺 千手 一丁
三番 同所心月院 千手 二丁
四番 八軒寺町松応寺 千手 一丁
三十三番 田原町三島明神内 十一面 一丁
二番 同所大松寺 十一面 四丁

二十一番	田圃万隆寺	正観音	一丁
十三番	同所本然寺	正	三丁
十七番	裏新寺町曹源寺	十一面	二丁
二十七番	清水寺前松源寺	如意輪	二丁
十一番	表新寺町東国寺	十一面	二丁
六番	同所東岳寺	千手	一丁
十六番	同所横町法福寺	千手	二丁
二十九番	下谷幡随意院前龍谷寺	馬頭	半丁
十五番	同裏門前天龍寺	十一面	半丁
三十二番	同所白泉寺	千手	十二丁
三十番	池之端七軒町慶安寺	千手	七丁
二十五番	下谷善光寺坂玉林寺	千手	二丁
三十一番	谷中三崎永久寺	十一面	八丁
二十二番	山下屏風坂下高岩寺	十一面	五丁
九番	坂本切手町法清寺	准胝	三丁
十四番	坂本入谷正覚寺	如意輪	一丁
二十六番	同所宗慶寺	千手	十二丁

五　番　箕輪（秋葉の内）真正寺　千手　一丁
十八番　同所円通寺　如意輪　十丁
十九番　山谷町東禅寺　千手　四丁
二十番　同所裏町理昌院　千手　四丁
十　番　浅茅原出山寺　千手　一丁
二十四番　橋場総泉寺内妙亀庵　千手　半丁
七　番　同寺中松吟庵　如意輪　半丁
二十八番　橋場町福寿院　正　五丁
八　番　今戸安昌寺　十一面　五丁
十二番　同所慶養寺　千手

右の札所は、明和八辛卯《かのとう》年〔一七七一〕、神田佐柄木町《さえきちょう》にある酒屋の主の山川重右衛門の祖が新たに観世音像三十三体を造らせ、一体ずつ寺院へ納め、寺ごとに標石を立てて、巡礼の場所とした。

上野から王子・駒込辺り西国の写し三十三所観音参り

ここに記したのは下谷からの順路である。

十八番　下谷常楽院　山城六角堂写し　正観音

十六番	上野清水堂	山城清水寺写し	千手
三十番	不忍弁天境内	近江竹生島写し	千手
十三番	同所穴稲荷内	近江石山寺写し	十一面
十四番	上野護国院	近江三井寺写し	千手
三十一番	谷中金嶺寺	近江長命寺写し	如意輪
七番	谷中西光寺	大和岡寺写し	十一面
九番	同天王寺中円暁院	奈良南円堂写し	不空羂索
二十二番	谷中長安寺	摂州惣持寺写し	千手
三十二番	同観音寺	近江観音寺写し	如意輪
二十七番	日暮里養福寺	播州書写山写し	如意輪
二十一番	田端与楽寺	丹波穴穂寺写し	正観音
二十九番	同東覚寺	丹後松尾寺写し	馬頭
十一番	同普門寺西行庵	山城醍醐寺写し	准胝
二十番	同光明院	山城良峯寺写し	正観音
十番	同仲台寺	山城御室戸寺写し	正観音
三番	西が原無量寺	紀州粉河寺写し	正観音
五番	同昌林寺	河内藤井寺写し	六阿弥陀末木観音

二十三番　同不動院　摂州勝尾寺写し　正観音
四　番　滝の川松寿院　和泉槙の尾寺写し　白衣観音
十二番　同谷津村寿徳寺　近江岩間寺写し　正観音
一　番　王子権現内池上坊　紀州那智山写し　如意輪
六　番　平塚明神観音堂　大和壺坂写し　正観音
二十八番　駒込円通寺　丹後成相寺写し　正観音
二　番　駒込大運寺　紀三井寺写し　正観音
十九番　駒込矢場定泉寺　山城革堂写し　正観音
十七番　同新道正念寺　山城六波羅堂写し　十一面
十五番　千駄木清林寺　山城今熊野写し　正観音
八　番　同光源寺　大和長国寺写し　十一面二丈六尺
二十四番　同大保福寺　摂津中山寺写し　十一面
二十六番　同世尊院　播州法花寺写し　正観音
三十三番　三崎法住寺　美濃谷汲写し　十一面
二十五番　根津権現境内　播州清水寺写し　千手観音

以上行程およそ三里六町余りある。安永中（一七七二―八一）の撰である。

葛西三十三所観音参り

元禄中〔一六八八―一七〇四〕、浄清という沙門が写した所だという。これも一番からの順路を記す。行程はおよそ四里に近い。

一　番　中の郷成就寺
二十九番　原庭長建寺
二十四番　同霊光寺
二十三番　本所最勝寺
二十七番　同清光寺
二十八番　同泉龍寺
二十六番　川端普賢寺
二十五番　同東江寺
二十二番　牛島長命寺
十七番　寺島蓮花寺
十九番　同西蔵院

十八番　隅田木母寺
十六番　隅田多聞寺
十五番　若宮善福院
十三番　渋江西光寺
十四番　渋江観正寺
十　番　上木下川光福寺
十二番　同法花寺
十一番　木下川浄光寺
九　番　下木下川万福寺
七　番　葛西東昌寺
八　番　葛西東漸寺

二十番　亀戸常光寺
三十二番　同浄心寺
三十三番　柳島常照寺
六　番　同法正寺
五　番　押上栄泉寺
二十一番　受地正観寺
三十番　本所霊山寺中霊照院
三十一番　出村真盛寺
四　番　業平天神南蔵院
三　番　小梅延命寺
二　番　中の郷如意輪寺

浅草辺西国写し三十三所参り

未詳。内二十六番を浅草源空寺とし、二十七番を新堀天台龍宝寺とする。穿鑿の上、次編〔未刊〕に加える。

深川三十三所参り

未詳。

西方三十三所参り

二月彼岸の項に詳しい。

九品仏参り

『江戸砂子拾遺』に出る。

上品上生弥陀　巣鴨真正寺	中品上生　谷中天王寺	下品上生　高田放生寺
上品中生　田端東覚寺	中品中生　駒込栄松寺	下品中生　落合泰雲寺
上品下生　同与楽寺	中品下生　四谷太宗寺	下品下生　板橋知清寺

最初建立江戸六地蔵参り

銅仏立像一丈である。慈済庵空無上人の勧化の助力で建立した。元禄四年〔一六九一〕に開眼供養があったことが『江戸砂子』〔菊岡沾涼、一七三二〕に見える。

一番　駒込瑞泰寺
二番　千駄木林専念寺
三番　日暮里諏方浄光寺
四番　下谷七軒町心行寺
五番　上野大仏堂の内（『江戸砂子』には大仏堂側慈済庵にあると記している）
六番　浅草寺中正智院（六所の内、当寺だけこの地蔵尊が見えない。今は御丈三尺ばかりの地蔵尊を安置している）

心行寺三世源蓮社本誉空無上人は石見州〔島根県〕の人で、寛永庚午《かのえうま》〔一六三〇〕十二月に生まれた。十三歳の年に幡随院《ばんずいいん》に入り、その他、下総大岩寺・武州増上寺などに属した。浄土に心服して、専修念仏の法を修行し、また銅像や塑像の仏菩薩を造って人々に施すことは普通ではなかった。貞享〔一六八四—八八〕の頃、疾病で院を辞し、荷葉庵に退いた。また万日念仏会を修したが、これは四世還誉空哲の時代まで続き、元禄庚午〔一六九〇〕四月に期限が満ちて散会した。

これより前、己巳《つちのとみ》〔一六八九〕の晩春に近隣の某信士が夢に地蔵菩薩を感ずることがあった。その後、ある僧が士に「某処に木彫の地蔵尊で高さ一丈のものがある。汝が供養しようと望めば与えよう」と告げた。士は歓んでこれを迎えた。その時に上人が「願わくは我に与えよ。我はこれによって大像六軀を鋳造して武城〔武蔵〕の六所に安置しよう」と言った。士は喜んでまたこれを上人に与えた。ここで四衆〔仏弟子たち〕は競って浄財をなげうって、日ならずして像が成り、件の六所に安置した。後に居所を慈済庵と改めて、額に書いた。おそらく上野大仏堂の側である。以上、上人行状記の要旨を載せた。

江戸六地蔵参り

銅仏一丈六尺、坐像である。享保〔一七一六—三六〕の初め、深川の沙門地蔵坊正元が造立した。勧化を始めた頃、宝永三戌《いぬ》〔一七〇六〕五月に刊行して施財を募った建立縁起がある。

一番　品川品川寺　　二番　四谷太宗寺　　三番　巣鴨真性寺
四番　山谷東禅寺　　五番　深川霊巌寺　　六番　同永代寺

正元坊は十二歳の頃故郷（未詳）を辞し、某師に従い十六歳で剃髪・受戒した。しかるに、二十四歳の頃から重病に臥し、薬石の効験も無く、今は黄泉の客〔死人〕となりそうであったので、父母は深く悲しみ、地蔵尊に祈ったところ、自分もまた「ああ、寿命を延ばすことができたならば、多くの尊像を造立して、後の世の衆生に永く帰依させます」と一心に誓ったところ、その夜不思議な霊夢を見て、たちまち快復した。その後は諸国を廻り、普《あまね》く衆生に縁を結び、あるいは山野で難行を修し、あるいは千日に万巻の地蔵経を誦すなどして、この江戸に至った時、心中に発願《ほつがん》したのは、自分が廻国を終わる頃に必ず再びここに来て銅像の六地蔵を造立し、一軀ずつ江戸の入口ごとに安置し、昔小野参議篁《おののさんぎたかむら》が京都伏見に創立されたのを（文徳天皇仁寿二年〔八五二〕）、後に平相国清盛が六ヶ所に分けられた（保元二年〔一一五七〕）例を敬い慕い、天下安全を祈り、また往来の人々に普く縁を結ぶことで、それらを誓ったが、果たして、宝永三年丙戌〔一七〇六〕の五月に至って初めて人々を勧化し、愛宕・深川・神田の三所へ千日間詣でて心願成就を祈り、享保〔一七一六―三六〕の初めに至って、遂にその功を遂げたという。以上建立縁起の要旨を記した。『江戸砂子』に「六地蔵の願主正元は俗名吉三郎と言って、八百屋の女お七という者のために出家し、この六軀を造立したと言い伝える。この説は虚である。吉三郎ではない」とある。

あるいは、享保の頃、湯島一丁目の商家渡辺九兵衛という者が、四国八十八所霊場及び西国・坂東・秩父の札所を悉く《ことごとく》順礼し、供養のため六ヶ所に石地蔵尊を建立したという。場所は駒込大円寺・浅茅原・湯島天神社地・下谷正法院、他二ヶ所を失ったと言っている。浅茅原には今もある。

江戸南方四十八所地蔵尊参り

この四十八所参りは南方・山の手・東方ともに、『地蔵尊巡拝道しるべ』『地蔵尊道しるべ』と題し、寛政六年〔一七九四〕に出版した物をもとに記す。

一番　延命地蔵　目黒祐天寺
二番　延命地蔵　同新寺長泉院
三番　願満地蔵　同窟弁天蟠龍寺
四番　地蔵　南品川願行寺
五番　病治地蔵　高輪法蔵寺
六番　夜深地蔵　同浄業寺
七番　子安地蔵　同常光寺
八番　日限地蔵　二本榎長円寺
九番　子安地蔵　二本榎松光寺
十番　延命地蔵　同相福寺
十一番　火除地蔵　目黒下屋敷最上寺
十二番　女体身代地蔵　同正福寺
十三番　地蔵　麻布新町遍照寺
十四番　身代地蔵　三田下寺町長松寺
十五番　子育腹帯地蔵　三田下寺町随応寺
十六番　堅田地蔵　同大松寺
十七番　延命地蔵　同中寺町貞林寺

十八番　豊岡地蔵　同称讃寺
十九番　地蔵　同台町大増寺
二十番　延命地蔵　同正泉寺
二十一番　朝日地蔵　高輪牛町願生寺
二十二番　子安地蔵　芝田町六丁目智福寺
二十三番　子返シ地蔵　同入横町西信寺
二十四番　延命地蔵　同薩摩河岸源光寺
二十五番　地蔵　本芝西応寺
二十六番　火消地蔵　増上寺中花岳院
二十七番　勝軍地蔵　同山下谷妙定院
二十八番　踏履地蔵　赤羽心光院
二十九番　女体身代地蔵　飯倉土器町順了寺
三十番　塩地蔵　西窪大養寺
三十一番　地蔵　天徳寺中栄立院
三十二番　地蔵　同宝瑞院
三十三番　地蔵　麻布谷町道源寺
三十四番　地蔵　同ナダレ善学寺

三十五番　塩地蔵　芋洗坂教善寺
三十六番　延命地蔵　六本木光専寺
三十七番　地蔵　六本木深広寺
三十八番　地蔵　同教運寺
三十九番　楔《くさび》地蔵　青山梅窓院
四　十　番　満米《まんまい》地蔵　同原宿長安寺
四十一番　腹帯地蔵　鮫河橋崇源寺
四十二番　地蔵　四谷法蔵寺
四十三番　地蔵　同簞笥町了学寺
四十四番　願満地蔵　麴町心法寺
四十五番　子安地蔵　一ッ木龍泉寺
四十六番　延命地蔵　同浄土寺
四十七番　延命地蔵　赤坂新町専修寺
四十八番　蕃椒《とうがらし》地蔵　三分坂法安寺

江戸山の手四十八所地蔵尊参り

一　番　地蔵　四谷新宿太宗寺
二　番　伽羅《から》陀《だ》山《せん》地蔵　同鳴子西方寺
三　番　地蔵　四谷成覚寺
四　番　地蔵　同新宿北裏正受院
五　番　身代地蔵　大窪専念寺
六　番　伽羅陀山地蔵　市谷珠宝寺
七　番　地蔵　四谷浄運寺
八　番　地蔵　市谷京恩寺
二十五番　地蔵　極楽水宗慶寺
二十六番　伽羅陀山地蔵　小石川柳町無量院
二十七番　黒衣地蔵　同富坂下源覚寺
二十八番　引接地蔵　同上善雄寺
二十九番　子安地蔵　指ケ谷町厳浄院
三　十　番　見送地蔵　白山前浄雲寺
三十一番　地蔵　駒込新道正念寺
三十二番　縁引地蔵　同潮泉寺

九　番　願成就地蔵　牛込馬場下来迎寺
十　番　伽羅陀山地蔵　同誓閑寺
十一番　青葉福満地蔵　同正覚寺
十二番　落馬地蔵　早稲田大養寺
十三番　疣地蔵　同建勝寺
十四番　一言地蔵　同宗源寺
十五番　厄除地蔵　榎町大願寺
十六番　出世地蔵　牛込寺町大信寺
十七番　泰産《たいさん》地蔵　藁店《わらだな》光照寺
十八番　地蔵　目白坂大泉寺
十九番　地蔵　目白養国寺
二十番　帰国地蔵　小日向還国寺
二十一番　地蔵　同山中生西寺
二十二番　地蔵　水道端龍閑寺
二十三番　地蔵　伝通院内福聚院
二十四番　踊躍地蔵　小石川安房殿町光岳寺

三十三番　頬焼地蔵　駒込新道徳性寺
三十四番　地蔵　同土物店天栄寺
三十五番　地蔵　富士前天然寺
三十六番　身代地蔵　土物店横町常徳寺
三十七番　檀陀地蔵　四軒寺町瑞泰寺
三十八番　腹帯地蔵　同十方寺
三十九番　子安地蔵　縄手浄心寺
四　十　番　腹帯地蔵　同正行寺
四十一番　如意満地蔵　追分裏願行寺
四十二番　子安地蔵　本郷六丁目法真寺
四十三番　地蔵　本郷元町昌清寺
四十四番　願満地蔵　下谷茅町称仰院
四十五番　地蔵　下谷七軒町心行寺
四十六番　地蔵　千駄木専念寺
四十七番　地蔵　駒込四軒寺町光源寺
四十八番　地蔵　同横町蓮光寺

江戸東方四十八所地蔵尊参り

一　番　延命地蔵　坂本入谷良感寺
二　番　子安地蔵　同静蓮寺
三　番　世嗣地蔵　同長松寺
四　番　延命地蔵　同最上寺
五　番　延命地蔵　下谷長光寺
六　番　眼洗地蔵　同金杉西念寺
七　番　顧眄《みかえり》地蔵　下谷金杉安楽寺
八　番　満願地蔵　同万徳寺
九　番　安産地蔵　田圃大音寺
十　番　延命地蔵　金杉寿永寺
十一番　愛敬地蔵　箕輪浄閑寺
十二番　伽羅陀山地蔵　箕輪公春院
十三番　開運地蔵　通新町西光寺
十四番　厄除地蔵　小塚原誓願寺
十五番　地蔵　千住掃部《かもん》宿源長寺
十六番　見返り地蔵　千住二丁目正泉寺

二十五番　如願地蔵　今戸勝運寺
二十六番　田植地蔵　橋場法源寺
二十七番　地蔵　聖天町西方寺
二十八番　地蔵　浅草誓願寺
二十九番　安産地蔵　新堀端正定寺
三　十　番　土中出現地蔵　浅草聖徳寺
三十一番　水掛地蔵　同正法寺
三十二番　伽羅陀山地蔵　下谷西光寺
三十三番　朝日地蔵　下谷永昌寺
三十四番　壬生地蔵　阿部川町了源寺
三十五番　日限願満地蔵　新堀龍宝寺
三十六番　徳寿地蔵　小揚町浄念寺
三十七番　子育地蔵　新堀寿松院
三十八番　地蔵　黒船町正覚寺
三十九番　地蔵　原庭長建寺
四　十　番　元日地蔵　中の郷霊光寺

十七番　厄除地蔵　山谷易《い》行院
十八番　子育地蔵　山谷春慶院
十九番　厄除地蔵　同広徳寺
二十番　医王地蔵　同寺町源照寺
二十一番　垳《がけ》地蔵　同仰願寺
二十二番　伽羅陀山地蔵　山谷寺町源寿院
二十三番　三面地蔵　同瑞泉寺
二十四番　入定地蔵　浅茅原蓮花院

四十一番　子授地蔵　本所尼寺感応寺
四十二番　塩地蔵　同回向院
四十三番　伽羅陀山地蔵　押上大運寺
四十四番　地蔵　本所霊山寺
四十五番　見返地蔵　猿江重願寺
四十六番　開運地蔵　深川法禅寺
四十七番　塔婆地蔵　霊巌寺中開善院
四十八番　地蔵　寺町本誓寺

江戸山の手二十八所地蔵尊参り

最近の撰である。前の山の手四十八所の内、この二十八所に入っているのが十ヶ所ある。

一　番　牛込榎町大願寺　次へ三丁
二　番　同早稲田町宗源寺　同　一丁
三　番　同建勝寺　同　一丁
四　番　同大養寺　同　三丁
五　番　同馬場下町正覚寺　同　二丁
六　番　同横町誓閑寺　同　一丁

七　番　同来迎寺　同　八丁
八　番　河田が窪宗円寺　同　二丁
九　番　市谷柳町高徳院　同　七丁
十　番　同左内坂上宗泰院　同　隣へ
十一番　同長龍寺　同　後ろへ
十二番　同八幡宮東円寺　同　十丁

十三番　牛込藁店光照寺　同　二丁
十四番　同肴町行元寺　同　三丁
十五番　同横寺町大信寺　同　四丁
十六番　同赤城明神等覚寺　同　五丁
十七番　同築土明神無量寺　同　十丁
十八番　牛天神龍門寺　同十二丁
十九番　小石川戸崎町喜運寺　同十二丁
二十番　同茗荷谷徳雲寺　同　一丁

二十一番　同林泉寺　同　九丁
二十二番　水道端龍閑寺　同　八丁
二十三番　赤城下宝蔵院　同　四丁
二十四番　牛込改代町田中寺　同　五丁
二十五番　同中里宗伝寺　同　二丁
二十六番　榎町済松寺内実性院　同　隣へ
二十七番　同寺内徳隣院　同　一丁
二十八番　同寺内裏方芳心院　以上

本願経二十八趣の利益に基づき、二十八所とするという。道のりは三里に過ぎない。早稲田宗源寺の施印でここに記す。

荒川辺八十八所弘法大師巡拝

三月に参詣すると良い。

一　番　下谷金杉世尊寺
二　番　同西蔵院
三　番　龍泉寺町龍泉寺
四　番　新鳥越宝蔵院

二十二番　沼田地福寺
二十三番　同恵明寺
二十四番　同能満寺
二十五番　宮城円満寺

四十三番　同明王院
四十四番　千住二丁目慈眼寺
四十五番　同不動院
四十六番　同金蔵寺

五　番　三河島仙光院
六　番　同観音寺
七　番　日暮里養福寺
八　番　同浄光寺
九　番　町屋慈眼寺
十　番　下尾久阿遮院
十一番　上尾久花蔵院
十二番　同願勝寺
十三番　同宝蔵院
十四番　舟方延命寺
十五番　梶原堀の内福照寺
十六番　滝野川金剛院
十七番　谷津寿徳寺
十八番　豊島清光寺
十九番　豊島観音寺
二十番　同西福寺
二十一番　小台延命寺

二十六番　小台正覚寺
二十七番　小台観性寺
二十八番　高野宝性院
二十九番　元木随応寺
三十番　同吉祥院
三十一番　同円乗院
三十二番　同光輪寺
三十三番　同善学寺
三十四番　同宝寿院
三十五番　奥野村清光寺
三十六番　同善応寺
三十七番　西新井観智院
三十八番　同惣浄寺
三十九番　栗原満願寺
四十番　島根来光寺
四十一番　元木関原天聖寺
四十二番　梅田遍照院

四十七番　同四丁目長円寺
四十八番　同五丁目安養院
四十九番　弥五郎新田真福寺
五十番　五反野長性寺
五十一番　五兵衛新田観音寺
五十二番　伊藤谷薬師寺
五十三番　普賢寺村養福寺
五十四番　蒲原円性寺
五十五番　北三谷宝蔵寺
五十六番　亀有恵明寺
五十七番　上千葉普賢寺
五十八番　下千葉九品寺
五十九番　同正王寺
六十番　小菅正覚寺
六十一番　柳原理性院
六十二番　小谷野宝性寺
六十三番　牛田西光院

六十四番　堀切極楽寺
六十五番　須田多聞寺
六十六番　同正福寺
六十七番　若宮善福寺
六十八番　木ノ下宝蔵寺
六十九番　大畑正覚寺
七十番　ながうら真光寺
七十一番　白髭西蔵院
七十二番　寺島蓮花寺

七十三番　亀戸宝蓮寺
七十四番　同龍光寺
七十五番　同東覚寺
七十六番　大島勝智院
七十七番　砂村持宝院
七十八番　中の郷瓦町長寿寺
七十九番　浅草八軒寺町仙蔵寺
八十番　同本智院
八十一番　同阿部川町大乗院

八十二番　同延命院
八十三番　同観蔵院
八十四番　同土富店《どぶだな》地蔵院
八十五番　上野町一乗院
八十六番　浅草新寺町田圃清光院
八十七番　新坂本大聖院
八十八番　金杉千手院

弘法大師二十一ヶ所参り

未詳。湯島霊雲寺に弘法大師二十一所の内二十一番とある。

同江戸八十八ヶ所参り

三月の項にすでに記した。

円光大師遺蹤写し二十五箇所巡拝

正月二十四日・二十五日に詣でる。安永年中〔一七七二―八一〕の撰である。

一　番　芝増上寺山下谷妙定院、摂津勝尾寺写し
しばの戸に明け暮れかかる白雲をいつ紫の色に見なさん

二　番　赤羽心光院、讃岐小松庄法然寺写し
おぼつかなたれか言ひけん小松とは雲を支ふる高松の枝

三　番　芝増上寺山内西蓮社、大坂一心寺日想観旧跡写し
阿弥陀仏と言ふより外は津の国のなにはの事もあしかりぬべし

四　番　本芝西応寺、南都大仏念仏所写し
さへられぬ光もあるをおしなべて隔て顔なる朝霞かな

五　番　三田下寺町林泉寺、大和天の香久山法然寺写し
香久山や麓の寺は狭けれど高きみのりを説きて弘めむ

六　番　高輪法蔵寺、播磨高砂十輪寺写し
生まれてはまづ思ひてん古郷に契りし友の深き誠を

七　番　品川新宿法禅寺、摂津尼が崎如来院写し
身と口と心の他の弥陀なれば我を離れて唱へこそすれ

八　番　目黒祐天寺、京都黒谷金戒光明寺写し
池の水人の心に似たりけり濁り澄むこと定めなければ

九　番　同長泉律院、山城清水寺写し
　清水の滝へ参ればおのづから現世安穏後生極楽
十　番　西の窪天徳寺、京都今出川浄華院写し
　雪の内に仏のみ名を唱ふれば積もれる罪もやがて消えぬる
十一番　赤坂新町専修寺、伏見源空寺写し
　一声も南無阿弥陀仏と言ふ人のはちすの上にのぼらぬはなし
十二番　四谷新宿太宗寺、京都大原勝林寺写し
　阿弥陀仏に染むる心の色に出でば秋の梢のたぐひならまし
十三番　小石川伝通院、京都粟生野光明寺写し
　露の身はここかしこにて消えぬとも心は同じ花のうてなぞ
十四番　同所無量院、紀伊大川村報恩講寺写し
　極楽もかくやあらましあら楽しはや参らばや南無阿弥陀仏
十五番　坂本入谷長松寺、京都清滝川月輪寺写し
　月影の至らぬ里はなけれども眺むる人の心にぞ澄む
十六番　下谷幡随意院、京都吉田百万遍知恩寺写し
　我はただ仏にいつかあふひぐさ心のつまに掛けぬ日ぞなき
十七番　同源空寺、美作杤社村誕生寺写し

ふたはたの天下ります椋の木は世々に朽ちせぬ法の師の跡

十八番　浅草寺町称往院、京都五条寺町法然寺写し

ただ頼め万の罪は深くとも我が本願のあらん限りは

十九番　同誓願寺、京都誓願寺写し

極楽は遥けきほどと聞きしかどつとめて至る所なりけり

二十番　同新堀端寿松院、京都小松谷正林寺写し

千年経る小松のもとを住みかにて無量寿仏の迎へをぞ待つ

二十一番　新鳥越寺町玉蓮院、伊勢山田欣浄寺写し

和らぐる神の光の影満ちて秋に変はらぬ短か夜の月

二十二番　本所霊山寺、京都嵯峨二尊院写し

あしびきの山鳥の尾のしだり尾のながながし世を祈るこの寺

二十三番　同回向院、大坂四天王寺念仏堂写し

阿弥陀仏と心は西にうつせみの抜けはてたる声ぞ涼しき

二十四番　深川法禅寺、大和当麻奥院往生院写し

阿弥陀仏と申すばかりを勤めにて浄土の荘厳見るぞ嬉しき

二十五番　同霊巌寺、京都東山華頂山知恩教院写し

草も木も枯れたる野べにただ一人まつのみ残る弥陀の本願

江戸十ヶ所祖師参り

深川浄心寺　本所法恩寺　浅草幸龍寺　浅草本覚寺　浅草妙音寺　浅草長遠寺
下谷宗延寺　谷中瑞林寺　谷中宗林寺　牛込幸国寺

閻魔参り拾遺

正月十六日の項に記した六十六ヶ所並びに地獄の画幅を掛けるもの三ヶ所、ここに江戸内二十五ヶ所、郊外六ヶ所を記し合わせて百ヶ所参りとする。

神田松下町不動内、西河岸地蔵内、池の端慶安寺、谷中長久院（石像）、田端東覚寺、同仲台寺、同円勝寺（十王・奪衣婆・倶生神）、小石川光円寺、牛込宝祥寺、柏木円照寺（十王）、千駄谷寂光寺（並びに奪衣婆）、渋谷福昌寺（十王・奪衣婆）、渋谷氷川社内、目黒高幢寺、三田興雲院、芝金杉円珠寺、市谷谷町京恩寺、赤坂一ッ木龍泉寺（奪衣婆）、四谷天王下清岩院（奪衣婆）、亀戸光明寺、同（六阿弥陀）常光寺、同浄心寺、古川薬師内、川口善光寺、谷原村長命寺（石像）、奥沢浄真寺、隅田川木母寺、大坂町地蔵内、馬込村万福寺、新井村梅照院、行徳徳願寺。

妙見宮不動尊金毘羅権現百社参り

（鈴木町里正、和田氏蔵板）、聖天宮百社参り（深川霊巌寺前の里正、桑田氏蔵梓）などがある。どれも参詣者の意志で集まる所で、定まった巡拝所ではない。

弁財天百社参り

百社と称するが百一社を記し、また三十社を記してある。寛延四年〔一七五一〕刊の『江戸惣鹿子』〔『再板増補江戸惣鹿子名所大全』〕によって記す所である。その内で今は所在の知れがたい社が十四ヶ所ある。そのためこれを除いて、現在する所十四ヶ所を加えて、百社の数に満たした。△印のあるものは相殿である。

一　番　芝神明宮境内
二　番　烏森稲荷内
三　番　増上寺蓮池宝珠院
四　番△飯倉土器町善長寺
五　番　西の窪大養寺
六　番△同八幡普門院
七　番△愛宕下真福寺本堂
八　番　同境内
九　番　赤坂氷川大乗院

十　番△赤坂新町鈴降稲荷内
十一番　同元氷川社内
十二番△日ヶ窪朝日稲荷内
十三番△麻布桜田霞山稲荷内
十四番△同坂下町末広稲荷内
十五番△三田寺町幸福寺
十六番　白金三鈷坂西光寺
十七番　三田寺町仏乗院
十八番△芝田町八幡無量院

十九番　二本榎覚真寺
二十番　猿町寿昌寺
二十一番△高輪常光寺
二十二番　北品川天王社内
二十三番　南品川願行寺
二十四番　目黒滝泉寺
二十五番△行人坂明王院
二十六番　下渋谷福昌寺
二十七番　同所室泉寺

二十八番　渋谷八幡東福寺
二十九番　千駄ヶ谷寂光寺
三 十 番　同八幡瑞円寺
三十一番　四谷新宿天龍寺
三十二番△同太宗寺
三十三番　同北寺町養国寺内
（御丈が六尺余ある。琵琶を弾かれる端厳の尊像である）
三十四番　同南寺町東福院
三十五番　同天王境内
三十六番　市谷本村珠宝寺
三十七番　大久保二尊院
三十八番　同天神大聖院
三十九番△市谷本村安養寺
四十番　牛込御箪笥町南蔵院
四十一番　同弁天町宗参寺
四十二番　穴八幡社内
四十三番△穴八幡向う龍泉院
四十四番△高田砂利場南蔵院

五十四番　駒込追分裏大恩寺
五十五番　湯島天神下柳井堂
五十六番　根津権現社内
五十七番　谷中三崎妙林寺
五十八番　同所興禅寺
五十九番　谷中天王寺
六 十 番　同寺中善妙院
六十一番　不忍池生池院
六十二番△下谷幡随意院鎮守内
六十三番　山崎町大聖院
六十四番　下谷金杉正覚寺
六十五番　根岸円光寺
六十六番△浅草清水寺
六十七番　阿部川町延命院
六十八番　新堀金蔵寺
六十九番△同新堀端龍宝寺

七十九番　新鳥越源寿院
八 十 番△同玉蓮院
八十一番　同鏡ヶ池
八十二番　同福寿院
八十三番△受地秋葉満願寺
八十四番△牛島弘福寺
八十五番　同牛御前内
八十六番　三囲稲荷内
八十七番　多田薬師東江寺
八十八番　石原即現寺
八十九番　同出山寺
九十番　本所回向院前般若軒
九十一番　本所回向院
九十二番　同一ノ橋検校持ち
九十三番　同弥勒寺内徳乗院
九十四番　深川元八幡宮内

四十五番　雑司ヶ谷良泉坊跡
四十六番　大塚護国寺
四十七番△小日向水道町智願寺
四十八番　水道端日輪寺
四十九番　小石川伝通院昌林院
五　十　番　築土八幡社内
五十一番　駒込円林寺
五十二番　滝野川金剛寺
五十三番　王子稲荷内

七　十　番　同寺町西福寺
七十一番　黒船町代地稲荷内
七十二番　龍泉寺町月洲寺
七十三番　浅草寺中円乗院
七十四番　同松寿院内
七十五番　同弁天山
七十六番　同本堂内左
七十七番　同姥が池妙音院
七十八番△金龍山本龍院

九十五番　亀戸天満宮内
九十六番　深川法禅寺
九十七番　深川雲光院
九十八番　同霊巌寺鎮守内
九十九番　同心行寺
百　　番　同八幡宮内
百　一　番　洲崎吉祥寺

これより百番の他、三十ヶ所弁財天参り。△印は相殿又は本堂内。

一　　愛宕山中
二　△三田小山神明内（別当在）
三　　魚籃観音内
四　△猿町忍田稲荷内
五　△伊皿子道往寺庭中
六　　中渋谷宝泉寺

七　△品川貴船社内
八　　鮫洲神明内
九　　品川洲崎
十　△四谷正覚寺
十一　角筈十二社内
十二　小日向大日坂清光院

十三　小石川氷川内
十四　市谷八幡内
十五△平河天神内
十六　巣鴨真正寺内
十七△築地浪除稲荷内
十八　新川太神宮内
十九　坂本町江ノ島旅宿
二十△山崎町仙龍寺（瑜伽相殿）
二十一△新鳥越法蔵院
二十二　牛島長命寺
二十三　今戸慶養寺
二十四△石原普賢寺
二十五　浅草新堀桃林寺
二十六　本所中平井
二十七　湯島円満寺
二十八△同霊雲寺（方丈）
二十九　下谷広徳寺中桂香院
三　十　目黒蟠龍寺

以上。この他、弁財天社がなお多い。

挿絵詞書

〔二二─二三頁〕元旦　諸侯御登城図
乗車の侯伯玉河鳴る　騎馬の大夫雕戦して迎ふ　今日春風海内に盈《み》つ　上林の鶯子一番の声　周南
春立つやにほんめでたき門の春　徳元《とくげん》

〔二五頁〕
『年中行事歌合』
春を得て今日奉る若水に千年の影やまづ浮かぶらん　大蔵卿

〔二八─二九頁〕初春路上図
『芳雲集』寄民祝
頼みある世に住む民のいく千町賑はふ春の松立てる門　実陰《さねかげ》公
蒼龍闕《けつか》下大橋の隅　回望す雲間に佳気の来るを　万戸の陽春雨沢に沾ふ　千門の車馬

塵埃を浥《うるお》す　御溝の水は碧にして江閣に揺るぐ　上苑の花は紅にして邸台を圧す　多少の外僊柱に題するの客　只今応に都を賦するの才有るべし　服元喬《げんきょう》

〔三四―三五頁〕初卯の日　亀戸妙義参り

南間北間氷方に解く　新荘旧荘梅已に開く　妙義の祠辺則ち卯の日　遊人鬢《びん》上げて符を挿して回る　柳湾

〔四二―四三頁〕谷中天王寺富の図

湯島天満宮・目黒不動尊ならびに当寺の富は昔よりその名高し。今江府に富興行の寺院数ケ所ありといへども、年限を歴て沿革あるが故、一々記さんも無益なるべし。よって本文に除き、この一図を加へて闕《か》けたるを補ふ。

〔四五頁〕正月五日　浅草三社権現流鏑馬

追はれてや脇に外るる鬼の面　荷兮《かけい》

〔五七頁〕

浅草報恩寺開山性信房は親鸞上人の御弟子なり。下総飯沼にありし頃、上人所立の浄土真宗の法門を弘められしに、この地の天満宮、この流儀を尊み、老翁と化したまひて師弟の約あり。天福元年正月十日の夜、この神、何某が夢中に告げたまひて、師資の礼譲として御手洗いの鯉魚を報恩寺へ送るべしと誓ひたまふ。その例として飯沼より鯉魚二喉を送る事、今にしかり。正月十六日にはこれを調理なして門徒に与ふ。

〔六四―六五頁〕毎月三日十八日　東叡山両大師詣で

むめがかや山の大師の廻り月　汶村《ぶんそん》

〔七四―七五頁〕正月二十五日　増上寺御忌法会

人の世やのどかなる日の寺林　其角《きかく》

初地空王閣　諸天梵帝の家　経台貝葉を翻《ひるがえ》し　香社蓮華を結ぶ　鴈塔《がんとう》に慈雲峻《けわし》く　鶏園に宝樹斜めなり　遠公　寧《いずくん》ぞ飲を許す　肯《あ》へて虎谿《こけい》を渡りて賖《おきの》る　白石

〔八〇―八一頁〕蒲田《かまた》邑看梅《むらうめみ》

春を探して年少は鞭を挙げて来る　村径一条将に埃を起《た》てんとす　解せず氷姿に清格有るを　香叢叢裡に紅梅を折る　櫟菴

海士の子の袖もや匂ふ浦近き梅か蒲田の里の春風　縣麻呂《あがたまろ》

〔八八―八九頁〕王子稲荷社初午詣で
初午や外の社は無神月　露人
初午や女もすなる梅百社　蓼太《りょうた》

〔九〇―九一頁〕烏森稲荷社　初午祭御旅出の図
初午や江戸は一木も森の数　百明《ひゃくめい》

〔一〇〇―一〇一頁〕その二
彼岸とて慈悲に折らする花もがな　重頼入道維舟
百姓の嫁の出でたつ彼岸かな　許六《きょりく》

〔一〇六―一〇七頁〕二月十五　涅槃会の日　東叡山文殊楼に登る図
春日東叡高閣に登る
欄に凭《よ》りて偏に空を履《ふ》みて行くかと訝《いぶか》る　愁眼春と倶《とも》に快晴　紅日檐《ひさし》に映じて御膀を扶《たす》け　翠濤壁を吹きて仙瀛《せんえい》を画く　千林の花気は衆香国　万戸の人烟《じんえん》は舎衛城　安《いず》くんぞ閑《しず》かに善財の手を携ふるを得て　昆明却外に無生を話すことを　六如菴《りくにょあん》

〔一一六―一一七頁〕墨田川堤看花
筑波根の嶺吹き下ろす春風に墨田河原の花ぞほころぶ　冷泉為村卿

〔一一九頁〕
桜狩奇特や日々に五里六里　芭蕉

〔一二六―一二七頁〕深川洲崎汐干《しおひ》
今日の汐品川近し安房上総　魚路《ぎよろ》
沖の石日に温まる節句かな　鯉芝

〔一三八―一三九頁〕三月十四日　新鳥越《しんとりごえ》念仏院来迎会《らいごうえ》
二十五菩薩の邌《ねり》供養なり。近年この行事絶えたり、惜しむべし。
『桂林集』菩薩
渡り得て上無き空に澄む月のあたりは近き雲の架け橋　源直朝

〔一四〇―一四一頁〕三月十五日　木母寺《もくぼじ》大念仏

阿児《あじ》何れの処にか去る　柳絮《りゆうじよ》古江の浜　猶ほ春風の起こりてより　年々飛びて人に著《つ》く　南郭

念仏の人にもまるる柳かな　波麦

寛永開板『あづまめぐり』

名ばかりは梅若丸と後にのみ身は先立ちて古塚となる

〔一四四―一四五頁〕三月十八日　浅草三社権現祭礼

『江戸名所記』

浅草や川瀬の淀に引く網も広き誓ひにたぐへてぞ見る　浅井了意

〔一五四―一五五頁〕

氷柱なら風も憎まじ藤の花　梅宇《ばいう》

『霊元院御集』

惜しと思ふ花を濡らさぬ袖もあれなこの春雨の空に覆はん

〔一六五頁〕灌仏会

灌仏やめでたき事に寺参り　支考《しこう》

〔一七二頁〕十軒店冑市

しら雲や富士の峡より江戸幟　長吁《ちょうく》

〔一七四―一七五頁〕初夏交加《ゆきかい》の図

目には青葉山ほととぎす初がつを　素堂

〔一七七頁〕

初雁の稲葉に落つる声はあれど植ゑし田の面に鳴く郭公《ほととぎす》

この歌は北村季吟翁、目白の辺り疏儀荘《そぎしょう》と号《なづ》くる庵《いおり》に在《いま》しし頃の詠なりとぞ。

〔一八二―一八三頁〕端午市井《しせい》図

武江已《すで》に四端午を歴たり　佳節時々洛城を憶ふ　角糉《かくそう》曾て聞く龍と化して去ると　世間斯《こ》の類復《ま》た何ぞ驚かん　活所《かっしょ》

花あやめ幟《のぼり》もかをる嵐かな　其角

〔一九四―一九五頁〕両国納涼

長橋三百丈　影は偃《のえふ》す緑波の中　人は天上を行くに似たり　飄々《ひょうひょう》として玉虹を躡《ふ》む　白石

漕ぎ混ぜて江戸の錦や花火舟　野蒼

〔二〇六—二〇七頁〕富賀岡富士参り

八幡宮の乾《いぬい》の隅なり。五月晦日より六月朔日に至って山上に登る事を許す。

生れ日の裸思ふや不二詣で　完来

『江戸名物鹿子』

是も塵富士の和光の土産蛇　界渇

〔二一〇—二一一〕盛夏路上の図

行路夏衣

何ごとも時ぞと思へ夏来ては錦に勝《まさ》る麻の狭衣《さごろも》　貞徳

〔二一四—二一五頁〕六月五日　大伝馬町天王御旅出の図

すさのをの神の御代よりあらがねの土につたへてしけることぐさ　廬庵

里の子の宿宮《よみや》に勇む鼓かな　其角

〔二一九頁〕南伝馬町天王神輿渡御の図

八束の髪、十握の剣、蛇を寸寸に斬る素尊の威、本朝豈《あ》に異邦の鬼を奉ぜんや、道《い》ふ莫《なか》れ鐘馗《しようき》を戸扉《こひ》に粘るを。　闇斎

〔言〕

〔二二三頁〕六月九日　千住大橋綱曳き

この行事、近年無し。青藤山人の『路志』に『大明一統志』を引きて曰く、抜河の戯、湖広帰州の俗、麻絙巨竹を以て朋を分けて挽く、これを抜河と謂ふ。以て勝負を定めて農桑を祈る。抜河の事『五雑組《ござつそ》』にも見えたり。

〔二二七頁〕

綱曳きや左の利きし大男　宇月

〔二二八―二二九頁〕小舟町天王御旅出の図

玳瑁《たいまい》〔鼈甲《べつこう》〕の櫛稲田姫二三人浴衣のままで出雲八重垣　四方赤良《よものあから》

〔二三八―二三九頁〕六月十五日　山王御祭礼

『風雅』
ひさかたの天つ日吉の神祭月の桂も光添へけり　尊円親王
番付を売るも祭のきほひかな　其角

〔二四〇―二四一頁〕その二
寛文上梓『江戸名所記』
練り物に触らば冷やせ山王の祭はひえの山の手の宮
また元禄開板の『江戸名所はなし』にも、さあらばひやせといふ事を狂歌に載せたり。
この頃山王祭の方言にやあるべし。

〔二四九頁〕六月十九日　本所一ッ目弁天堂琵琶会
『七十一番職人尽歌合』琵琶法師
吹く風に目に見ぬ人の恋しきを軒端に生ふる松と聞かせよ

〔二五〇―二五一頁〕六月二十四日　芝愛宕《あたご》社千日参り
西嶽の古神祠　何歳に移るかを知らず　応《まさ》に是れ巨霊の力　僊掌裂けんと欲する時なるべし　南郭

〔二五六—二五七頁〕真先《まさき》神明宮夏越祓《なごしのはらえ》
『視吾堂集』
おのづから心の底もすみだ川罪も祟りも夏祓ひして　吉川惟足《きつかわこれたり》
真心の濁りはあらじすみだ河河瀬のすかぞ先祓ひては　千蔭《ちかげ》

〔二六六—二六七頁〕本所羅漢寺大施餓鬼
ただよはばこれを帆にせよ施餓鬼旗　平砂《へいさ》

〔二七〇—二七一頁〕武城七夕《たなばた》
東西に奔遂して未だ肯《あ》へて休まず　三回来たりて武江の秋を見る　儒門長く守る濂渓《れんけい》の拙　乞巧《きつこう》〔七夕〕何ぞ女牛を煩はすを須《もち》ゐん　老圃堂《ろうほどう》
七夕や糸いろいろの竹の花　一温

〔二七三頁〕寺院什宝《じゆうほう》曝涼《むしはらい》
奥の間の秘仏を見たる暑さかな　宮川千風

〔二七四―二七五頁〕巳《み》待ち忍《しのぶ》ヶ岡《がおか》弁天参り
出ぬ茶屋に欺かれても蓮《はちす》かな　其角
〔二七八―二七九頁〕盆市
供へ物名は何々ぞ魂祭《たままつり》　卓袋《たくたい》
買ふ時に捨つる顔なし魂祭　琴風《きんぷう》
〔二八〇―二八一頁〕盆中往来の図
『五元集』
棚経《たなぎよう》読みに参られし僧の袖よりおひねりを落としける、かの授化局の有無価《むげ》宝珠と説かせたまふ心を思ひて、
衣なる銭ともいさや魂祭　其角
盆までは秋なき門の灯籠かな　嵐雪
〔二八二頁〕七月十三日　王子権現社祭礼
古図を以てここに模し出だせり。

〔二八四―二八五頁〕その二

『鶴岡放生会職人歌合』田楽

うちたたく中門口《ちゆうもんぐち》のやすらひにささら仰ぎて月をこそ見れ　或いは云ふ、後普光園《ごふこうおん》摂政

〔二九〇―二九一頁〕吉原灯籠

曲阪長堤晩埃起《た》つ　人として灯を観て回るを道はざる無し　黄昏《たそがれ》に火を点ず家々の樹

一夕の秋風花尽く開く　無名氏

〔二九三頁〕

この図は本所押上天羅山真盛寺《しんせいじ》の什《じゆう》なり。京師《けいし》円山主水《まるやまもんど》〔円山応挙〕が筆にして至妙なり。正・七月の十六日には本堂に掲げて拝せしむ。ここに拙き毫《ふで》をもて写し加へはべる事、いとも嗚呼《おこ》にや。

〔二九八―二九九頁〕湯島二十六夜待の図

秋涼し二十六夜の月の色　霜峨

〔三〇四─三〇五頁〕 寺島村百花園　秋の七草
『御拾遺集』
我が宿に秋の野辺《のべ》をば移せりと花見に行かむ人に告げばや　関白前左大臣
〔三一〇─三一一頁〕
江近くして溝水を通す　城頭に魚自ら肥えたり　秋風吹くこと一夕　処処に鱸《すずき》を釣りて帰る　南郭
〔三一四─三一五頁〕 良夜墨水に月を看る
墨水天に連なりて闊《ひろ》し　秋風二総開く　潮平らにして明月湧き　山近くして白雲来たる　病嬾《らん》にして人情変じ　帰心に酒態哀れむ　窮愁書未《いま》だ就《な》らず　短髪虞郷《ぐきよう》催す
金華《きんか》
『玉葉集』
こと問へど答へぬ月の角田川《すみだがわ》都の友と見るかゐもなし　後二条
〔三一八─三一九頁〕 八月十五日　富賀岡八幡宮祭礼
『視吾堂集』

武城の東、深川の流れ清きわたりに八幡宮祝はれおはします。この所、自《おのずか》ら永代島《えいたいじま》となん呼べり。八隅の致景、指をかがなべても数へ難き中に、遠く江城を望めば洛陽金殿の粧《よそお》ひに似たり。近く渚に行き交ふ船は浜のわたりかと疑ふ。さながら男山《おとこやま》の面影に通ひて、和光直に拝まれたまふ。いと貴《とうと》き霊地なるべし。

岩清水遠く流れて東路にむべ永き代の島ぞ名に負ふ　　惟足

〔三二四―三二五頁〕武蔵野　駒牽古事《こまひき》

『後撰集』

秋霧の立ち野の駒を牽く時は心に乗りて君ぞ恋しき　　忠房

〔三三七頁〕九月十一日より二十一日まで　芝神明宮祭礼

『新葉集』

年中行事百首の歌の中に、献醴酒《れいしゅ》〔甘酒〕といふことを詠ませたまひける。

いかにして一夜ばかりの竹の葉にみきといふ名を残しそめけん　　御製

〔三四〇―三四一頁〕九月十五日　神田明神祭礼

花すすき大名衆を祭かな　　嵐雪

〔三四四―三四五頁〕その二　飯田町邌込《ねりこ》みの図

苔むして鳥驚かぬ御代なれやきねが鼓《つづみ》の音絶え間無し　貞徳

諸人《もろびと》を催す夜半や更けぬらん今ぞ明け行く朝くらの声　通村卿《みちむら》

〔三六三頁〕

染井看菊

菊咲いて今日までの世話忘れけり　素園《そえん》

〔三七一頁〕

この頃の垣の結ひ目や初時雨《はつしぐれ》　野坡《やば》

〔三七六―三七七頁〕雑司ヶ谷法明寺会式《えしき》詣で

図する所は、鬼子母神の祠前鷺明神社〔大鳥神社〕より法明寺二王門を望むの図なり。

蓮宮の法会競ひて奇を呈す　傀儡《くぐつ》場は開きて繍帷《しゅうい》を捲《ま》く　僧侶は知らず関棙《かんれい》の在るを

将祖業を弄《もてあそ》び児嬉に付す　柳湾

『江戸名所記』

ともし火に譬《たと》へし法のあきらけくてらすや人の暗き闇路《やみじ》を

〔三七九頁〕堀の内妙法寺会式
妙なりや法の蓮《はちす》の華経《はないかだ》　其角

〔三八三頁〕谷中嶺玄寺会式桜
冬咲くは神代《かみよ》も聞かぬ桜かな　宗祇《そうぎ》

〔三八六―三八七頁〕商家愛比寿《えびす》講
まづ鯛と筆を執りけり愛比寿講　史邦《ふみくに》
大酒や三日足立たずえびす講　名古屋昨丁

〔三九〇―三九一頁〕勧進相撲
角觝《かくてい》人五丁力と号す。人に逢ふ毎《ごと》に其の羸場《かちずもう》を誇る。人云ふ、子が言の若きは毎場全勝を取るに似たり。子強く力有りと雖《いえど》も偶《たま》たま誤《あやま》りの輸《まけ》無からんや。曰く、我が輸《まけ》場の若きは羸《かつ》者有りて人に誇る。豈《あ》に吾が言を待たんや。
負けぬるを話にはせぬ角力《すもう》かな　遠水

〔三九三頁〕東海寺林泉看楓《かんぷう》

『古今』

風吹けば落つるもみぢ葉水清み散らぬ影さへ底に見えつつ　実笈〔正しくは凡河内《おおしこうち》躬恒《のみつね》〕

〔三九六―三九七頁〕芝居顔見世《かおみせ》の図

あたり打ち冬至の梅の初舞台　露庭

三日月や寒紅梅の角蔓《すみかつら》　蓼太《りょうた》

〔四〇〇―四〇一頁〕浅草田圃《たんぼ》酉《とり》の市

春を待つ事の初めや酉の市　其角

さんずいに酉の祭に粟餅はいも《妹・芋》が心をくまで《汲・熊手》売りけむ　十二歳市女《いちめ》

〔四〇七頁〕嬰児《えいじ》宮参り

笠重き雪の白髪《しらが》や花元結《はなもとゆい》　青里

〔四一〇―四一一頁〕東本願寺報恩講図

『三槐集《さんかいしゅう》』

はかりなき劫《こう》経てもなほ会ひがたき教へをいかで報い尽くさむ　通村卿

まだ消えぬ頭集まる御霜月　秀頗

〔四一六―四一七頁〕隅田川看雪

澄江の風雪夜霏々《ひひ》たり　一葉の双漿舟《そうしょう》は飛ぶに似たり　自ら是れ仙家《せんか》の酒に偏《ひと》へに酔ふ　人の能《よ》く剡溪《えんけい》より帰ると道《い》ふ無し　徂徠

『家集』

たれかまた朝立ちやらで詠むらん角田《すみだ》河原の初雪の空　慈鎮《じちん》

〔四二一頁〕亀戸天満宮追儺《ついな》

逃げ回る鬼の目玉も四つの海めでたく払ふ明らけき御代　信旧

〔四二六―四二七頁〕商家煤掃《すすは》き

何方《いずかた》へ行きて遊ばむ煤払ひ　挙白《きょはく》

清沈《しん》帰愚『国朝詩別裁』掃塵行　張自超

塵を掃きて練日臘《ろう》の三七　細竹長竿風の捲《ま》くこと疾《と》し　歳々荒村敝廬《へいろ》を守る　家々浄掃して新吉を迎ふ　掃ふこと瓦椽《がてん》に遍くして四囲に及ぶ　甑中《そうちゅう》の塵凝りて飛ばず　朝来坐曝す檐《ひさし》の下　垢面《こうめん》相逢ひて猶ほ飢ゑを苦しむ

和漢風俗を同じうするもおかし。

〔四三〇―四三二頁〕浅草寺年の市

浅草寺前閙市《どうし》連なる　共に春器を求めて新年を待つ　街衢衚衕《がいくこどう》に紅塵起《こうじんた》つ　絡繹《らくえき》猥攘

人は肩を践《ふ》む　蘭州

売ることの繁《しげ》きをぞ知る商人の作り添へたる市の仮屋に　通村卿

〔四三四―四三五頁〕歳暮交加《ゆきかい》図

袖はへて年の境に立つ市の行き交ひ急ぐ道ぞ賑はふ　光広卿《みつひろ》

元日を起こすやうなり節季候　其角

解　説

著者　斎藤月岑《さいとうげつしん》

斎藤月岑は、文化元年（一八〇四）、神田雉子町《きじちょう》（現在の千代田区神田三土代町《みとしろちょう》・神田司町二丁目）に住む町名主斎藤市左衛門の家に生まれ、明治十一年に没した。祖父の幸雄、父の幸孝が書き継いだ『江戸名所図会』を完成させて刊行し、また『武江年表』の著者としても知られる。以下、主として、月岑の孫である斎藤好信《よしのぶ》の『江戸市井人――斎藤月岑伝』に基づいたという『増訂武江年表2』（平凡社東洋文庫）所載の「斎藤月岑関係略年表」に基づいて、その年譜を記す。

○文化元年（一八〇四）（日は不明）　神田雉子町に住む町名主斎藤市左衛門の家に生まれる。幼名は鉞三郎《おのさぶろう》。

○文化三年三月四日　芝車町からの出火で類焼。母と駿河台に逃れる。

○文化十四年頃　漢学を日尾荊山《ひおけいざん》、国学を上田八蔵兼憲、画を谷口月窓に師事する。

○文化十五年三月九日　父幸孝が歿《ぼっ》する。鉞三郎は家督を継ぎ、元服して幸成《ゆきしげ》と名乗り、九代目市左衛門となり、従来の支配地である神田雉子町・三河町三丁目・同裏町・四丁目・同裏町・四軒町の名主となる。先代からの青物役所（幕府へ野菜を上納する役所）の肝煎も継ぐ。
○文政十二年（一八二九）結婚。妻の名はれん。
三月二十一日　神田佐久間町からの出火で類焼。しばらく土蔵で暮らす。
○天保五年（一八三四）祖父から父へと書き継いだ『江戸名所図会』（前編十冊）を江戸の須原屋茂兵衛・須原屋伊八から刊行。
○天保七年『江戸名所図会』（後編十冊）を同じ書肆《しょし》から刊行。奥付に、
編輯　松濤軒斎藤長秋
校正　男　藤原縣麻呂
仝　縣麻呂男　月岑幸成
画図　長谷川法橋雪旦
とある。祖父の長秋の初志を父の幸孝が受け継ぎ、月岑幸成が完成したのである。
○天保九年正月『東都歳事記』を須原屋茂兵衛・須原屋伊八から刊行。
二月九日『図会』『歳事記』両方の祝いも兼ねて、長谷川雪旦《せったん》・雪堤《せってい》親子と須原屋伊八を百花園に招待し雅宴をもつ。
○弘化三年（一八四六）小石川からの出火で類焼。土蔵だけ焼け残る。

　八月六日　実子喜之助が誕生。

○弘化四年　『声曲類纂《せいきよくるいさん》』（五巻六冊）を須原屋茂兵衛・須原屋伊八から刊行。見返しに「白雲堂月岑子編纂／松斎雪堤先生画図」とあり、奥付に「編輯　幷古板本摹　東都神田　斎藤月岑幸成／画図　仝下谷　長谷川雪堤宗一」とある。浄瑠璃を主な対象として三味線音楽の歴史を記した本である。

○嘉永二年（一八四九）『武江年表』（正編四巻）を刊行。翌年に残りの四巻を刊行。明治十一年に続編を脱稿し、月岑の死後の明治十五年に甫喜山景雄《ほきやまかげお》が『我自刊我書』として続編四巻を上下として刊行した。

○嘉永七年五月二日　妻れん没。

○安政三年（一八五六）　今村まちと再婚。

○安政五年正月七日　実子松之助が誕生。

　十一月十五日　神田相生町からの出火で類焼、焼け出される。

○（慶応四年（一八六八）九月八日　明治と改元。）

○明治二年　妻まち没。

　三月十六日　名主は中年寄と改称。担当の区域が四、五倍に広がる。

○（明治六年一月一日　太陽暦となる。）

○明治八年　戸長（明治五年に改称）を退職するが、三月十七日に再び就任する。

五月　家督を喜之助に譲る。
○明治十一年三月六日　死去。
『国書総目録　著者別索引』によれば、先の文中に挙げた以外に次の著作がある。『安政乙卯武江地動之記』（安政二年）、『東都地震記』（安政二年刊）、『武江賑災記』（未見であるが、以上の三点は同じか）、『江戸絵馬鑑』、『大江戸絵馬集』（この二点は同じか）、『江戸名主鑑』、『遠近懐宝』、『蜘の糸巻拾遺』、『弘化勧進能興行絵巻』、『宝生太夫勧進能之巻』（嘉永元年）（この二点は同じか）、『松濤軒雑纂』、『睡余操觚』、『増補浮世絵考』（弘化元年）、『翟巣雑纂』、『翟巣漫筆』、『東都扁額略目』、『扶桑探勝図』。
これらの他に、斎藤月岑稿本・斎藤月岑日記がある。日記には文政十三年から明治八年までの天候、公務、本人や家族の行動、来客、自然災害などを詳しく記してある。

画家　長谷川雪旦・雪堤
『江戸名所図会』や『東都歳事記』の挿絵を描いた長谷川雪旦（安永七年〈一七七八〉―天保十四年〈一八四三〉）は江戸の町絵師で、唐津藩の御用も務めた。求めに応じて、挿絵、肖像画、寺社の障壁画、絵馬など多様な作品を描いている。現在確認される初作は寛政十年（一七九八）刊『狂歌三陀羅かすみ』の寿老人の挿絵である。文政十二年（一八二九）に法橋になり、天保十年頃に法眼に叙せられた。月岑との関わりは、天保五年（前編）同七年（後編）の『江戸名所図会』の六百五十図に及ぶ挿絵を描いたことに始まり、『東都歳事記』には子息の雪堤と共に挿絵を担当している。

『東都歳事記』の挿絵に加わった長谷川雪堤（文化十年〈一八一三〉―明治十五年〈一八八二〉）は雪旦の子息。作成年の分かる最古の著作は『日光山一覧』（国立国会図書館所蔵）で、巻末に「天保二年卯年雪堤図写」とある。日光山に関する絵を集めた画本である。『東都歳事記』には父の庇護で加わったのであろう。弘化四年（一八四七）の『声曲類纂』は父雪旦の歿後なので、雪堤が一人で挿絵を担当している。

東都歳事記の書誌

本書『東都歳事記』は、半紙本五冊。編成は春（上）、春（下）、夏、秋、冬と付録の五冊。題簽《だいせん》に「東都歳事記　春上　一」（以下「春下　二」「夏　三」「秋　四」「冬　五」）とあり、内題には「江戸歳事記巻之壱春之部」、尾題には「江戸歳事記巻之壱春之部上終」（以下同様）とある。柱題は「東都歳事記」。

「歳時記」は中国で四季の事物や行事を列挙した書物に用いる名で、南朝梁《りょう》の宗懍《そうりん》の著した六世紀成立の『荊楚《けいそ》歳時記』一巻、宋の陳元靚《ちんげんせい》の『歳時広記』四巻などがある。日本では、貝原好古《かいばらよしふる》の『日本歳時記』（貞享五年〈一六八八〉刊）、滝沢馬琴《たきざわばきん》の

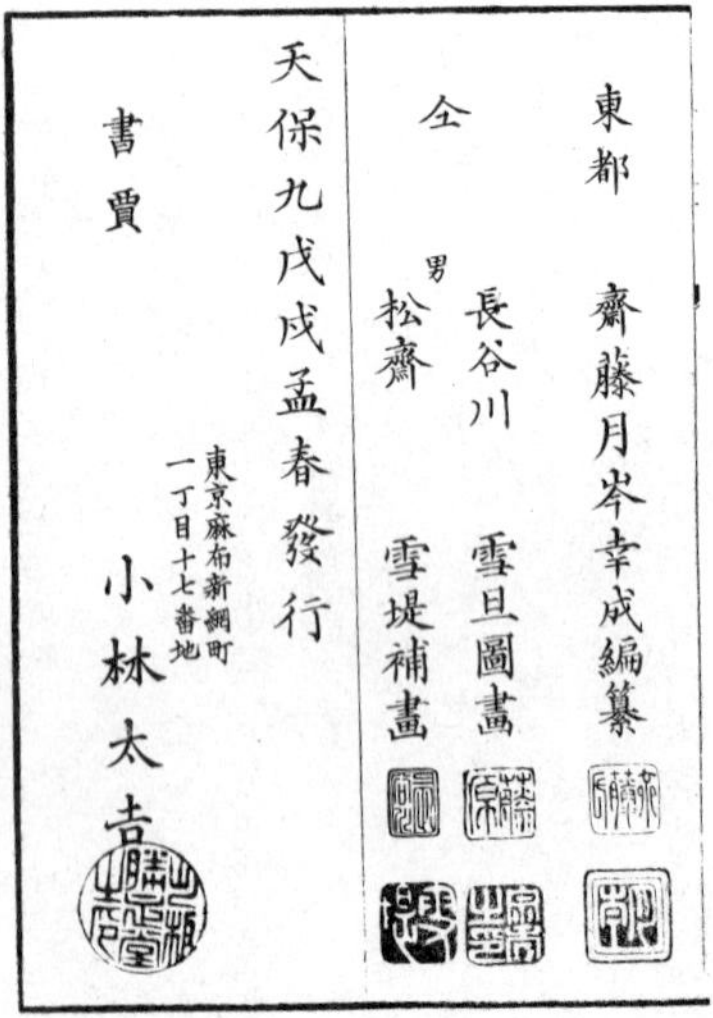
東都　齋藤月岑幸成編纂
仝　長谷川雪旦圖畫
男松齋雪堤補畫
天保九戊戌孟春發行
書賈　東京麻布新網町一丁目十七番地　小林太吉

『俳諧歳時記』（享和三年〈一八〇三〉刊）などでその語を題として用いている。

本書は他に見掛けない「歳事記」を題としている。「提要」に、神社の祭祀、仏院の法会、人々の歳時の俗事に加えて景勝地を記すと述べている。行事だけでなく名所なども記すというのである。行事の内容に関する記述は少ない。それらが「歳事記」とした理由であろう。

内容は江戸とその近郊の民間と武家の年中行事とを交えて月日順に記載し、日の明確でない物は該当する月の朔日の後に集め、各月の終わりにその月の景物を掲げたものである。巻頭の「附言」に本書以前の江戸の年中行事を述べた本が掲げてあり、それらも参照したのであろうが、著者の実地踏査に基づいたと見られる項目が多く、それらの行事を網羅して要領よく記述している。

本書の原稿が天理図書館に所蔵されている。表紙に「三度目清書」と記し、裏表紙に「文政十二丑年認ム」とある。文政十二年（一八二九）までに三度執筆・改稿したのであろう。右の稿本の成立後にも改稿したようで、本書の文中に、「天保四年（一八三三）の春より稚木《わかぎ》多く植ゑたり」（二月「重弁桜」）、「神輿は天保四巳年よりむかしのごとくわたるなり」（六月五日「浅草御門外第六天神祭礼」）とあり、巻頭の「提要」にも「天保壬辰（三年）初冬穀旦」とある。右の稿本の後にも改稿を続け、天保三年からあまり時を経ない内に書き上げたのであろう。刊行は先に記したとおり天保九年である。

著者にはなお続編を書き継ぐ意図があったらしく、「神輿通行道筋後輯《こうしゅう》に出す」（六月十八日の条）、「神輿渡御の道筋並に産子の町名は後輯に詳にすべし」（八月十五日の条）、「穿鑿《せんさく》のうへ次編に加ふべし」（付録の「浅草辺西国写三十三所参」の条）などと記している。しかしこれは実現しなかったようで、存在しない。

なお解説の執筆にあたり、『東都歳事記』については、朝倉治彦校注『東都歳事記1―3』（平凡社東洋文庫）、同『日本名所風俗図会3　江戸の巻1』（角川書店）、市古夏生・鈴木健一校訂『新訂東都歳事記（上）（下）』（ちくま学芸文庫）、『日本古典文学大辞典』（岩波書店）を、関係者の著作については『国書総目録　著者別索引』（岩波書店）、国際浮世絵学会編『浮世絵大事典』（東京堂出版）を参照した。

現代語訳《げんだいごやく》

東都歳事記《とうとさいじき》

斎藤月岑《さいとうげつしん》　長谷川雪旦《はせがわせつたん》・長谷川雪堤《はせがわせつてい》＝画　小林祥次郎《こばやししょうじろう》＝解説

令和６年 10月25日　初版発行

発行者●山下直久

発行●株式会社KADOKAWA
〒102-8177　東京都千代田区富士見2-13-3
電話　0570-002-301（ナビダイヤル）

角川文庫 24386

印刷所●株式会社暁印刷
製本所●本間製本株式会社

表紙画●和田三造

Printed in Japan
ISBN 978-4-04-400833-8　C0121

◇◇◇